suhrkamp taschenbuch
wissenschaft 386

Roman Jakobson, geboren 1896 in Moskau, ist heute Professor an der Harvard University und am Massachusetts Institute of Technology in Cambridge, Mass.

Von seinen Büchern sind im Suhrkamp Verlag erschienen: *Kindersprache, Aphasie und allgemeine Lautgesetze* (es 330); *Hölderlin Klee Brecht. Zur Wortkunst dreier Gedichte* (stw 162); *Poetik. Ausgewählte Aufsätze 1921-1971*, herausgegeben von Elmar Holenstein und Tarcisius Schelbert (stw 262). Ebenfalls in der stw liegt vor: Elmar Holenstein, *Roman Jakobsons phänomenologischer Strukturalismus* (stw 116).

Krystyna Pomorska hat u. a. veröffentlicht: *Russian Formalist Theory and Its Poetic Ambiance* (1968); *Themes and Variations in Pasternak's Poetics* (1975).

Häufig wird die Entwicklung, die die Linguistik in diesem Jahrhundert genommen hat, allzu geradlinig auf Saussures Bruch mit der historisch orientierten Sprachwissenschaft der Junggrammatiker zurückgeführt. Wie korrekturbedürftig eine solche Betrachtungsweise ist, zeigt der Bericht, den der heute 85jährige Roman Jakobson in diesem Band von seiner intellektuellen Laufbahn gibt. Tatsächlich bildet sich die »strukturalistische« Behandlung der Sprache bei Jakobson nicht nur völlig unabhängig von Saussure heraus, sondern gewinnt ihre Fragestellungen und Strategien vor dem Hintergrund ganz anderer Motive und Einflüsse.

Am Leitfaden der Biographie Roman Jakobsons gibt dieser Band einen Überblick über die Probleme und Forschungsergebnisse des bedeutendsten Linguisten der Gegenwart.

*Roman Jakobson*
*Krystyna Pomorska*

# Poesie und Grammatik

*Dialoge*

Mit einem Verzeichnis
der Veröffentlichungen Roman Jakobsons
in deutscher Sprache 1921-1982

Übersetzt von Horst Brühmann

Suhrkamp

Titel der Originalausgabe:
Roman Jakobson/Krystyna Pomorska, *Dialogues*


suhrkamp taschenbuch wissenschaft 386
Erste Auflage 1982

Satz und Druck: Georg Wagner, Nördlingen
Printed in Germany
Umschlag nach Entwürfen von
Willy Fleckhaus und Rolf Staudt

CIP-Kurztitelaufnahme der Deutschen Bibliothek
*Jakobson, Roman:*
Poesie und Grammatik : Dialoge ; mit e. Bibliogr. d. Schr.
Roman Jakobsons / Roman Jakobson ; Krystyna Pomorska.
Übers. von Horst Brühmann. – 1. Aufl. –
Frankfurt am Main : Suhrkamp, 1982.
(Suhrkamp-Taschenbuch Wissenschaft ; 386)
Einheitssacht.: Dialogues <dt.>
ISBN 3-518-27986-6
NE: Pomorska, Krystyna:; GT

*Inhalt*

# Statt eines Vorworts

Gern haben wir die Einladung angenommen, als Beitrag für die Reihe *Dialogues* in einem Gespräch von unseren persönlichen Erfahrungen als Forscher zu berichten.

Schon die Grundvoraussetzung mündlicher Rede, Anwesenheit und unmittelbare Teilnahme eines Gesprächspartners, vor allem jedoch die intensive Wahrnehmung des Ablaufs der Zeit während eines Gesprächs läßt die Darstellung jener Dynamik, die in der Geschichte des wissenschaftlichen Denkens bis auf den heutigen Tag wirksam gewesen ist, greifbarer und eindrucksvoller werden. Die unfreiwillige oder sogar beabsichtigte Erstarrung des akademischen Diskurses über Sprache und Dichtung steht in diametralem Gegensatz zu der schrankenlosen Vielfalt und der rastlosen Veränderlichkeit von Sprache und poetischer Schöpfung. Unter den mannigfachen Erscheinungsformen dieses unwandelbaren Dualismus findet ein Denken, welches Invarianten und Variation stets miteinander verknüpft, im Austausch von Fragen und Antworten und den unvorhersehbaren Wendungen, die der Gedankengang auf Einwürfe hin nimmt, gewiß eine sehr fruchtbare Interpretation.

Ohne die Konfrontation mit einem Gesprächspartner verfällt der Redner in seinem Monolog viel leichter in Dogmatismus. Er ist dann beispielsweise bereit, einen einzelnen Aspekt der Sprache, der ihm am leichtesten zugänglich ist, für ihr wirkliches, wesentliches Bild zu halten. Oder er neigt dazu, eine einzelne Etappe in der reichen, Jahrhunderte währenden Vergangenheit der Wissenschaft von der Sprache – und zumal derjenigen Etappe, die ihm am nächsten liegt: das zwanzigste Jahrhundert – als die eigentliche Zeit ihrer Geburt zu betrachten.

Das fühlbare Verrinnen der Zeit in der Entwicklung des Dialogs, die weitreichende Bedeutung, die der Zeit bei jeder Strukturierung der Sprache zukommt, das rhythmische Pochen der Zeit, dem der Linguist sowohl im Makrokosmos der uralten und allgegenwärtigen Reflexion des Menschen über die Sprache, andererseits jedoch auch im Mikrokosmos seiner individuellen Erfahrung als Forscher lauscht: all diese Aspekte verbindet die Wissenschaft der Zeichen zu einer einzigen, fesselnden Thematik.

# I. Auf den Spuren der Poetik

*Pomorska* – Ihre phonologische Theorie steht in enger Verbindung mit der Poesie und der poetischen Sprache. Unter diesem Gesichtspunkt ist Ihre intellektuelle Entwicklung besonders aufschlußreich. Sie selbst sprechen diesen bedeutsamen Punkt in jenem Rückblick an, der als Anhang in den ersten Band Ihrer *Selected Writings* aufgenommen wurde[1]. Nach dem Erscheinen dreier wichtiger Veröffentlichungen gewann dieses Thema jüngst noch zusätzliches Interesse. Ich denke dabei einmal an die Briefe, die N. S. Trubeckoj an Sie gerichtet hat[2], dann an die Autobiographie von Kazimir Malevič in dem Artikel- und Materialienband über die russische Avantgarde, der auch ein Nachwort von Ihnen enthält[3], sowie schließlich an *Ežegodnik rukopisnogo otdela Puškinskogo Doma*, das Jahrbuch der Manuskriptenabteilung des Puškin-Hauses, worin der sehr wertvolle Briefwechsel zwischen Malevič und der russischen Avantgarde enthalten ist. Diese Dokumente zeigen uns, in welchem Maße Ihre Forschungen mit der Kunst der Avantgarde verknüpft waren. Von etwas anderen Ausgangspunkten aus – nämlich der Ethnologie und vergleichenden Linguistik – scheint mir Trubeckoj zu ganz ähnlichen wissenschaftlichen Befunden und Ergebnissen gekommen zu sein. Wenn man von der Folklore absieht, die bei einem Ethnologen natürlich von Anfang an einen besonderen Platz innehaben mußte, begann Trubeckojs Beschäftigung mit der Literatur erst viel später, um die Methode der »Formalisten« auf Fragen der Dichtung anzuwenden. Bei Ihnen dagegen gingen die Arbeiten über linguistische Probleme Hand in Hand mit Studien zur Poetik. Vergleicht man Ihre *Novejšaja russkaja poèzija*[4] von 1921 mit den Erinnerungen von Malevič, insbesondere den Briefen, die er 1916 an Matjušin geschrieben hat, so mag der Leser angesichts derart frappierender Übereinstimmungen zwischen dem Gelehrten und dem Künstler nicht mehr an Zufall glauben und möchte doch zumindest annehmen, daß zuvor ein Dialog über ein gemeinsames Thema stattgefunden hat. Malevič stellt die Frage nach dem Licht und dem Raum in der Malerei und bindet beides eng an die Phänomenologie des Lautes in der Literatur. Manche seiner Formulierungen sind den in *Novejšaja russkaja poèzija* und sogar in *Lingustics and Poetics*[5] entwickelten Gedanken so ähnlich, daß sie daraus entnommen zu sein scheinen. Er spricht unter anderem von der »Komposition der Wortmassen« und stellt fest, bisher habe man Reime aneinandergereiht statt Wörter. Würden Sie uns einen genaueren und systematischeren Bericht von diesen Verbindungen und Überlagerungen geben?

*Jakobson* – Die Poesie war meine erste Leidenschaft, schon während der Jahre, die ich als Gymnasiast am Lazarev-Institut für osteuropäische Sprachen verbrachte. Das Schreiben von Versen und das Studium der Dichtkunst gingen bei mir immer schon nebeneinander her. Ich erinnere mich mit einigem Erstaunen, daß ich bereits als Neun- oder Zehnjähriger die Verse, die ich gelesen oder auch in meinen eitlen dichterischen Versuchen selbst geschrieben hatte, in metrischen Schemata darzustellen versuchte, die ich bald eigens dazu erfand.

*Pomorska* – In welchem Jahr war das ungefähr?

*Jakobson* – Das war in meinem ersten Jahr auf dem moskauer Gymnasium, also 1906 oder 1907. Unsere Russisch-Lehrer am Institut waren hervorragende Männer. In den ersten Klassen war Vladimir Vladimirovič Bogdanov mein Lehrer, ein angesehener Völkerkundler und Redakteur einer bedeutenden ethnographischen Zeitschrift. Er war auch der Privatlehrer von Nikolaj Sergeevič Trubeckoj, der ihn sehr schätzte und einmal über ihn gesagt hat: »Statt fertiger Texte wollte Bogdanov von mir meist Aufsatzentwürfe. Für ihn war ein genauer Plan das Wesentliche.« Trubeckoj vermutete, diese Regel habe für sein eigenes späteres Werk eine nicht unerhebliche Rolle gespielt. Bogdanov war ein strenger Lehrmeister und lehnte sterile Büffelei strikt ab: Unter anderem verlangte er von seinen Schülern in russischer Grammatik, alle Bedeutungen der russischen Kasus zu kennen. Als zehnjähriger Junge stürzte ich mich in der Redaktion auf die langen Listen, auf denen die verschiedenen Bedeutungen jedes Kasus mit oder ohne Präposition aufgeführt waren und mit den anderen Kasus verglichen wurden. Die Vorbereitung dieser Hefte wurde für mich zu einem spannenden Spiel. Ich erinnerte mich lebhaft daran, als ich dreißig Jahre später für den sechsten Band der *Travaux du Cercle linguistique de Prague* einen theoretischen Aufsatz über die allgemeinen Bedeutungen der russischen Kasus im systematischen Vergleich mit ihren besonderen und kontextuellen Bedeutungen schrieb[6].

Mindestens ebenso bedeutsam für die Anfänge meiner wissenschaftlichen Laufbahn waren die Stunden, sagen wir lieber: die Vorlesungen Nikolaj Ivanovič Narskijs. Er war ein begeisterter Schüler von N. S. Tichonrarov (1832-1893), der über gründliche Kenntnisse der altrussischen Texte verfügte, und des Folkloristen V. F. Miller (1848-1913), beides herausragende Gestalten der Literaturgeschichte der moskauer Tradition. Miller war übrigens während meiner ersten Schuljahre Direktor des Lazarev-Instituts und verließ es während der Periode der Reaktion, die auf die revolutionäre Bewegung von 1905 folgte. Narskij liebte die russische Literatur leidenschaftlich, die mündliche wie die schriftliche, die alte wie die neue, und er wußte einige seiner Schüler mitzureißen. Unter dem Eindruck der Autorität von Vsevolod Fedorovič Miller wurde ich von Narskij zur Sammlung und zum Studium der russischen Folklore angeregt. Ich hatte mich immer schon gewundert, daß die Gelehrten vorwiegend in die entferntesten Landstriche gingen, um Werke der Volksdichtung aufzuspüren, wo es in der Umgebung von Moskau und sogar in der Stadt eine lebendige Tradition der Folklore gab. So ging ich daran, moskauer Legenden, Choräle und Kirchenlieder zusammenzutragen, die in der Umgebung der Stadt noch lebendig waren, sowie endlos lange und niemals abgewandelte Reime und Lieder, die man vor den Toren Moskaus trällerte; sodann tiefverwurzelte Volksweisheiten, Aberglauben, Redensarten und Scherzfragen zur Ausschmückung des Gesprächs, Abzählreime und jeder Art Witze, die in den Spielen der moskauer Kinder vorkamen. Diese ersten dilettantischen Aufzeichnungen waren meine Vorbereitung auf die eigentliche Feldforschung. Während meiner ersten Studienjahre auf der Universität beschäftigte ich mich weiter mit Folklore, und zwar gemeinsam mit zwei Kommilitonen: Nikolaj Feofanovič Jakovlev (1892-1974) und Petr Grigor'evič Bogatyrev (1893-1971), der ein glänzender Ethnograph und einer meiner engsten Freunde war. Jakovlev ging später von der russischen Volksliteratur zur Analyse der lautlichen und grammatischen Struktur der Sprache über – er hat hervorragende Arbeiten zu diesem Thema geschrieben – und begann vor allem damit, die Struktur der Sprachen des nördlichen Kaukasus systematisch zu untersuchen. Bemerkenswert dabei ist, daß wir bei unserer Forschung und unseren gemeinsamen Aufzeichnungen volkstümlicher Werke stets an dem Gedanken festhielten, in einem Gebiet nahe der Hauptstadt arbeiten zu wollen, also in den Distrikten des ehemaligen Gouvernements von Moskau, beispielsweise im Distrikt Vereja.

Narskij hatte uns eine Fülle von Hinweisen zum damaligen Stand der Erforschung der russischen Dichtung und Folklore geliefert. Aber obwohl dieses Material zweifellos von Interesse war, wurde doch immer deutlicher, daß die Frage nach dem Wesen der Literatur selber und der Eigentümlichkeit ihrer verschiedenen Epochen, Schulen und einflußreichsten Vertreter dabei unbeantwortet blieb. Und immer mehr drängte sich der Eindruck auf, daß dieses Wesen eng mit dem sprachlichen Träger der literarischen Werke verbunden sei – mit dem, was diese Basis an Allgemeinem oder Individuellem aufwies. Mühelos gelangte ich so zu dieser grundlegenden Schlußfolgerung, doch muß ich zugeben, daß es das künstlerische Leben meiner Zeit war, das mir diese Einsicht nahegelegt hat, und ich weiß ihm dafür Dank.

Als ich Ende 1910 Zeitungen, zumal das Feuilleton, zu lesen begann, fand ich in der moskauer und petersburger Presse Artikel, besser gesagt: Bilanzen des vergangenen Jahrzehnts. Ich erinnere mich sehr deutlich daran. Eine der gängigen Feststellungen war, wie man damals sagte, das Ende des Symbolismus und der Beginn neuer Forschungen im Bereich von Literatur und Kunst überhaupt. Und gerade in der Zeit dieser »Nachrufe« machte ich Bekanntschaft mit den Büchern der jüngeren Generation der russischen Symbolisten, Aleksandr Blok (1880-1921) und Andrej Belyj (1880-1955). Sie fesselten mich immer mehr, während mich ihre Vorgänger, die symbolistischen Dichter Valerij Brjusov (1873-1924) und Konstantin Bal'mont (1867-1942) ziemlich gleichgültig ließen. In den Werken von Blok und Belyj spürte man bereits ein neues und sehr unmittelbares Verhältnis zum Wort.

Vor diesem Hintergrund erschienen Belyjs Versuche in seinem umfangreichen, 1910 veröffentlichten Buch *Simvolizm* [Der Symbolismus], das Gedicht und den Vers wissenschaftlich zu behandeln, naheliegend. Der Vers sollte unmittelbar Gegenstand der Analyse sein: das machte auf mich einen unauslöschlichen Eindruck. Ich las in diesem Band den Artikel über ein Puškin-Gedicht, dann den Aufsatz über die vierhebigen Jamben im Russischen und die eigentümlichen Veränderungen, die dieser

Versfuß während seines etwa zweihundertjährigen Auftretens erfahren hat – und gleich machte ich mich daran, eine Analyse dieses Versmaßes bei V. K. Trediakovskij (1703-1769) zu versuchen, der die neuen russischen Versformen initiiert hatte, von Belyj aber nicht behandelt worden war. Meine ersten, unsicheren Schritte eines Schülers sollten mich zu der erstaunlichen Feststellung führen, daß bei Trediakovskij beide grundlegenden Varianten des vierhebigen Jambus in der Geschichte der russischen Dichtung angelegt waren. Die Abgrenzung und Kristallisation dieser beiden Formen geschah erst in der Periode nach ihm.

Die französische Poesie, vor allem die Stéphane Mallarmés, machte mich immer ratloser angesichts der Schwierigkeit, ihre dichterische Struktur zu bestimmen. Seine Verse und Aphorismen über die Poesie warfen unmittelbar die wesentlichsten Fragen der poetischen Organisation auf und stellten uns insbesondere vor das theoretische und praktische Problem des Verhältnisses zwischen Laut und Sinn. Mallarmé stand auf unserem Lehrplan; unser Französisch-Lehrer Henri Tastevin war ein leidenschaftlicher Liebhaber der russischen wie der französischen Literatur. Er hatte einen wichtigen Posten in der Redaktion der Zeitschrift der russischen Symbolisten, *Zolotoe Runo* [Das Goldene Vlies], inne. Später war er auch einer der ersten, die den italienischen Futurismus im russischen Milieu verbreitet haben, und er war es, der den kleinen Band der Manifeste Marinettis ins Russische übersetzt hat. Da mir das Französische seit meiner frühen Jugend vertraut war, schlug mir Tastevin vor, anstelle des normalen Unterrichtsstoffs mich mit Mallarmé zu beschäftigen und Aufsätze über dessen Vers zu schreiben. Als erstes wählte ich sein Gedicht *L'Azur* und erdreistete mich alsbald, eines seiner esoterischsten Sonette, *Une dentelle s'abolit,* in russische Verse zu übersetzen und bis in alle Einzelheiten zu kommentieren.

1912, als sich die futuristische russische Dichtung und die Avantgarde-Dichtung überhaupt ausbreitete, veröffentlichte V. Chlebnikov (1885-1922) – einer der größten Dichter unseres Jahrhunderts, der mich vom ersten Augenblick an gefesselt hatte –, eine ganze Reihe von Wortschöpfungen. Im selben Jahr sollten die aufwühlenden Manifeste und Programme zum »Wort als solchem« erscheinen. Dieses Aufblühen der neuen russischen Dichtung folgte auf die bemerkenswerte Entwicklung einer neuen Malerei. Die darstellende Kunst des französischen Postimpressionismus und Kubismus, der dessen neue Einsichten krönte, drang auf breiter Front ins Moskau der Vorkriegszeit ein. Es gab Reproduktionen und Analysen in Hülle und Fülle, und die Originale nahmen einen bedeutenden Platz in den Ausstellungen und privaten Sammlungen ein. Ich wuchs unter Malern auf, und bald waren mir Fragen wie die nach den Grundelementen des Raumes, der Farbe, der Linie und der Leinwand ebenso vertraut wie die noch kaum behandelten Fragen der Komposition von Wortmassen in Dichtung und Umgangssprache.

Man kann ohne Übertreibung sagen, daß kurz vor Ausbruch des Krieges in Rußland die bildende Kunst, die Suche nach neuen Wegen im moskauer und petersburger Theaterleben, die neuen Projekte der Architektur und, wie gesagt, die darauf folgenden literarischen Fortschritte von Weltrang waren. Nicht minder wichtige Experimente wie die abstrakte Malerei und die sogenannte »hyperbewußte« Literatur, die in der Darstellung beziehungsweise Beschreibung nichts Gegenständliches mehr zuließen, warfen mit äußerster Dringlichkeit die Frage auf, wie die Elemente beschaffen seien, die im Bildraum beziehungsweise in der Sprache eine semantische Funktion besaßen. Dahinter lag das entscheidende Problem, mit welchen Mitteln man zu einer neuen Kunst und einem neuen Verständnis der Bedeutungselemente in Malerei und Sprache gelangen könnte. Und vermutlich war es in erster Linie dieses Problembündel, das mich als wißbegierigen jungen Mann veranlaßt hat, mit Kazimir Malevič, jenem ständig nach neuen Formen suchenden Maler, mit Velimir Chlebnikov, jenem Zertrümmerer der Wörter, und Aleksej Kručenych (1886-1971), seinem scharfsinnigen und kühnen Komplizen, in nähere Verbindung zu treten.

Mit Chlebnikov diskutierte ich über die inneren Gesetze der Glossolalien russischer Sektierer, die man im 18. Jahrhundert aufgezeichnet hat, sowie über die Struktur unverständlicher Zaubersprüche. Kručenych brachte mich auf so kühne Fragen wie die der möglichen Korrelationen und Verbindungen zwischen Rationalem und Irrationalem in der traditionellen und modernen Dichtung. Von Anfang an standen wir ununterbrochen in brieflicher Verbindung und wurden wahre Freunde – was seinen Gewohnheiten vielleicht gar nicht entsprach. Ein Zeichen unserer Freundschaft ist eine gemeinsame Veröffentlichung »hyperbewußter Verse«, die kürzlich bei pariser Antiquaren wieder aufgetaucht und zu einer bibliophilen Seltenheit geworden ist[7]. Als ich nach sechsunddreißigjähriger Trennung 1956 nach Moskau zurückkehrte, besuchte mich Kručenych in meinem Hotel; bei jeder meiner späteren Reisen bin ich ihm begegnet, und unsere alte Freundschaft wurde noch fester. Als er starb, berichtete eine Moskauerin, die ihn gut kannte, in einem Brief ins Ausland von ihren Eindrücken: »Er lebte in einer eigenen Welt, und trotz seines praktischen, ja sogar merkantilen Geistes unterhielt er mit der wirklichen Welt nur entfernte Beziehungen. Bis zum Tode behielt er sein glänzendes Gedächtnis und jenen ganz und gar originellen Geist, der nach allem Großen und Ungewöhnlichen strebte. Sein gesunder Menschenverstand grenzte manchmal an Wahnsinn. Vieles war an ihm burlesk und überzeichnet – vermutlich ein Relikt aus fernen Zeiten, den Ausstellungen von 1913. Sein ganzes Leben blieb er Futurist – leider wissen nur sehr wenige, was das bedeutet.« Ich halte diese Charakteristik der geistigen und moralischen Haltung der Futuristen für sehr treffend.

Die Maler waren es also, wohlgemerkt, mit denen ich als Schüler bei meinen Diskussionen die wohl engsten Beziehungen geknüpft hatte: mit Pavel Filonov (1863-1941) und besonders mit Kazimir Malevič (1878-1935), der das Gegenständliche immer konsequenter ablehnte. Doch obwohl er die Darstellung von Objekten verworfen hatte, wollte er auch nicht in den Fehler verfallen, bloße Ornamente zu malen, und suchte daher nach den bedeutungstragenden Elementen in der Organisation des Bildraumes. Das kam meinen eigenen Interessen sehr nahe. Ich bemühte mich meinerseits hartnäckig in meinen Texten und theoretischen Überlegungen, von den Wörtern und ihrer Bedeutung loszukommen und mich auf die elementaren Wortbestandteile zu konzentrieren, also auf die Sprachlaute als solche, und zwar unabhängig von jeder fragwürdigen Analogie zur Musik und jeder Verwechslung mit der Schrift. Über dieses Verfahren, das die Aufmerksamkeit Malevičs für längere Zeit auf sich zog, kamen wir 1913 in nähere Verbindung. In diese Zeit fiel unser Projekt, im Sommer 1914 nach Paris zu gehen und dort eine Ausstellung seiner neuesten Werke vorzubereiten. Meine Rolle hätte darin bestanden, seine Bilder mündlich (auf französisch) zu kommentieren und im Westen unsere gemeinsamen Ideen über die Perspektiven der neuen Kunst zu verbreiten. Hauptsächlich der Krieg hat diese stolzen Pläne zunichte gemacht.

1914 trat ich in die historisch-philologische Fakultät der Universität Moskau ein. Diese Bezeichnung trug die Fakultät, weil zu jener Zeit in Rußland die offizielle Verwendung des westlichen Begriffs »Philosophie« noch untersagt war. Im Sekretariat legte man mir die Liste der verschiedenen Fachgebiete der Fakultät vor, und ohne das Blatt auch nur zuende zu lesen, schrieb ich mich sofort in die Sektion Sprache der Abteilung Slavistik ein. Tatsächlich schien mir die Analyse der Sprache wesentlich für die Aneignung sowohl der Literatur und Folklore als auch der Kultur überhaupt. Die Herstellung einer engen Verbindung zwischen dem Studium der Sprache und der Literatur war seit dem 18. Jahrhundert regelrecht zu einer Tradition geworden und wurde insbesondere von einem der größten Slavisten des vorigen Jahrhunderts, Fedor Ivanovič Buslaev (1818-1897), gepflegt. Er hatte von der Romantik den Grundgedanken einer Entsprechung von Linguistik und Literatur unter beiden Aspekten (der schriftlichen und der mündlichen Form) übernommen. Der Begriff *slovesnost'* [Wortkunst, abgeleitet von *slovo*, das Wort], der heute noch auf die Literatur als Gegenstand der Literaturwissenschaft angewandt wird und diese mit dem *Wort* in eine solide etymologische Verbindung bringt, ist für jene Tendenz bezeichnend. Übrigens wird dieser Ausdruck vor allem für die Folklore, also die mündliche Volksdichtung, benutzt.

Es verdient hervorgehoben zu werden, daß die Sprachwissenschaft an der Universität Moskau zu den wenigen propädeutischen Stoffgebieten gehörte, die für alle Studenten der Fakultät gleichermaßen obligatorisch waren. Auch darin machte sich der Einfluß einer der bedeutendsten sprachwissenschaftlichen Schulen jener Zeit, der Moskauer Schule, und ihres Hauptes Filip Fedorovič Fortunatov (1848-1914) bemerkbar. Dieser hatte erklärt, vornehmster Gegenstand dieser Wissenschaft sei die Entdeckung der allgemeinen Gesetze der Sprache. Entsprechend der Annahme einer Korrelation zwischen Sprach- und Literaturwissenschaft befürwortete man es an der Universität Moskau seit langem, in Lehre und Forschung schriftliche Literatur mit Folklore unauflöslich zu verbinden, auch wenn man sich über die tiefen inneren Unterschiede zwischen beiden Gebieten der Literatur natürlich im klaren war.

Die gedankliche Schärfe, zu der uns die moskauer Fakultät erzog (unsere Kollegen aus Petersburg nannten uns »die eisernen Moskoviter«), hat meine wissenschaftliche Arbeit lange beherrscht. Trotz ironischer Bemerkungen von Skeptikern schien es mir, der ich damals in der bescheidenen Rolle eines Lehrlings war, unerläßlich, die Anfangsgründe der Wissenschaften, die ich studierte, von Grund auf zu beherrschen, insbesondere die der historischen Sprachwissenschaft, Dialektologie, Logik und Psychologie. Aber gleichzeitig spürte ich ebenso wie meine Kommilitonen, daß wir den Rahmen der traditionellen Universitätsstudien verlassen mußten. Wir waren auf der Suche nach neuen Wegen und neuen Möglichkeiten in der Sprachwissenschaft, der Poetik und vor allem in der Metrik, um sie auf die Folklore anwenden zu können: das war in groben Zügen das Programm des *Moskauer Linguistenkreises*, der im März 1915 gegründet wurde. Bemerkenswert ist, daß die ersten Vorträge in unserem Kreis der poetischen Sprache gewidmet waren. Diese Wahl stand unter dem Vorzeichen eines wachsenden Interesses für die Poetik, war aber auch darauf zurückzuführen, daß wir uns angesichts des neuen linguistischen Materials viel weniger an die erlernten methodologischen Modelle gebunden fühlten, die noch schwer auf uns lasteten. Schließlich traten gerade in der Poetik am deutlichsten die lebendigen Beziehungen der Teile zum Ganzen hervor, und diese Feststellung regte uns dazu an, die Lehre Edmund Husserls (1859-1938) sowie die der Gestaltpsychologen zu überprüfen, indem wir sie auf jenen grundlegenden Fragenkomplex anwandten.

## II. Die verschiedenen Zugänge zur Folklore

*Pomorska* – Sie haben unter anderem von der Folklore gesprochen. Ich würde zu diesem Thema gern eine weitere Frage stellen, und zwar diejenige nach der Grundlage der Folklore selber und der Methode, mit der man ihre Schöpfungen sammelt. Das Bild, das Sie uns hier skizziert haben, zeigt deutlich, daß Sie und Ihre Gefährten sich auch auf diesem Gebiet der akademischen Tradition widersetzten. Die Folklore, wo gibt es sie, wer besitzt sie? In den Augen der »offiziellen« Wissenschaft handelte es sich dabei um ein eher exotisches Phänomen, und um es zu entdecken, mußte man eine Expedition auf die Beine stellen, als ginge es darum, das Goldene Vlies zu holen. In dieser Vorstellung wirkte die für das Rußland nach Peter dem Großen charakteristische Trennung zwischen Intelligentsija und »Volk« nach, das von den Gebildeten als eine eigene Welt ohne Verbindung zu ihrer Kultur angesehen wurde. In dem, was Ihre Gruppe sich vornahm, zeigt sich dagegen schon eine moderne Haltung. Sie fanden die Folklore sozusagen »vor der Nase«; anders gesagt, Sie erkannten mythologische Elemente dort, wo andere sie nicht sahen und nicht einmal ihre Existenz vermuteten. Die moderne Anthropologie geht von demselben Standpunkt aus und entdeckt bewußte, unbewußte oder unterbewußte mythologische Elemente in allen Lebensäußerungen einer Bevölkerung. Unter dem gleichen Vorzeichen steht auch die Rekonstruktion solcher Elemente, wie sie später von einer Gruppe moskauer Gelehrter unternommen wurde: den Linguisten und Anthropologen V. V. Ivanov, V. N. Toporov, E. S. Semeka, B. A. Uspenskij und anderen. So haben die Arbeiten der gegenwärtigen moskauer Schule manches mit Ihren kühnen Versuchen von damals gemein.

*Jakobson* – Die Auffassung der Folklore war in der wissenschaftlichen Welt während der letzten Generationen ziemlich uneinheitlich. Die ältere Generation hatte zu der Zeit, als ich die Universität besuchte, eine Reihe skeptischer Argumente vorgebracht; insbesondere stellte sie die Existenz einer Vorgeschichte der mündlichen Tradition, das unabhängige Bestehen einer Volkskunst mit besonderen Merkmalen in Frage. Im Westen wie auch in Rußland bezweifelten die Gelehrten, daß die Volksdichtung einen inneren

Wert und eigene Wesenszüge habe. Die Vertreter dieser Richtung betrachteten ein Werk der Volkskunst als Widerhall einer literarischen Tätigkeit von Individuen, die höheren Gesellschaftsklassen angehörten, in einer noch nicht sehr lange zurückliegenden Vergangenheit. Manche dieser Gelehrten versuchten, das Auftreten der russischen Volksdichtung und die Entstehung ihrer Werke überhaupt auf die Christianisierung Rußlands und die Einrichtung des russischen Staates zurückzuführen. Darüber hinaus siedelten sie den Ursprung der Folklore in der Umgebung des Hofes an. Es fanden sich Forscher, denen selbst diese Datierung wenig wahrscheinlich schien – sie wollten die Entstehung der Prototypen der heutigen Folklore und insbesondere des epischen Themenbereiches im wesentlichen im 16. Jahrhundert, der Zeit Ivans des Schrecklichen, ansiedeln. Um möglichst einfach größere Überreste dieser aufs niedere Volk hinabgesunkenen dichterischen Tradition aufzufinden, glaubte man die vergessensten Winkel des Landes aufsuchen zu müssen, wo die Erinnerung an die historische Vergangenheit noch lebendig und das Land von späteren Entwicklungen und Veränderungen noch relativ unberührt war. So sammelte man Volksdichtung in der Überzeugung, daß ihre Existenz – romantischen Vorstellungen zum Trotz – von nicht sehr viel anderen Bedingungen abhängig wäre als die Tätigkeit eines Schriftstellers. Ohne jeden Vorbehalt stellte man die Varianten, die die aus dem Volk stammenden Erzähler folkloristischer Texte lieferten, mit dem literarischen Werk eines Einzelnen gleich, und die Volkskundler richteten ihre Aufmerksamkeit vornehmlich auf die individuelle Rolle solcher Interpreten.

Schritt für Schritt mußten wir diese Prinzipien und Arbeitsweisen unserer Vorgänger überwinden. Was die folkloristischen Texte angeht, interessierten wir uns immer mehr für die Besonderheiten ihrer Struktur. Für uns waren sie nicht so sehr bruchstückhafte Dokumente einer Vergangenheit als vielmehr lebendige Werke, die die Erzähler und ihr Publikum gleichermaßen fesselten. Immer deutlicher zeigte sich, daß das Repertoire durchaus entsprechend den örtlichen Bedingungen Abwandlungen erfahren konnte und daß die russische Folklore nicht nur in den »vergessenen Winkeln«, sondern ebensosehr in unserer unmittelbaren Umgebung lebendig war – und zwar in einer geo-ethnographischen Gruppe, die unseren Postulaten und unseren Anschauungen ihre volkstümliche Ästhetik und Weisheit entgegensetzte. Die Eigenständigkeit der verschiedenen Volksgruppen setzte uns bei jedem Schritt unserer Sammlertätigkeit in Erstaunen. Insofern konnte man als Folklorist beim Studium einer benachbarten Gegend oft konkretere und reichhaltigere Informationen gewinnen, als wenn man in die entlegensten Gebiete des Landes gereist wäre. Die Beschäftigung mit der Struktur der Folklore öffnete uns gewissermaßen von selbst die Augen dafür, daß sich die ältesten Elemente in einer Gruppe auch dann erhalten und unmittelbar spürbar werden können, wenn die Lebensbedingungen, wie sie ansonsten in abgelegenen Gegenden von jeher bestehen, beträchtliche Veränderungen erfahren haben.

Die methodologische Entscheidung, die Werke der Folklore, ihre Gattungen und Beziehungen als ein Ganzes zu analysieren, wirft neue Probleme auf und läßt insbesondere die jahrhundertealten mythologischen Motive in einem neuen Licht erscheinen. Nicht zufällig hat die vergleichende Mythologie solche gewaltigen Fortschritte gemacht, und nicht zufällig hat sich ihre Theorie in Rußland und der übrigen Welt derart verbreitet. Eine systematische synchronische Deutung der magischen Handlungen und Anschauungen einer heutigen Volksgruppe – wie sie P. G. Bogatyrev in den ukrainischen Dörfern der unteren Karpaten unternommen hat – führt auf Spuren von so hohem Alter, daß sich der Gedanke einer Vorgeschichte der Folklore geradezu aufdrängt. Man ist heute immer fester davon überzeugt, daß die Dokumente der Folklore noch viel tiefer in der Vergangenheit verwurzelt und räumlich noch viel weiter verbreitet sind, als man bis zu der Zeit angenommen hatte, als die mechanischen Verfahren noch nicht der strukturalen Analyse der Verbreitung von Werken der Volksdichtung Platz gemacht hatten. So wurde schließlich die romantische Auffassung der Folklore als kollektiver Schöpfung in einzigartiger Weise rehabilitiert.

*Pomorska* – Sie spielen an auf die Frage der kollektiven Zensur volkstümlicher Werke, wie sie von Bogatyrev und Ihnen in dem Artikel *O razmeževanii fol'kloristiki i literaturovedenija* von 1929 entwickelt worden ist[8]. Sie legen einer solchen Zensur besondere Bedeutung bei und halten sie sogar für eine Existenzbedingung des volkstümlichen Werkes überhaupt. Ihrer Ansicht nach ist dieser Prozeß mit dem der Verbreitung individueller Neologismen vergleichbar oder hat zumindest die gleiche Wirkung: Neologismen können nur unter der Bedingung in die Sprache eingehen, das heißt Teil des linguistischen Codes werden, daß die Zensur der Sprachgemeinschaft sie »durchläßt«. Für Ihre Theorie der Existenz und der Merkmale der Folklore scheint die Frage der kollektiven Zensur grundlegend zu sein – letzten Endes folgt daraus eine Reihe von Regeln, die die Lebensbedingungen der Volksdichtung im Unterschied zum individuellen Kunstwerk festlegen.

*Jakobson* – Es verdient hervorgehoben zu werden, daß sich dieser neue Gedanke von den herrschenden Ansichten in solchem Maße entfernte, daß Bogatyrev den Absatz über die kollektive Schöpfung bei der Korrektur der Druckfahnen aus dem »Programm für die Erforschung des Volkstheaters« selbst wegließ; wir hatten dieses Programm 1919 noch in Moskau zusammen erarbeitet, und er veröffentlichte es 1922. Übrigens war diese Selbstzensur der Grund, weshalb ich bei der Veröffentlichung des Programms den Hinweis auf meine Beteiligung zurückzog. Ende der zwanziger Jahre arbeiteten Bogatyrev und ich diese Frage in einem Artikel für eine Festschrift aus, die zur Ehrung des holländischen Sprachwissenschaftlers und Volkskundlers J. K. F. N. Schrijnen (1869-1938) erschien. Letzterer übernahm unsere These begeistert in einem gesonderten Essay und später auch in einem Buch über die holländische Folklore. Die russischen Folkloristen der traditionellen Richtung, besonders Boris Matveevič Sokolov (1889-1941), leisteten uns mit ihren Einwänden hartnäckig Widerstand. Erst seit einigen Jahren werden unsere Thesen, entsprechend der theoretischen Entwicklung von Linguistik und Folklore, in verschiedene Sprachen übersetzt und weitgehend anerkannt. Aber selbst heute noch haben die naiven Schmähungen der kollektiven Schöpfung kein Ende genommen, weder im Osten noch im Westen.

Nur wenn man die Schöpfung und Übermittlung der Volksdichtung in erster Linie als eine Art kollektives Werk betrachtet, lassen sich letztlich die tiefe Wesensverwandtschaft der folkloristischen Poetik und vor allem die Beschränkungen in der Wahl der thematischen Schemata erklären, die Vladimir Jakovljevič Propp (1895-1970) entdeckt und in seiner hervorragenden Studie über die Morphologie des Märchens dargelegt hat[9]. Diese Hypothese einer Autogenese nahe verwandter Themen kann sich heute auf den

Gedanken einer universalen kollektiven Zensur stützen. Die Beobachtungen von A. P. Skaftymov (1880-1968) über die epische Dichtung gehen in dieselbe Richtung, ganz zu schweigen von den noch älteren Untersuchungen Bogatyrevs über die Typologie volkstümlicher Erzählungen mit anekdotischem Charakter.

Über diese Forschungen diskutierten wir 1919 im Moskauer Linguistenkreis, nachdem Bogatyrev ein glänzendes Exposé zur thematischen Klassifikation von Märchen und Anekdoten über »Dummköpfe« vorgelegt hatte. In die zweite Kategorie seines Schemas fielen, wenn ich mich nicht irre, solche Dummköpfe, die an sich vernünftige Dinge zu unpassender Gelegenheit tun – also etwa bei einer Hochzeit rufen: »Sie werden uns unvergessen bleiben!« oder bei einem Begräbnis dem Verstorbenen ein langes Leben wünschen. Und in diesem Zusammenhang hatte sich Bogatyrev den Scherz erlaubt, Eugen Onegin zur zweiten Kategorie zu rechnen[10]. Mehr als einmal haben wir gemeinsam auch noch andere Fragen der Folklore-Interpretation angeschnitten und weitere Vorhaben diskutiert. Bogatyrev betonte, wie wichtig es sei, die abergläubischen Ideen verschiedener Berufe zu sammeln. Seine Beobachtungen der Formen von Aberglauben bei Schauspielern und Sportlern hat er übrigens auch veröffentlicht, und er trug sich mit dem Gedanken, den Aberglauben der progressistischen Abgeordneten im tschechischen Parlament zu analysieren. Unerledigt blieb unser Vorhaben, eine der am weitesten verbreiteten und lebendigsten Gattungen der Folklore zu untersuchen, nämlich den Klatsch und überhaupt die Fiktionen in der mündlichen Erzählung von Geschehnissen. Die große Gelehrsamkeit des berühmten deutschen Volkskundlers Albert Wesselski (1871-1939), der in Prag lehrte, zeigt deutlich, daß es sich hierbei um eine sehr alte Tradition handelt. Als auf einer Abendgesellschaft ein Gast von einem amüsanten Ereignis berichtete, dessen Zeuge er ein paar Tage zuvor beispielsweise in einem prager Autobus geworden war, verwies Wesselski in aller Ruhe darauf, in welchem Werk der östlichen Antike dieses Thema erstmals aufgetaucht sei, wie es später in den Westen gelangt und in den lateinischen Texten des Mittelalters populär geworden sei . . .

*Pomorska* – Und obwohl doch erst ein halbes Jahrhundert seit der Romantik vergangen war, weigerte sich diese Generation gleichwohl, der Folklore einen inneren Wert zuzubilligen, und begriff nicht ihren eigenständigen Charakter. Es gibt dazu eine aufschlußreiche Parallele: die »Männer der sechziger Jahre« – die naturalistisch und soziologisch orientierten Literaturkritiker der sechziger Jahre des vergangenen Jahrhunderts – hatten kein Verständnis für die eigentliche romantische Literatur. So bestritt zum Beispiel der Kritiker Dmitrij Ivanovič Pisarev (1840-1868), daß *Eugen Onegin* von irgendwelchem literarischen Wert sei. Der Irrtum hat Tradition in der Geschichte des Denkens!

## III. Der Vers und die Laute der Sprache

*Pomorska* – Ihre Anbindung der poetischen Sprache an die phonologische Theorie scheint eine Vielzahl weitreichender Entwicklungen ausgelöst zu haben, deren Ende heute noch nicht absehbar ist. Der Bezug, den Sie zwischen dem Material von Dichtung und Malerei einerseits und den allgemeinen Fragen der Sinngebung *[signification]* andererseits hergestellt haben, ist dabei nur ein Aspekt, wenn auch der wichtigste, eines ganzen Bündels von Problemen. Nicht minder bedeutsam ist freilich die Entdeckung, daß die Struktur des Verses offenbar selbst eine Hierarchie aufweist. Lange schon studierte man in Rußland den Vers, und gerade an diesem Punkt setzten die Fragen und Debatten über das Wesen des sprachlichen Materials an. Mit russischer Prosodie hatten sich bereits Trediakovskij und Lomonosov beschäftigt, die eine Reform der russischen Versifikation eingeleitet und Normen für die russische Literatursprache im 18. Jahrhundert aufgestellt hatten. Die endlosen Dispute des 19. Jahrhunderts zu diesem Thema machten den metrischen Untersuchungen der Symbolisten Platz; Sie erwähnten die Anregungen, die Ihr Werk gerade den Gedanken Andrej Belyjs verdankt. Belyj tat den notwendigen Schritt nach vorn – er entdeckte die Irrtümer, die man bei der Behandlung des Verses begangen hatte, und stellte überdies fest, daß es unabhängig vom Metrum als idealem Schema von Oppositionen ein weiteres, weniger spekulatives, mehr empirisches Schema gibt: das der »Abweichungen« vom Versmaß. Wie sich herausstellte, bildet dieses Schema seinerseits eine Hierarchie. Hat man darin die ersten Anfänge der binaristischen Theorie zu sehen? Als Gymnasiast hatten Sie Trediakovskij gerade anhand des Schemas der Abweichungen untersucht. Die prosodischen Merkmale spielen eine bedeutende Rolle im gesamten hierarchischen System des Verses. Diese Merkmale sind selber als streng binäre Oppositionen organisiert, wie Sie in Ihrem Buch *O češskom stiche, preimuščestvenno v sopostavlenii s russkim* nachgewiesen haben[11].

Verfolgt man die Entwicklung gewisser Begriffe in Ihren Arbeiten zur Poetik, so gewinnt man immer den Eindruck, daß die Fragen der Phonologie in *Novejšana russkaja poèzija* (1921) noch sehr vorsichtig angegangen werden. Das ganze Buch hindurch benutzen Sie noch die Terme der traditionellen Phonetik. Nur an einem Punkt werden Sie deutlicher: »Die Euphonie arbeitet nicht mit Lauten, sondern mit Phonemen ...« Doch nur zwei Jahre später, in dem erwähnten Buch *O češskom stiche*, erscheint eine wirklich phonologische Analyse. Ist die Annahme berechtigt, daß dabei der Gegenstand der Untersuchung – der metrische und prosodische Aufbau zweier kontrastierender Systeme, des tschechischen und des russischen Verses – eine entscheidende Rolle gespielt hat? Bei einem derartigen Unternehmen mußten Sie sich zwangsläufig auf die binären, streng hierarchischen Strukturen konzentrieren, während Ihre Studie über Chlebnikov hauptsächlich die Besonderheiten von dessen poetischer Sprache herausarbeiten sollte. Darum stehen in der Chlebnikov-Studie Paronomasie und Parallelismus im Vordergrund, also die »Komposition der Wortmassen«, um den Ausdruck Malevičs zu verwenden.

*Jakobson* – Wie gesagt, die Problematik der Beziehung zwischen der äußeren, lautlichen Seite der Sprache und ihrer inneren Sinn-Ebene trat mit besonderer Deutlichkeit in der poetischen Sprache hervor. Das war einer der Hauptgründe, die uns zwangen, ein weiteres Hindernis aus dem Wege zu räumen: die Schwierigkeit nämlich, eine klare Trennungslinie zwischen der Untersuchung der sprachlichen Laute und der Bedeutungsanalyse zu ziehen. Alle Studien während meiner Universitätszeit betonten diese Trennung. Als ich Chlebnikov 1919 bei der Redaktion seiner *Gesammelten Werke* half – leider konnten sie damals nicht veröffentlicht werden –, nahm ich mir vor, die linguistische Seite seiner verschiedenen künstlerischen Verfahren zu untersuchen. Ich bemerkte, daß sich kaum ein Dichter hätte finden lassen, bei dem in Theorie und Praxis seines Schaffens lautliche Struktur und semantische Ebene enger miteinander verkoppelt gewesen wären. So kam ich dazu, in die Lautanalyse der poetischen Texte Chlebnikovs linguistische Tatsachen einzubeziehen. Andererseits erlaubte das einmalige Werk dieses Dichters eine neue Betrachtungsweise der Laute, so daß ich wohl oder übel die traditionelle Auffassung des lautlichen Materials in der Linguistik umstoßen und einer grundlegenden Revision unterziehen mußte.

Dabei fand unversehens eine Theorie Anwendung, die Baudouin de Courtenay (1845-1929) und seine besten Schüler ausgearbeitet hatten. Seine Lehren[12] standen im Gegensatz zur offiziellen Doktrin und waren, trotz aller ungelösten inneren Widersprüche, durchaus vielversprechend. An der Definition des Phonems, wie sie von den scharfsinnigen Schülern Baudouins, den petersburger Forschern Lev Vladimirovič Ščerba (1886-1944) und Evgenij Dmitrievič Polivanov (1891-1936) bestimmt wurde – sie hatten das Phonem als unauflösliche Verbindung zwischen Laut und Sinn charakterisiert –, orientierte sich meine Studie über die lautlichen Verfahren Chlebnikovs und der poetischen Sprache überhaupt. Andererseits mußte mich die Verwendung dieses Begriffs im Rahmen einer poetologischen Analyse zwangsläufig zu einer vorsichtigen Umarbeitung und Weiterentwicklung der Theorie der Phoneme in ihrer wechselseitigen Bezogenheit führen. Denn bekanntlich rückt jeder auf die Poetik angewandte linguistische Begriff eben diesen Gedanken eines reziproken Bezugs in den Vordergrund.

Eine noch bedeutsamere Frage beim Übergang von der alten Phonetik zu den bahnbrechenden Neuerungen der Phonologie bildeten die kontinuierlichen und anregenden Diskussionen des Moskauer Linguistenkreises.

Ich verließ Moskau im Jahre 1920, unmittelbar nach den Debatten unseres Kreises, um mich in Prag niederzulassen, wo ich mich bald von den Problemen des zeitgenössischen und des mittelalterlichen Verses fesseln ließ. Über eine vergleichende Analyse der offenkundigen Ähnlichkeiten und der nicht minder lehrreichen Unterschiede zwischen der russischen und der tschechischen Versifikation kam ich dazu, das Wesen dieser Erscheinungen zu untersuchen, und begann, nach dem Ursprung der Divergenzen in der lautlichen und zumal prosodischen Struktur dieser beiden Sprachen zu forschen.

Auf dem Wege nach Prag, auf dem Schiff zwischen Tallin und Szczecin, vertiefte ich mich in die Lektüre der Verse des wunderbaren tschechischen Romantikers Karel Hynek Mácha (1810-1836) und bat einen der mitreisenden Prager, mir diese Verse vorzutragen. Ich war frappiert von dem tiefgreifenden Unterschied in der Struktur des vierhebigen Jambus im Russischen und im Tschechischen, und vor allem staunte ich über die rhythmischen Abweichungen vom metrischen Schema, die der tschechische Jambus zuließ, wogegen sie im russischen Jambus untersagt waren. Ich beschloß, ein wenig an den Fragen der vergleichenden Metrik zu arbeiten, und in Prag angekommen, sprach ich darüber mit dem Direktor des Lehrstuhls für Tschechisch an der Universität, Emil Smetánka (1875-1949). Schulterklopfend erklärte er mir: »Lassen Sie das sein. Ich werde Ihnen diese Abweichungen erklären. Unsere Dichter sind Tagediebe, sie sind ganz einfach zu faul, nach den Regeln zu schreiben.« Diese Erklärung amüsierte mich und brachte mich erst recht dazu, das Problem anzugehen, das aus linguistischer und literaturwissenschaftlicher Sicht gleichermaßen von Bedeutung war. So begann ich mit der Vorbereitung meines Buches über den tschechischen Vers im Vergleich zum russischen.

Die Untersuchung warf mehrere Fragen auf: Welche Beziehung besteht zwischen den Gegebenheiten der Sprache und der Opposition zwischen starken und schwachen Zeiten? Welche Verbindung läßt sich zwischen der Abgrenzung der Wörter und syntaktischen Gruppen einerseits und der Einteilung des Verses in rhythmische Phrasen andererseits feststellen? Welche Rolle spielen schließlich die bedeutungstragenden Elemente einer Sprache in der Versbildung, und zwar im Hinblick auf die rhythmischen Variationen, die im tschechischen Vers durch den Gegensatz zwischen langen und kurzen Vokalen gebildet werden? All das nötigte mich zu einer methodischen Systematisierung der Lautelemente der Sprache. Ich wollte mir einen Arbeitsplan entwerfen und stützte mich dabei zunächst auf die Rolle, die diese Elemente in der Sprache spielen.

So kam mir der Gedanke, daß es notwendig wäre, die Sprachlaute wissenschaftlich zu untersuchen und dabei die Problematik eines unveränderlichen Wechselbezugs zwischen Laut und Sinn im Auge zu behalten. Das waren mit anderen Worten die Umrisse einer neuen linguistischen Disziplin, der sich die bisherigen wissenschaftlichen Abhandlungen bislang erst hier und da tastend angenähert hatten. So schien es mir erstmals in meinem Buch über den tschechischen Vers (1923) geboten, trotz der Vieldeutigkeit seiner Verwendungen in der damaligen wissenschaftlichen Literatur den Terminus »Phonologie« zu verwenden.

*Pomorska* – Wie hat sich nun Ihre phonologische Theorie weiterentwickelt? Blieb sie so eng mit dem Studium der poetischen Sprache verbunden? Welche linguistischen Erscheinungen boten sich sonst dazu an, bei der Anwendung und Weiterentwicklung Ihrer Theorie eine Rolle zu spielen – sei's wegen ihrer offenkundigen Eignung, sei's aus Gründen der bequemen Handhabung? Und wie entstand aus diesem empirischen Material das Prinzip des Binarismus?

*Jakobson* – Bei meinem Vergleich des tschechischen und des russischen Verses kam ich nicht umhin, die Differenzen zwischen betonten und unbetonten sowie zwischen langen und kurzen Einheiten gründlich zu untersuchen. Beide Unterschiede zeigen deutlich, daß man eine Analyse der Gegensatzpaare vornehmen mußte; erst dabei tritt nämlich die Eigenschaft der Opposition als solche (beispielsweise die Quantität des Vokals) hervor, und erst dann werden die einander entgegengesetzten Erscheinungsformen eines solchen Verhältnisses (in diesem Fall die Länge und Kürze der Vokale) sichtbar. Darüber hinaus zwang mich die Analyse dieser Beziehungen, bei dem Gegensatzpaar *lang/kurz* von den konkreten Vokalen abzusehen, die diese Eigenschaft aufweisen. Der nächste Schritt war eine qualitative Unterscheidung bei den Vokalen: Zunächst hat man etwa das *a* ohne Rücksicht auf den Quantitätsgegensatz, dann führt man ein abstraktes quantitatives Verhältnis zwischen einer maximalen und einer minimalen Dauer, das heißt zwischen Länge und Kürze ein. Es war gar nicht zu vermeiden, daß ich von den prosodischen Eigenschaften – wo die Möglichkeit beziehungsweise Notwendigkeit einer solchen Analyse besonders klar und dringlich erscheint – zu anderen Reihen von Lautpaaren überging, bei denen sich eine ähnliche Trennung anbot: etwa der Unterschied *stimmhaft/stimmlos*, der für Konsonantenpaare wie *d/t, z/s, b/p, v/f* usw. kennzeichnend ist. Die Analyse zeigte deutlich, daß im System der Sprache und im linguistischen Denken die Eigenschaftspaare (wie *stimmhaft/stimmlos*) relativ unabhängig sind von den positiven distinkten Einheiten des Konsonantismus (wie *d, t, ...*), sofern man letztere ohne Rücksicht auf den Unterschied zwischen Anwesenheit und Fehlen der Stimme betrachtet.

Diese Überlegungen brachten mich im Verlauf meiner Forschungen über die phonologische Entwicklung des Russischen und der anderen slavischen Sprachen gegen Ende der zwanziger Jahre dazu, eine besondere Art phonologischer Beziehungen anzunehmen, die ich mit dem logischen Term *Korrelation* bezeichnet habe. Dieses Konzept erwies sich als fruchtbar bei der Beschreibung von Lautsystemen, aber auch bei der Erklärung ihres historischen Wandels. Auf einer Analyse solcher Korrelationen gründete meine erste Abhandlung über historische Phonologie, die 1929 als zweiter Band der *Travaux du Cercle linguistique de Prague* herauskam[13] – übrigens gleichzeitig mit dem ersten Band, in dem Artikel verschiedener Mitglieder des Kreises über Fragen der Sprachstruktur und auch der Phonologie versammelt waren.

Zu Beginn unserer Untersuchungen über die sprachlichen Laute in bezug auf ihre Bedeutungsfunktion hatten wir das Phonem als die kleinste bedeutungsunterscheidende Einheit der Sprache definiert. Das bedeutete, daß die Linguisten das Phonem als eine Art unteilbares Atom ansahen. Unterdes sah sich die Analyse der phonologischen Korrelationen bereits genötigt, diese Unteilbarkeit des Phonems in Zweifel zu ziehen: Wenn wir das Phonem *b* als Beispiel nehmen, so läßt sich das Merkmal Stimmhaftigkeit versus Stimmlosigkeit auf der Grundlage der Proportion $b:p = d:t$ isolieren; den Gegensatz zwischen Verschluß- und Reibe-Charakter konnte man mit Hilfe der Proportion $b:v = p:f$ aufstellen, und die Opposition zwischen An- und Abwesenheit der Nasalität ergibt sich aus der Proportion $b:m = d:n$.

So drängte sich die Definition des Phonems als eines Bündels distinktiver Eigenschaften auf. Der Begriff Phonem machte also den einfachsten semantisch unterscheidenden Einheiten Platz, also differentiellen Elementen wie Stimmhaftigkeit, Verschlußartigkeit und so weiter. Seit Beginn der dreißiger Jahre orientierten sich meine Definitionen des Phonems an eben dieser Bestimmung. Natürlich behielt das Phonem seine Bedeutung, doch es wandelte sich von einer primären zu einer abgeleiteten Einheit, das heißt zu einer Verbindung simultaner Elemente – so wie die Silbe bei der zeitlichen Aufeinanderfolge der Sprachlaute die Rolle einer abgeleiteten Einheit spielt. Übrigens ging die neue Phonemdefinition der Entdeckung der empirischen Tatsachen voraus, in denen diese Definition ihre Bestätigung fand.

Trubeckoj hatte bereits im ersten Band der *Travaux* auf die Vokale eine Methode angewandt, die der Dekomposition der Phoneme in zugrundeliegende semantisch-distinktive Elemente nahekam. Die Analyse der Konsonanten blieb mit ihren Entdeckungen jedoch lange hinter den erwarteten Entdeckungen zurück.

## IV. Die Rolle der Konsonanten bei der Entdeckung der phonologischen Oppositionen

*Pomorska* – Entstanden ist die phonologische Problematik aus der Erscheinung des Vokalismus. Wiederum liegt es nahe, diese Tatsache mit der grundlegenden Rolle der Vokale im Vers in Zusammenhang zu bringen, also mit dem Alternieren der rhythmischen Einheiten, der Prosodie. Wie aus Trubeckojs Briefwechsel mit Ihnen deutlich hervorgeht, gingen auch seine ersten Beobachtungen zur Lautsymmetrie aus dem Vokalismus hervor. Wann und auf welche Weise begannen Sie denn, Ihre phonologischen Untersuchungen auf den Konsonantismus auszudehnen? Die Frage ist umso interessanter, wenn man an die Künstler denkt, die ihrerseits bestimmte Verfahren ausgearbeitet und angewandt haben. In Rußland wie auch im Westen waren die Dichter der Avantgarde als erste auf die Frage nach der Rolle der Konsonanten gestoßen, während sich selbst die Symbolisten noch ausschließlich (oder doch nahezu ausschließlich) für den Vokalismus interessierten. Am Anfang schrieb Rimbaud eine »Ode« an die Vokale; der russische Avantgarde-Dichter D. Burljuk (1882-1967) experimentierte dagegen schon mit Versen, deren »Held« der »konsonantische Laut, jener ungestüme Heros« war; Majakovskij empfahl, Verse aus den »härtesten« Konsonanten des russischen Lautsystems zu bilden. Die kühnsten Manifeste der Avantgarde proklamierten das Laut-Repertoire der Konsonanten zur wichtigsten Quelle der Poesie. Nicht zu vergessen, daß Sie in Ihrer Jugend Verse geschrieben haben, die aus ungewöhnlichen Konsonantenverbindungen aufgebaut sind. Offenbar ist der Konsonantismus auch für den Forscher ein schwierigeres Problem. Liegt das daran, daß die Konsonanten in der Sprache ein weniger geschlossenes System bilden als die Vokale und daß sich auf sprachlicher Ebene das Gefüge der Silben in den Vordergrund drängt? Ob es wohl zu diesen Erscheinungen in der Entwicklung der Phonologie und der Poesie eine Parallele gibt in der Geschichte der anderen Disziplinen, etwa in der Akustik oder der Wahrnehmungspsychologie?

*Jakobson* – Auch hier haben wieder die Fragen der Poetik den Anstoß gegeben. Schon in meiner Arbeit über Chlebnikov hatte ich hervorgehoben, daß beim Reim in der neuen russischen

Dichtung »die Konsonanten von höherer Wertigkeit sind als die Vokale« und daß es sich dabei »alles in allem um eine Besonderheit der zeitgenössischen Euphonie« handele. Im Gegensatz zu den russischen Ästheten des 19. Jahrhunderts, die die »wenig harmonische« Häufung von Konsonanten im Vers zu vermeiden empfahlen, hatten wir eine Vorliebe für solche holprigen und wiederholten Konsonantenkaskaden entwickelt. Ich erinnere mich noch, mit welchem Vergnügen ich die Verse von Trediakovskij las, die seine Zeitgenossen als linkisch betrachtet hatten – zum Beispiel seine *Oda vešnemu teplu* [Ode an die Frühlingswärme]: »V chvrastìnnych skútavšis' kustách . . .«

Als der hervorragende tschechische Dichter Jaroslav Durych (1886-1962), der auch ein genauer Kenner der Verslehre war, eine Rezension der tschechischen Fassung meines Buches über den tschechischen Vers veröffentlichte, kam es zwischen uns zu einem Briefwechsel über Fragen der tschechischen Poetik. In einem Schreiben vom 5. Mai 1926 stellte mir Durych eine verwirrende Frage, nämlich ob sich in den Abhandlungen zur Phonetik eine wissenschaftliche Klassifikation der Konsonanten finden lasse. Über die Vokale habe er genügend Informationen gefunden, während die Beschreibungen und Verteilungen der Konsonanten ganz und gar mechanisch verführen. Ich zitiere seine Worte: »Auch wenn sich aus physiologischer Sicht die Konsonanten in eine Reihe von Gruppen unterteilen lassen, ist das für die Poetik doch ohne Bedeutung.« Durych war überzeugt, daß die Konsonanten »eine Art Stufenleiter« bilden, und suchte nach physikalischen Tatsachen, um »die jedem Konsonanten innewohnende Tonhöhe unabhängig von seiner Lokalisierung« feststellen zu können. Ich mußte ihm antworten, daß es leider noch keine rationale Klassifikation der Konsonanten gebe, die diesen Namen verdiene. Ich habe den Brief von Durych sorgsam aufgehoben, und die Frage, die er mir gestellt hatte, blieb jahrelang eines der Hauptthemen meiner Überlegungen und Forschungen.

Im Sommer 1930, als ich die für Dezember einberufene Konferenz des Prager Linguistenkreises vorbereitete, kam ich zu der Überzeugung, es müsse eine innere Verwandtschaft zwischen der Systematik der Vokale und der Konsonanten bestehen; es schien mir notwendig, die strukturalen Ähnlichkeiten und Kontraste, die symmetrischen und antisymmetrischen Entsprechungen zwischen diesen beiden grundlegenden Phonemklassen systematisch zu analysieren. Die Skepsis Trubeckojs, die er mir in seinem Brief vom 17. August 1930 ausdrückte, konnte meine Überzeugung nicht erschüttern, daß dies das nächste Ziel der komparativen Analyse sei.

Obwohl damals die akustische Analyse der Sprachlaute noch weit weniger entwickelt war als die physiologische, machte ich mir als erstes klar, daß das Ziel unserer motorischen Aktivität das Hören ist, daß also eine akustische Klassifikation der sprachlichen Laute, zumal der Konsonanten, eine direktere und genauere Antwort auf die von Durych gestellte Frage liefern könnte und müßte. Vor allem bei der Versinterpretation spielt ja das auditive Moment eine entscheidende Rolle.

Wichtigstes Kriterium für die Definition der Konsonanten schien die Artikulationsstelle zu sein. In den Handbüchern führte man eine lange Liste solcher distinktiver Stellen auf, angefangen bei den bilabialen, labiodentalen, apikalen bis zu den palatalen, velaren, postvelaren, pharyngalen und laryngalen Konsonanten. Die wechselseitigen Beziehungen zwischen all diesen Artikulationsreihen blieben dabei vollkommen im Dunkeln: Welches waren die primären Eigenschaften, auf denen diese mannigfachen Unterscheidungen beruhten? Welche allgemeinen Charakteristika erlaubten während der gesprochenen Kommunikation die rasche und zuverlässige Unterscheidung der zahlreichen Konsonanten? Denn gerade diesen allgemeinen Eigenschaften verdankten die Konsonanten in der Tat ihre entscheidende Rolle im Gefüge des Verses.

In den Klassifikationen nach Artikulationsstellen waren Labiale und Velare weit voneinander getrennt. Nun zeigte aber die historische Phonetik, daß in mehreren Sprachen diese beiden Konsonantentypen leicht permutierten. Ein tschechischer Phonetiker sagte einmal halb im Scherz, weil er für den Sachverhalt keine Erklärung finden konnte: »Die Extreme berühren sich eben.« Nähme man diesen Aphorismus einmal wörtlich, so müßte man jene berühmte Linie als Kurve zeichnen, wobei die vorderen und die hinteren Konsonanten wieder in Nachbarschaft zueinander kämen. Die Linie der vier Grundkonsonanten des Tschechischen – der Labial *p*, der Dental *t*, der Palatal *t'* und der Velar *k* – verwandelte sich damit in folgendes System:

p t
k t'.

Diese Gegenüberstellung wirft von selbst zwei Fragen auf. Erstens, welche akustische Eigentümlichkeit verbindet *p* und *t* einerseits und *k* und *t'* andererseits; zweitens, welche Besonderheit vereint *p* und *k* im Gegensatz zu *t* und *t'*? Selbstverständlich mußten diese beiden Besonderheiten in Termen der psychoakustischen Wahrnehmung bestimmt werden. Einen bemerkenswerten Beitrag dazu lieferte der raffinierte Phonetiker Maurice Grammont (1866-1946) mit seinem Versuch einer lautlichen Analyse der Poesie.

Da die Wahrnehmung der Laute in erster Linie ein psychoakustischer Tatbestand ist, wird eine solche Definition bald den Vorwurf des Subjektivismus und die Forderung nach »objektiven« Grundlagen hervorrufen. In der Zeit zwischen den Kriegen hatte die physikalisch-akustische Analyse der sprachlichen Laute zwar im großen und ganzen schon zufriedenstellende Antworten auf die Fragen der Vokalbildung gegeben; in der Charakterisierung der Konsonanten war sie dagegen noch wenig vorangekommen. Nichtsdestoweniger ließen sich den damaligen physikalischen Experimenten schon wichtige Hinweise auf die physikalische Natur der wichtigsten differentiellen Eigenschaften des Konsonantensystems entnehmen. Darüber hinaus konnte man anhand von Röntgenbildern der artikulierbaren Laute sowie von Messungen auf der Grundlage solcher Aufnahmen in großen Zügen die motorischen Voraussetzungen für die charakteristischsten akustischen Differenzen des Konsonantensystems angeben.

In den dramatischen Jahren 1937 und 1938, als sich das Nahen verhängnisvoller Ereignisse bereits abzeichnete, wandten sich die Gelehrten – wenn auch unfreiwillig – von zweitrangigen akademischen Themen ab und konzentrierten sich auf Fragen, die ihnen für die Wissenschaft bedeutsamer und dringlicher erschienen. »Die Tage einer ungehinderten wissenschaftlichen Arbeit sind gezählt«, sagte mir mein Freund Petr Nikolaevič Savickij (1895-1968), ein wahrer Pionier der strukturalen Geographie. Als ich zu Beginn des Jahres 1938 in Wien bei Trubeckoj weilte, der intensiv an seinen *Grundzügen der Phonologie* arbeitete[14], wurde mir klar, daß das phonologische System leider so lange zur Unvollständigkeit verdammt bliebe, wie sein zugrundeliegendes Prinzip – das der Opposition zweier Terme – nicht konsequent zuende gedacht würde. Wahrscheinlich gab es zu keiner Zeit meines Lebens eine so plötzliche Fülle ungeahnter Ansätze, ein solches Gewimmel neuer Gedanken wie Anfang 1938, als es mir – wie ich damals glaubte und heute noch glaube – gelang, die Zerlegung der Konsonanten in fundamentale Oppositionen zu vollenden.

Ich wollte diese glücklichen Funde sogleich mit Trubeckoj diskutieren, weil ich annahm, sie würden der Phonologie und der allgemeinen Linguistik neue Perspektiven eröffnen. Mitte Februar 1938 besuchte ich ihn unangemeldet, und zwei Tage lang diskutierten wir leidenschaftlich die Möglichkeit einer neuen Behandlung der Konsonanten und der phonologischen Oppositionen überhaupt. In manchen Punkten stimmte Trubeckoj meinen Überlegungen zu, andere bestritt er. Er meinte, sein Buch sei schon zu weit fortgeschritten, als daß er noch einmal auf die Ausgangsprobleme zurückkommen und seine Annahmen über die Klassifikation der Beziehungen zwischen den Phonemen revidieren könnte. Und er schlug mir vor, meine Thesen zu diesem Thema nach der Veröffentlichung seines Buches zu formulieren. Die bekannten Ereignisse nahmen uns jede Möglichkeit, uns erneut zu treffen, und beschleunigten erbarmungslos Trubeckojs Krankheit. Am 18. Juni 1938 starb er.

*Pomorska* – Wie richteten Sie Ihre Arbeit nach dem Tode Trubeckojs ein? Welche Auswirkungen hatte dieses Ende auf die Gestaltung Ihrer wissenschaftlichen Forschungen, die bis dahin doch ganz offenkundig den Charakter eines Dialogs hatten und bei denen sich die neuen Probleme und Ziele gewöhnlich aus Diskussionen und Polemiken ergaben?

*Jakobson* – Im Juni 1938 trug ich auf dem III. Internationalen Kongreß der phonetischen Wissenschaften in Genf meine Überlegungen zur phonologischen Klassifikation der Konsonanten vor[15] und zog darin eine erste Bilanz meiner Forschungen. Ich war damals zu der Überzeugung gekommen, daß die Phonologie bei der Formulierung und Ausarbeitung ihrer Fragestellungen bereits eine erste Etappe abgeschlossen habe. Es war jetzt schon ungefähr abzusehen, welche Struktur das System der sprachlichen Laute aufweisen würde. Offenbar ließen sich die Phoneme aller Sprachen der Welt trotz ihrer Unterschiedlichkeit gemäß einer strengen Logik in differentielle Elemente zerlegen. Diese minimalen Grundzüge konnten auf jedem lautlichen Niveau mit wachsender Genauigkeit bestimmt werden, insbesondere auf psychoakustischer, physikalisch-akustischer und artikulatorischer Ebene. Die anfangs noch dunklen Punkte – vor allem der Zusammenhang zwischen den Funktionen, die jedem dieser Elemente in der Sprache zukommen, und der akustischen Kennzeichnung sowie den artikulatorischen Voraussetzungen dieser Elemente – fanden allmählich eine immer einfachere und klarere Antwort.

Meine Untersuchungen sollten zu der Entdeckung führen, daß es gar nicht die Artikulationsstellen als solche sind, die auf motorischer Ebene die entscheidende Rolle spielen, sondern gewisse synthetischere Erscheinungen des Stimmapparats, die für die Hervorbringung klar und deutlich wahrnehmbarer akustischer Ergebnisse wesentlicher sind. Jedenfalls zeigte sich das, als man die Relevanz der Artikulationsstellen genauer bestimmen lernte. Daraus ergab sich eine Reihe neuer grundsätzlicher Probleme. Es galt, mit größerer Genauigkeit die motorische Grundlage einerseits und die akustischen Kennzeichen der differentiellen Elemente andererseits auseinanderzuhalten. Vor allem aber waren die Wechselbeziehungen zwischen diesen Elementen minutiös zu untersuchen und ihre Bedeutung für die Linguistik zu bestimmen. Die anfänglichen Begriffe, mit denen ich seit meiner Studie über den tschechischen Vers von 1923 gearbeitet hatte, zumal die »phonologischen Elemente« und das »phonologische System«, mußten revidiert und genauer gefaßt werden. Kurz, es gab wichtige Forschungsarbeit zu leisten.

Im Hinblick darauf war es besonders schmerzlich, einen Gesprächspartner, wie Trubeckoj es für mich war, zu verlieren. Die lange Zeit unserer Zusammenarbeit in Dialogen und Diskussionen war nun um. Ich mußte allein arbeiten, ich mußte meine Entdekkungen und die daraus folgenden Hypothesen von jetzt an selbst beweisen. Davon abgesehen wurde es von Tag zu Tag klarer, daß meine aktive Zusammenarbeit mit dem Prager Linguistenkreis, jenem Brennpunkt beinahe unerschöpflicher Diskussionen, bald zuende gehen würde – wie auch die Tätigkeit dieses Kreises selbst. Damals begannen jene Jahre, in denen ich heimatlos von einem Land zum anderen irrte.

## V. Die Entwicklung der linguistischen Theorie im Spannungsfeld internationaler Einflüsse

*Pomorska* – Zwar ist dieser lange Irrweg von den Ereignissen des Krieges erzwungen worden, gewiß waren die Umstände beschwerlich und manchmal auch riskant. Unter wissenschaftlichem Gesichtspunkt war diese Wanderung gleichwohl ein großer Gewinn. So wurde beispielsweise eine der wahrscheinlich grundlegendsten sprachwissenschaftlichen Abhandlungen, *Kindersprache, Aphasie und allgemeine Lautgesetze* 1941 in Schweden geschrieben, unter Bedingungen und unter dem Eindruck von Ereignissen, die für wissenschaftliche Arbeit gewiß sehr ungünstig waren.[16] Auch die ersten Jahre in Amerika waren hart. Welchen Einfluß hatten diese häufigen Ortsveränderungen und die verschiedenen Länder, in die Sie geführt wurden – von Skandinavien bis zu den ersten Jahren in Amerika – auf Ihr wissenschaftliches Denken?

*Jakobson* – Diese überstürzten Veränderungen haben allerdings mehr als einmal meine Arbeitsvorhaben gewandelt und zunichte gemacht. Trotzdem muß ich gestehen, daß mich die Erfahrung verschiedener wissenschaftlicher Umgebungen, lokaler Interessenschwerpunkte und Leitsätze dazu befähigt hat, meine eigenen Fragen in verschiedener Weise zu formulieren und in einen größeren Zusammenhang zu stellen. Ich brachte zunächst einige Zeit in Dänemark zu und arbeitete dort eng mit dem Kopenhagener Linguistenkreis zusammen, mit Viggo Brøndal (1887-1942) und Louis Hjelmslev (1899-1965), den beiden würdigen Erben der großen Tradition der dänischen Sprachwissenschaft. Unsere Diskussionen zwangen mich, den theoretischen Grundlagen der Phonologie mehr Beachtung zu schenken und meine Grundthesen ausführlicher und präziser darzustellen. Ich wandte mich meinerseits gegen die zeitweilig vom Kopenhagener Linguistenkreis vertretene Auffassung, nach der die Lautsubstanz der Sprache aus dem Gegenstandsbereich unserer Wissenschaft auszuschließen sei, und hob die Notwendigkeit hervor, das Verhältnis zwischen Form und Substanz in aller Strenge zu behandeln. Zugleich aber regten mich solche Diskussionen zu einer sorgfältigeren Durchführung meines Vorhabens an, das Prinzip des Relativismus in der phonologischen Analyse konsequent bis zum Ende weiterzuverfolgen. Unter diesem Leitsatz hatten schon die ersten Bände der *Travaux du Cercle linguistique de Prague* gestanden; schon darin wurde der Begriff Phonem als abgeleiteter Ausdruck betrachtet und als Produkt der Konzeption phonologischer Beziehungen behandelt. Trotz dieses Postulats ließ man in den phonologischen Arbeiten der Prager Richtung in den zwanziger und dreißiger Jahren hier und da noch bestimmte Definitionen der phonologischen Einheiten durchgehen, die statt in relativistischen Termen noch in absoluten physiologischen oder physikalischen Begriffen formuliert waren. Der Wahrheit zuliebe muß ich gestehen, daß mich jene methodologischen Debatten in Kopenhagen gelehrt haben, in meinen Definitionen mehr Strenge walten zu lassen, damit sich nicht unzulässigerweise absolute materielle Werte an die Stelle strikt relationaler Terme setzen, die eine exakte Wissenschaft verlangt.

So ist es kein Zufall, daß ich gerade in Dänemark 1939 auf den Gedanken kam, ein Papier mit dem Titel *Les lois phoniques du langage enfantin*[17] zu verfassen. Dieser Text war für den V. Internationalen Linguistenkongreß bestimmt, der für September nach Brüssel einberufen worden war und der wegen des Zweiten Weltkrieges verschoben werden mußte. Als Antwort auf die Fragen meiner dänischen Hörer und Gesprächspartner entwickelte ich in diesem Vortrag zwei Probleme, die ich schon zehn oder zwanzig Jahre zuvor formuliert hatte: nämlich den Gedanken einer phonologischen Typologie aller Sprachen der Welt sowie die Idee linguistischer Universalien. Wie ich in dieser Studie hervorhob, muß dabei die Regel der Überlagerung der Werte das zugrundeliegende Prinzip sein.

Die Universalität einer solchen hierarchischen Ordnung, wie sie sich ebensowohl in der Struktur der Lautsysteme als auch im System der grammatischen Bedeutungen offenbart, muß sich einerseits im Rahmen einer Analyse der Sprachen der Welt, andererseits auf dem Wege einer Untersuchung des sprachlichen Werdens erweisen lassen. Dieser Versuch, die Fragen der sprachlichen Phylogenese und Ontogenese miteinander zu verbinden, war kennzeichnend für meinen Aufenthalt in Dänemark. Ich widmete mich der Untersuchung, wie der Erwerb des phonologischen Systems bei Kindern verschiedener Sprachräume vor sich geht. Die Erforschung der Reihenfolge, in der sich das Kind die phonologischen Oppositionen aneignet, eröffnet den Ausblick auf eine ganze Reihe typologischer Feststellungen über die lebenden Sprachen der Welt. Dieser Ansatz einer komparativen Erforschung der kindlichen Sprachentwicklung und der Struktur der verschiedenen Völkersprachen führte zu der entscheidenden Entdeckung der Implikationsgesetze, die in beiden Sphären wirksam sind. Darunter ist zu verstehen, daß die Existenz einer Einheit *y* die Existenz einer Einheit *x* im selben System einschließt beziehungsweise ausschließt.

Je weiter die Forschung vorankommt, desto deutlicher zeigt sich, daß auf solchen Gesetzen nicht nur die phonologische Struktur der Sprache beruht, sondern daß sie auch auf der morphologischen und syntaktischen Ebene wirksam sind. Sie sind ein Beweis für die hierarchische Struktur der verschiedenen Seiten der Sprache und legen darüber hinaus fest, wie sich die Beziehungen zwischen der Sprache und den anderen Bereichen der Kultur gestalten. In einem kürzlich erschienenen Buch[18] bemerkt der schwedische Linguist Bertil Malmberg zu Recht, der Nervenpunkt meiner wissenschaftlichen Interessen und Forschungen sei »ein allgemeines Prinzip der hierarchischen Strukturation, das nicht nur die Formen der menschlichen Sprachen beherrscht, sondern überhaupt jedes System semiotischen Verhaltens«.

Am 1. September 1939 kam ich in Oslo an – dem ersten Tag des Krieges. Dort begegnete ich Alf Sommerfeldt (1892-1965) und trat mit ihm und einer sehr eng zusammenarbeitenden Gruppe norwegischer Linguisten in Verbindung. Jeder von ihnen war Spezialist für eine andere Sprache. Sie fanden großes Interesse an dem Gedanken, auf der Grundlage nahezu identischer methodologischer Grundsätze einen strukturalen Vergleich dieser Sprachen durchzuführen. Das brachte uns auf die Idee, im Bereich der vergleichenden Phonologie, die uns alle interessierte, ein gemeinsames Arbeitsvorhaben zu organisieren. Die Fragen der phonologischen Geographie, denen die Mitarbeiter des Prager Kreises so lebhafte Aufmerksamkeit geschenkt hatten, schienen hier konkrete Gestalt anzunehmen. Wir wußten ja, daß die Verbreitung phonologischer Erscheinungen nicht an den Grenzen einer bestimmten Sprache oder Sprachenfamilie haltmacht und daß die phonologischen Systeme benachbarter Völker eine Ähnlichkeit aufweisen, auch wenn ihren Sprachen jede genetische Gemeinsamkeit fehlt. Wir wollten also darangehen, einen phonologischen

Atlas aller Sprachen der Welt zu zeichnen, oder doch zunächst wenigstens einen Sprachatlas eines Teils der Welt erarbeiten.

So machten wir uns daran, einen phonologischen Atlas Europas zu entwickeln: Die verschiedenen Regionen wurden unter die jeweiligen Spezialisten verteilt, wir hörten und diskutierten ihre Berichte und stellten ein vorläufiges Inventar der Phänomene auf, bevor wir sie in die Karten eintrugen. Verlockende Perspektiven begannen sich abzuzeichnen. Doch die Besetzung Norwegens machte diesem Plan ein Ende. Leider ist er niemals wiederaufgenommen und verwirklicht worden, obwohl ein solcher Atlas der lautlichen und grammatischen Strukturen ohne jeden Zweifel auf viele offene Fragen der Sprachwissenschaft eine oft unerwartete Antwort gegeben und zu mancherlei neuen Fragen geführt hätte.

Diese im freundschaftlichen Umgang miteinander betriebene Forschungsarbeit machte den Weg zu einer bemerkenswerten Anzahl neuer Ziele frei. Harris Birkeland (1904-1961), ein Spezialist für semitische Sprachen, dessen phonologische Betrachtungen der prosodischen Entwicklung des Althebräischen grundlegend neue Einsichten zutage gefördert haben, verfaßte zusammen mit mir eine phonologisch orientierte Arbeit über die Metrik der Klagelieder der biblischen Propheten. Diese Arbeit war ein erster Beweis für die Fruchtbarkeit der phonologischen Prinzipien bei der Entdeckung der Gesetze, denen dieses Versifikationssystem gehorcht. Nach der deutschen Invasion mußten wir auch dieses Vorhaben aufgeben.

Im Mai 1940 gelang es mir, Stockholm zu erreichen. Wieder einmal bestimmten die Umstände, welche Richtung meine phonologischen Untersuchungen nehmen sollten. Der reichen Ausstattung der medizinischen Bibliotheken Schwedens und dem ehemaligen Direktor der psychiatrischen Universitätsklinik von Uppsala, V. I. Jacobowsky, verdanke ich es, daß ich ein Vorhaben verwirklichen konnte, das ich schon zu Beginn der dreißiger Jahre in meinen Veröffentlichungen angekündigt hatte, nämlich eine sprachwissenschaftliche Analyse der Aphasie. Ich hatte nämlich spiegelbildliche Beziehungen zwischen den phonologischen Einbußen der aphatischen Sprache und der Reihenfolge der phonologischen Erwerbungen in der Kindersprache festgestellt. So konnte ich im Laufe meines Jahres in Schweden ein Buch über Kindersprache, Aphasie und deren gemeinsame Lautgesetze schreiben.

Darin wurden die Positionen des schon erwähnten Exposés ausführlicher entwickelt und anhand des Materials, das ich über die Aphasie zusammengetragen hatte, bestätigt. Diese Vergleiche zwischen entstehender und zerfallender Sprache waren mein erster Ausflug in den Bereich der Sprachpathologie. Auf diese Exkurse möchte ich im Laufe unserer Unterhaltungen noch zurückkommen.

Im Gegensatz zu den norwegischen und dänischen Linguisten kümmerten sich damals die schwedischen Sprachforscher – von einigen Ausnahmen abgesehen – noch nicht um eine phonologische Analyse der Sprachstruktur. In meinen Vorträgen vor den gelehrten Gesellschaften von Stockholm und Uppsala machte ich es mir zur Gewohnheit, neue Gedanken in einer leicht zugänglichen Form wiederzugeben und in meiner Terminologie Neologismen so weit wie möglich zu vermeiden. Später sollte mir diese Lehre sehr nützlich sein, ich befolge sie heute noch und bin meinen schwedischen Hörern dankbar dafür. In Stockholm trat ich mit zwei Ausländern in Verbindung, János Lotz (1913-1972) und Wolfgang Steinitz (1908-1967). Beide waren Spezialisten für finno-ugrische Sprachen und arbeiteten am Institut für Ungarisch an der dortigen Hochschule. Wir trafen uns jede Woche einmal, um Fragen der Phonologie zu diskutieren, die sich uns stellten. Auf der Grundlage der Erkenntnisse, die uns über die slavischen Sprachen und das Französische bereits vorlagen, und nach der Analyse des Ungarischen und verwandter sibirischer Sprachen konnten wir feststellen, daß die phonologische und die grammatische Ordnung methodologisch sehr eng miteinander verbundene Probleme aufwerfen.

Wir entdeckten – wieder einmal –, daß der Zugang zu den Fragen der Versbildung über die Phonologie führt. Eine solche Annäherung warf in der Tat neues Licht auf die strukturalen Gesetze der Poesie und ließ die hierarchischen Beziehungen zwischen den verschiedenen Teilen eines Ganzen aus einem anderen Blickwinkel erscheinen. Abgesehen davon ließ sie uns das logische Zusammenspiel einer weiteren Reihe von Elementen in der Struktur der Sprache verstehen. Die Thesen, die Lotz und ich schrittweise über die Volkslieder der Mordwer (eines an der mittleren Wolga lebenden Volkes) erarbeitet hatten, waren das konkrete Ergebnis unserer damaligen gemeinsamen Forschungen. Unsere Theoreme machten es möglich, aus einer kleinen Anzahl streng koordinierter Fundamentalgesetze alle Versarten abzuleiten, die in den Liedern dieser Sprache vorkommen. Das Institut für Ungarisch veröffentlichte diese Thesen 1941, kurz vor meinem waghalsigen Aufbruch nach New York.[19]

Eingeladen hatte mich die dortige *Ecole libre des Hautes Etudes*, die 1942 in New York von einer Gruppe französischer und belgischer Gelehrter gegründet worden war, nachdem sie wegen der deutschen Besatzung Frankreich hatten verlassen müssen. Da meine Lehrverpflichtungen hauptsächlich in den linguistischen Bereich fielen, konzentrierte ich meine Aufmerksamkeit in erster Linie auf die theoretischen Grundlagen meiner Auffassung der Sprache und ihrer Lautstruktur insgesamt. Schon die erste Vorlesungsreihe, die ich an dieser französischen Schule hielt – vor kurzem wurden die Texte unter dem Titel *Six leçons sur le son et le sens* veröffentlicht[20] –, behandelte vor allem die Prinzipien, nach denen das Wechselverhältnis zwischen der lautlichen Hülle der Sprache und ihrer semantischen Seite zu behandeln ist. Als Ausgangspunkt meiner Analyse linguistischer Probleme und meiner Diskussionen mit den französischen Kollegen, die an diesen Vorlesungen teilnahmen, nahm ich die Theorie Ferdinand de Saussures, wie sie unter dem Titel *Cours de linguistique générale* von seinen schweizer Studenten und Schülern Charles Bally (1865-1947) und Albert Sechehaye (1870-1946) erstellt worden ist[21].

Es ging dabei um eine genauere Untersuchung dessen, was uns in die Nähe der Saussureschen Lehre rückte, was uns zum Teil sogar genetisch mit ihm verband und was uns radikal voneinander trennte. Schon in den Grundannahmen des Saussureschen Denkens, dem Dogma der Arbitrarität des sprachlichen Zeichens und der unbefragten Voraussetzung der Linearität des Signifikanten, entfernten wir uns deutlich von der Genfer Lehre. Unsere gesamte phonologische Analyse und die daraus folgende Systematisierung der kleinsten Lautelemente konnte dafür als Beleg dienen. Es war ganz logisch, gerade anhand einer Erläuterung dieser wesentlichen Unterschiede unseren neuen Ansatz zu erläutern.

Eines der grundlegendsten und fruchtbarsten Prinzipien Saussures war das der »Oppositionen«. Auf diesem Gedanken, den er stets energisch verfocht, ruhte das ganze System der Sprache *[langue]*. Insoweit bin ich ihm immer nachdrücklicher gefolgt, und zwar von dem Augenblick an, als ich seinen *Cours* kennenlernte; Sechehaye sandte ihn mir 1920, kurz nachdem ich in Prag angekommen war. Ich mußte meinen Hörern und Kollegen der *Ecole* erklären, worin die Weiterentwicklung und die Abwandlungen bestanden, die ich an der Idee der Opposition und ihrer Anwendung auf die Sprache vorgenommen hatte. Es war unerläßlich, den Begriff der Opposition als elementare logische Operation präzise von anderen Arten des Unterschieds abzugrenzen.

Mehr als einmal ist dieser besondere Zug der Oppositionen von den Theoretikern der Zwischenkriegszeit herausgearbeitet worden, besonders von dem holländischen Phänomenologen Hendrik Pos (1898-1955) und dem russischen Dialektiker Aleksej Fedorovič Losev. Letzterem zufolge heißt »ein Begriff ›korrelativ‹, wenn er von einem bestimmten anderen Begriff notwendig impliziert wird. Wenn ich ›hoch‹ sage, so ist damit auch der korrelative Begriff ›tief‹ gegeben; sage ich ›gut‹, habe ich damit auch den Begriff ›schlecht‹, und so weiter«[21a].

Der Gedanke der Opposition schließt den der Binarität ein, und dieses Verhältnis zeigt sich besonders deutlich im System der Sprache, sowohl auf phonologischer wie auf grammatischer Ebene. Saussure hatte völlig recht, als er in seinem *Cours* die An- oder Abwesenheit der Nasalität bei einem Phonem als linguistische Opposition behandelte, denn die Nasalität läßt sich nicht denken, ohne gleichzeitig ein Bewußtsein von der Existenz der Nicht-Nasalität zu haben als dem negativen der beiden Faktoren, die in einem bestimmten phonologischen System gegeben sind. Doch die Bearbeiter des *Cours* unterstellten ihrem Lehrer die Behauptung – die in den Mitschriften der Vorlesungsteilnehmer in Wirklichkeit gar nicht enthalten ist –, daß das Phonem selbst eine oppositive Einheit ist, und diese Bewertung trägt offensichtlich den Makel der Ungenauigkeit.

Zum Beispiel kann man unmöglich sagen, welcher ganz bestimmte, unveränderliche Wert dem Phonem *b* »entgegengesetzt« ist. Stellt man jedoch dieselbe Frage nicht in bezug auf das Phonem, sondern auf die differentiellen Elemente, so verwandeln wir die Frage des Phonems *b* in eine analytische These über seine Zerlegung in Elemente, die die Bezeichnung »oppositionell« zu Recht tragen können: Das stimmhafte Merkmal (des Phonems *b*) steht in Opposition zur Stimmlosigkeit (*b* versus *p*); das Fehlen von Nasalierung in Opposition zur Nasalität (*b* versus *m*); sein dunkler Charakter in Opposition zum hellen (*b* versus *d*). Erst auf der Ebene solcher wirklich unteilbarer Elemente, die man »distinktive Wesenszüge« *[traits distinctifs]* nennt, haben wir es mit echten binären Oppositionen zu tun.

Der Mathematiker Jacques Hadamard (1865-1963), der meine Linguistik-Vorlesungen gehört hatte, machte mich darauf aufmerksam, daß diese Forschung mit Methoden und Problemen der Mathematik sehr verwandt sei. Bei den Gesprächen, die ich mit Claude Lévi-Strauss führte – auch er war einer meiner Kollegen und Hörer –, stellte sich heraus, daß eine enge Verbindung zwischen diesen linguistischen Fragen und den Themen und Perspektiven der Sozialanthropologie besteht.

Die vierziger Jahre, die für mich in erster Linie mit der Lehre an der Columbia-Universität verbunden sind, und das darauf folgende Jahrzehnt, in dem ich an der Harvard-Universität und am *Massachusetts Institute of Technology* arbeitete, brachten mich unmittelbar mit den verschiedenen Gruppierungen und Tendenzen in der amerikanischen Wissenschaft, ihren Ansichten und Interessen in Berührung. Ich entdeckte nach und nach, daß sich meine geistige Haltung, die eher der Phänomenologie zuneigte und die der Praxis der Gestaltpsychologen nahestand, wesentlich von der behavioristischen Ideologie unterschied, die damals noch großen Einfluß auf das Denken der amerikanischen Gelehrten und zumal der Linguisten ausübte. Es wäre ein Irrtum anzunehmen, diese Divergenzen über den sprachtheoretischen Ansatz seien ein Zwist zwischen Amerikanern und Europäern gewesen. Edward Sapir (1884-1939) war ein genialer Forscher, der behavioristische Praktiken entschlossen vermieden hat; gleichwohl war sein Beitrag zur amerikanischen Linguistik nicht minder gewichtig, und dieser Einfluß machte sich auch bei seinen Schülern bemerkbar.

Dennoch spielte die nach Bloomfield benannte *Schule von Yale* zweifellos die Hauptrolle in der damaligen amerikanischen Linguistik. Die Benennung war nicht gerade glücklich, denn Sapir und Leonard Bloomfield (1887-1949) waren zur gleichen Zeit an der Yale-Universität tätig gewesen; abgesehen davon erzählte mir Bloomfield mehr als einmal, es gebe gar keine Bloomfield-Schule, und als ich ihn darauf aufmerksam machte, daß sich doch verschiedene Linguisten Bloomfieldianer nannten, antwortete er, diese Leute hätten Bloomfield nicht verstanden. Diese Behauptung war natürlich übertrieben, aber sie enthielt ein Körnchen Wahrheit.

Gewiß hatte Bloomfield in seiner theoretischen Konzeption der Grundlagen von Sprache und Sprachwissenschaft einen langen und gewundenen Weg zurückgelegt, der ihn von den Dogmen des Psychologen Wilhelm Wundt (1832-1890) bis zu den Spekulationen (wie ich sagen würde) des behavioristischen Mystikers Albert Paul Weiss (1879-1931) führte. Letzterer übte einen fast hypnotischen Einfluß auf den alles andere als philosophischen Geist Bloomfields aus. Von daher erkärt sich auch das recht schmale Spektrum konkreter Fragen, die Bloomfield in seiner Arbeit über die Sprache und die verschiedenen Sprachen gestellt hat. Nichtsdestoweniger läßt Bloomfield in seinen reinen Analysen eine frappierend gründliche Beherrschung seines Gegenstands und ein bewundernswertes Feingefühl für die Sprache erkennen. Wenn bei ihm ideologische Grundlage und methodologische Verfahren derart auseinanderstreben, so muß sich diese Divergenz in Form einer inneren Zweideutigkeit seines Werkes niederschlagen, die sich auf so grundlegende linguistische Begriffe wie die Bedeutung des Wortes und die Rolle dieser Bedeutung in der linguistischen Analyse des Sprachsystems erstreckt. Diesen Unregelmäßigkeiten, die mehr als einmal in Bloomfields Behandlungsweise der Bedeutungsproblematik aufgezeigt worden sind, muß man auch den Widerspruch in seiner Lehre über das Phonem zuschreiben – obwohl sich dort ebenfalls der unmittelbare Kontakt mit dem Material positiv auf die phonologischen Beobachtungen des Gelehrten auswirkt.

Leider ist gerade sein Versuch, eine wissenschaftliche Theorie ohne Rücksicht auf die semantische Seite der sprachlichen Erscheinungen aufzubauen, für seine Schüler bestimmend geworden und übte auf sie einen lähmenden Einfluß aus. Wiederholt kann man in der Geschichte der Sprachwissenschaft bemerken, wie ein übermächtiges Denken jede zuwiderlaufende Idee überstrahlt und beiseite drängt. Ein typisches Beispiel dafür ist die lange Vorherrschaft der junggrammatischen Lehre in Deutschland. Für Amerika ist diese Tendenz zur Monopolisierung der großen Fragen der Sprachwissenschaft durch eine einzelne Schule besonders charakteristisch, und zwar aus mehreren Gründen. Benjamin Lee Whorf (1897-1941) – ein phantasievoller Linguist, dessen Konzeption der semantischen Seite der Sprache in eine völlig andere Richtung ging – hat das sehr genau bemerkt. An Trubeckoj schrieb er einmal, es sei für ihn leichter, seine linguistischen Ansichten als Agent einer

Versicherungsgesellschaft zu verbreiten, als sich um eine akademische Laufbahn zu bemühen.

Die Beziehung zwischen Laut und Sinn war der Eckstein unserer Auffassung und Strukturierung der Phonologie. Die Forderung nach einer konsequenten Berücksichtigung des Sinns zwang mich bei meinen Diskussionen in Amerika, auf den Problemkomplex der Bedeutung besonderes Gewicht zu legen und darauf zu beharren, daß die Grundsätze für die Anwendung dieser Fragen auf die Phonologie schrittweise weiter ausgearbeitet werden müßten. Die von Saussure aus der antiken Lehre der Stoiker übernommene Auffassung, jedes sprachliche Zeichen auf gleich welcher Ebene sei die Verbindung zweier Aspekte der Sprache, nämlich des Signifikanten und des Signifikats, mußte präzise und erschöpfend auf allen Ebenen der linguistischen Analyse (und jeder einzelnen dieser Ebenen) Anwendung finden. Mit derselben Berechtigung galt dieses Postulat auch für Syntax, Morphologie und Analyse der Sprachlaute. Ich mußte beweisen, daß der Gegensatz zwischen diesen beiden Aspekten, dem Signifikanten und dem Signifikat, als solcher offenkundig eine binäre Opposition ist, und daraufhin den logischen Begriff der binären Opposition auf alle grammatischen und phonologischen Erscheinungen ausdehnen. Dabei kam es besonders darauf an, den genauen Unterschied zwischen binären Oppositionen auf phonologischer und auf grammatischer Ebene zu bestimmen. Im ersten Falle liegt die Opposition auf dem Niveau des Signifikanten, im zweiten allein auf dem Niveau des Signifikats.

Was ich schon während meiner Anfänge in Europa angedeutet hatte, bedurfte nunmehr einer gründlichen Ausarbeitung: nämlich die strukturale Einheit des gesamten phonologischen Systems sowie des logischen Prinzips der binären Oppositionen, das dieses System trägt, seine Einheit gewährleistet und die optimale Wahrnehmbarkeit der sprachlichen Laute sichert. Die älteren und neueren Versuche, die in den binären Oppositionen nur eine Möglichkeit der Wesensunterscheidung sehen wollten, erwiesen allmählich ihre theoretische und praktische Unzulänglichkeit. Besondere Sorgfalt erforderte bei dieser Gelegenheit auch die Untersuchung und der Nachweis der strukturalen Homogenität beider Sektoren des phonologischen Systems – des vokalischen und des konsonantischen Bereichs –, wobei Vokalismus und Konsonantismus in ihrem gegenseitigen Oppositionsverhältnis aber auch minutiös gegeneinander abgewogen werden mußten. Um diese gleichzeitige Verbindung von Opposition und Einheit richtig aufzufassen, war genau zu bestimmen, worin die fundamentale Einheit der differentiellen Wesenszüge liegt, die Konsonanten und Vokalen gleichermaßen eigen sind; auf der anderen Seite durften aber die Strukturunterschiede und die besondere Ausprägung dieser Wesenszüge innerhalb des Oppositionsverhältnisses zwischen Konsonanten und Vokalen nicht übersehen werden.

Die Meinungsunterschiede über die Grundlagen und Ziele der Phonologie nahmen wir zum Anlaß, in der gesamten Geschichte nach Aussagen über die Rolle der Laute in der Sprache zu suchen. Gerade während meiner Jahre in Amerika interessierte ich mich für die ersten Annäherungen an jenes Gebiet der Linguistik, das in der heutigen Wissenschaft den Namen Phonologie trägt. Erstaunt mußte ich feststellen, daß die Philosophen des antiken Griechenland, vor allem Platon und Aristoteles, sich vollkommen im klaren waren über die kleinsten Einheiten, die zur Unterscheidung von Wortbedeutungen dienen, und daß schon die altindischen Sprachtheorien während vieler Jahrhunderte Überlegungen zu diesem Thema angestellt hatten, und zwar in einem Sinne, der den verschiedenen Richtungen des heutigen linguistischen Denkens durchaus nahekommt. Ist es nicht erstaunlich, daß der wesentliche Unterschied zwischen der Ebene der Laute und der der Wörter (den manche Forscher heute die »doppelte Artikulation der Sprache« nennen) unter eben dieser Bezeichnung bereits den mittelalterlichen Scholastikern geläufig war?

Ich hatte also allen Grund, mich vornehmlich mit den Pionieren der Phonologie in der Linguistik des 19. Jahrhunderts zu beschäftigen, zumal mit den polnischen Sprachwissenschaftlern Baudouin de Courtenay und Nicolas Kruszewski (1851-1887), die Saussure zufolge »einer theoretischen Betrachtungsweise der Sprache näher waren als irgend jemand sonst, ohne jedoch bei ihren Überlegungen die reine Linguistik zu verlassen«. Nicht minder weitblikkende Konzeptionen vertraten ihre Zeitgenossen Henry Sweet (1845-1912), ein Engländer, und der Schweizer Jost Winteler (1846-1929)[22] – der seinen Schüler und Pensionsgast Albert Einstein offenbar auf den Gedanken der Relativität brachte und sogar die Bezeichnung vorschlug. Solche Antizipationen stellten mich vor die Frage, welche inneren und äußeren Umstände die Weiterentwicklung der Phonologie im geistigen Klima des ausgehenden 19. Jahrhunderts aufgehalten haben mochten. Die Beharrlichkeit, mit der die Vorläufer der Phonologie immer näher an das Begriffspaar *Invariante/Variation* herangekommen waren, bestärkte mich in dem Gedanken, daß diese beiden einander zugeordneten Begriffe in der phonologischen Analyse eine wesentliche Rolle spielen müßten. Die topologische Anwendung eben dieser Begriffe hat sich als sehr geeignet erwiesen, die Beziehungen zwischen der phonologischen Zusammensetzung der Vokale und der der Konsonanten zu klären.

Die Diskussionen über die Analyse der Sprache, wie sie Anfang der fünfziger Jahre in der linguistischen Abteilung des *Massachusetts Institute of Technology* und im psycho-akustischen Labor der Harvard-Universität geführt wurden, brachten mich mit dem jungen Schweden Gunnar Fant in Berührung, einem Akustik-Spezialisten, den seine Forschungsinteressen an dieses Institut geführt hatten. Im Verlauf unserer Gespräche entdeckten wir, daß dieser gründliche und außerordentlich erfahrene Forscher 1949 das physikalisch-akustische Wesen der Differenz zwischen dem Velar *k* einerseits und dem Labial *p* und dem Dental *t* andererseits entdeckt hatte; dies deckte sich mit der Differenz zwischen dem Vokal *a* und den Vokalen *u* und *i*. Fant stand damals nicht mit Linguisten in Beziehung, und so konnte er die Bedeutung dieser bemerkenswerten Entdeckung zunächst gar nicht abschätzen.

Dank dieser Entdeckung Fants konnte ich meine perzeptive und artikulatorische Definition der fraglichen Differenz, die bei Vokalen und Konsonanten gleichermaßen auftritt, durch eine physikalisch-akustische ergänzen; wir haben sie später gemeinsam als Energiekonzentration in einem mittleren, relativ schmalen Bereich des Gehörspektrums – in Opposition zu einer Energiekonzentration außerhalb dieses Feldes – bestimmt. Meine 1941 veröffentlichte Entdeckung des »konsonantischen Dreiecks« und seiner engen Verwandtschaft mit dem »vokalischen Dreieck« fand so eine klare und präzise Bestätigung. Unter dem Eindruck dieser Übereinstimmung begann ich mit Gunnar Fant und einem weiteren jungen Harvard-Linguisten, Morris Halle, eine erschöpfende Definition der differentiellen lautlichen Mittel zu erarbeiten. Halle stellte eine glückliche Verbindung zwischen seinen linguistischen Kenntnissen und seinen Interessen im Bereich der Akustik her. Diese ersten Forschungen begeisterten uns alle drei und führten zur gemeinsamen Abfassung einer kleinen Abhandlung, *Preliminaries to Speech Analysis*[23]. Sie wurde im M.I.T. vervielfältigt und auf unsere Anregung hin an verschiedene Spezialisten versandt, um deren Kritiken und weitergehende Vorschläge kennenzulernen. Wir sahen in dieser Studie nur einen ersten Schritt; die darin angestellten Überlegungen, Vergleiche und Verallgemeinerungen mußten noch bewiesen, geklärt, ergänzt und vertieft werden.

Jetzt, fast dreißig Jahre später, fallen mir beim Wiederlesen der *Preliminaries* sogleich die Lücken, aber auch die großen positiven Wissensfortschritte auf, die heute als Leitlinie für künftige Forschungen gelten können. Niemals wird man auf das entscheidende Prinzip einer unlöslichen Verbindung zwischen der akustischen und motorischen Seite des Lautes verzichten können. Gewiß wird man die akustischen Eigenschaften im Lichte neuer Experimente im Bereich der Akustik sprachlicher Laute genauer definieren müssen. Bei der Bestimmung der distinktiven Züge betonten wir in den *Preliminaries* den logischen Charakter der Opposition, bei der zwei Terme in einem klaren Gegensatz zueinander stehen und die Anwesenheit des einen Terms beim Empfänger sogleich die Abwesenheit des anderen evoziert.

Man muß sich davor hüten, an die Stelle des logischen, wechselseitigen Gegensatzes zweier Ausdrücke eine empirische Gegenüberstellung zweier kontingenter Einheiten zu setzen. Konsequenter noch als in den *Preliminaries* müssen wir pseudophonologische Definitionen in absoluten Werten vermeiden. Jede Opposition muß in streng relativen Termen definiert werden. Die phonologische Analyse der distinktiven Züge darf nicht auf eine mechanische Aufzählung beschränkt werden. In dem Maße, wie wir der inneren Wechselbeziehung zwischen den verschiedenen Oppositionen mehr Beachtung schenken, werden wir das phonologische System schrittweise vervollständigen und dabei seine zugeordneten und zugrundeliegenden Gesetze finden können. So müßte meiner Ansicht nach gegenwärtig ein Forschungsprogramm aussehen, das geeignet wäre, die auch heute noch gültigen Elemente der *Preliminaries* ohne Beeinträchtigung weiterzuentwickeln, zugleich aber auch die unvermeidlichen Mängel dieses ersten Versuchs zu überwinden.

Heute ist der Gedanke einer Korrelation zwischen Invarianten und Variationen zum Gemeingut aller Wissenschaften geworden und gilt auch für die vergleichende Phonologie der Sprachen der

Welt. Dabei muß wohlgemerkt den Variationen genügend Aufmerksamkeit gewidmet werden, sonst verliert man die zugrundeliegenden Universalien aus dem Blick. Nehmen wir zum Beispiel an, wir würden in allen Sprachen der Welt eine charakteristische und eigentümliche Verminderung der Klangfarbe der Konsonanten entdecken, die mit einer bedeutungsunterscheidenden Funktion versehen wäre. In manchen Sprachen träte diese Verminderung als Labialisierung, das heißt als Verengung der vorderen Mundhöhle auf, in anderen Sprachen als Verengung der hinteren, pharyngalen Öffnung. Die vergleichende phonologische Analyse müßte dann nicht nur diese beiden motorischen Varianten berücksichtigen, sondern auch ihr gemeinsames invariantes Wesen, das auf motorischer, akustischer und perzeptiver Ebene definiert ist. Unter methodologischem Gesichtspunkt wäre es eine falsche und einseitige Vereinfachung der Frage, wenn man einen der beiden Aspekte dieser Analyse vernachlässigen wollte, wenn man also entweder die Bestimmung des Invarianten außer acht ließe oder aber der Variante keine ausreichende Aufmerksamkeit schenkte.

Nur eine kontinuierliche und sorgfältige Beachtung der Invarianten kann uns vor blindem Empirismus bewahren und anstelle einer oberflächlichen Taxinomie eine angemessene Systematik der phonologischen Strukturen zuwege bringen. Nur so wird sich ein relativ selbständiges Programm phonologischer Analyse verwirklichen lassen, wie es für eine immer ausgedehntere und fruchtbarere Erforschung des Verhältnisses zwischen lautlicher und grammatischer Ebene der Sprache unabdingbar ist. Die Entdeckung dieser Beziehungen stellt ihrerseits eines der Hauptziele der gegenwärtigen Linguistik dar.

*Pomorska* – Ihre Neuformulierung der Frage des Phonems und des Binarismus scheint ein besonders wichtiger Schritt nach vorn in der Entwicklung der Wissenschaften vom Menschen zu sein, da sie die Frage der Organisation eines Systems beträchtlich vertieft und erweitert. Sie stellen den Binarismus auf eine solide logische Grundlage, und damit stellt sich dann das Problem seiner biologischen Determination.

Sie kritisieren Saussure, insbesondere seine Auffassung des Zeichens als einer arbiträren Verbindung von Laut und Sinn. Man könnte in dieser Diskussion eine Entsprechung zu bestimmten

Positionen finden, die Sie schon in Moskau in Ihren Bemerkungen zu den ersten Formalisten und deren Konzeption der Bedeutung in der poetischen Sprache eingenommen hatten. Sie warfen ihnen damals vor, willkürlich *[arbitrairement]* poetische und normale Sprache voneinander zu trennen, ohne den besonderen funktionalen Charakter der letzteren zu berücksichtigen. Sie wandten sich dieser Frage dann wieder in Ihrem Buch über den tschechischen Vers zu. Anlaß war eine Polemik mit Lev Petrovič Jakubinskij über dessen (russisch geschriebenen) Artikel »Zur Häufung identischer Liquide in der normalen und der poetischen Sprache«. Ihre Kritik richtete sich generell an die Mitglieder der Gruppe OPOJAZ[24] und deren zutiefst naturalistische Auffassung der poetischen Sprache als eine Art »empirisch« neben der Umgangssprache vorkommenden Gegebenheit. Der Kampf um eine funktionelle Behandlung der Sprache läuft in letzter Instanz auf eine Verteidigung des Sinns, das heißt auf die Rechtfertigung des Elements der Wertigkeit hinaus. So gesehen war der einzige Ihrer russischen Zeitgenossen, der damals schon Ihre Position vertrat, der verstorbene Michail Michailovič Bachtin, den man kürzlich ins Französische und ins Englische übersetzt hat[25]. Die Kritik an den Neo-Bloomfieldianern, die Sie in Ihren Vorlesungen in Harvard und am *Massachusetts Institute of Technology* führen, setzt diese Tendenz konsequent fort.

## VI. Die erweiterte Problematik der sprachlichen Laute

*Pomorska* – In *Linguistic and Poetics*[26] heben Sie noch einen weiteren Aspekt der sprachlichen Laute hervor, nämlich die expressiven und redundanten Züge, die in das beschränkte Repertoire der bedeutungsunterscheidenden Elemente nicht eingehen – weshalb viele Linguisten offenbar zu der Ansicht neigen, sie hätten in einer sprachwissenschaftlichen Analyse überhaupt nichts zu suchen. Sie dagegen betrachten diese Eigenschaften als ein wichtiges Mittel der mündlichen Information, die man eben nicht nur unter rein kognitiven Gesichtspunkten betrachten dürfe. Entsprechendes gilt für den Vers: zwar spielen die expressiven (oder emotiven) und redundanten Züge keine Rolle in der streng systematischen Sprache des Verses, wo allein die bedeutungsunterscheidenden Wesenszüge berücksichtigt werden; andererseits verweisen Sie auf das Beispiel der emotiven Betonung, deren Abwandlungen die Information einer jeden Botschaft beträchtlich modifizieren können. Läßt sich dies auch auf den Vers beziehen? Kann man sagen, daß die emotiven Eigenschaften sehr wohl bei der Ausführung des Verses *[occurences de vers/verse instances]* eine Rolle spielen, nicht jedoch im invarianten Versmuster *[modèle de vers/verse design]*?

*Jakobson* – Abgesehen von den unabhängigen bedeutungsunterscheidenden Elementen der Sprache, die bei der Tätigkeit des Sprechens von großer Wichtigkeit sind, besitzen die Laute der Sprache noch andere Wesenszüge, die eine nicht zu unterschätzende Rolle spielen. Auch hier muß das System differentieller Elemente streng von den anderen Lauteigenschaften abgegrenzt werden. Die letzteren bilden, auch wenn sie in unterschiedlichem Maße redundant und expressiv sind, einen integralen Bestandteil der sprachwissenschaftlichen Analyse. Man darf nicht so naiv sein, all diese anderen Eigenschaften als krude, linguistisch wertlose Materie zu betrachten, die im Rahmen der Sprachwissenschaft keinen Platz hätte. Heute ist es selbstverständlich, daß man den sprachlichen Laut ohne Einschränkung als ein künstliches Mittel der Sprache *[langue]* auffaßt, das ausschließlich dazu bestimmt ist, die Aufgaben der Sprache *[langage]* zu erfüllen. Außerhalb der Sprache kamen und kommen solche Laute nicht vor.

Darüber hinaus haben sämtliche neueren Forschungen über den Zusammenhang zwischen Sprache und Gehirn festgestellt, daß die Sprachlaute ausnahmslos der linken Gehirnhälfte zugehören, alle anderen Laute dagegen der rechten. Darum ist es erforderlich, bei allen Spezialuntersuchungen im Bereich der Physiologie und Physik der Sprachlaute von Anfang an Linguisten zu beteiligen, um die Funktionen der verschiedenen lautlichen Phänomene (der akustischen und motorischen) präzise angeben zu können. Die gegenwärtige Entwicklung der Linguistik und ihrer Nachbardisziplinen ist ein Beleg dafür, daß isolationistische Tendenzen ins Leere führen und bei der Interpretation der Sprachlaute und ihrer Funktion nicht am Platze sind.

Wie es scheint, schreiben sich die universalen phonologischen Gesetze, die das Repertoire der bestehenden distinktiven Mittel begrenzen und hierarchisieren, genau in den genetischen Bauplan des Menschen ein und stellen insofern eine der wesentlichen Determinanten seiner gesellschaftlichen und kulturellen Tätigkeit dar.

*Pomorska* – Um noch einmal auf *Linguistics and Poetics* zurückzukommen: Sie sprechen dort den Symbolismus der Laute an, eine der Hauptfragen der Poesie und Poetik des 20. Jahrhunderts. Die Symbolisten hatten in Praxis und Theorie ihrer Dichtung daraus beinahe den Hauptinhalt der Poesie überhaupt gemacht; Dichtung sollte ja auf ihren berühmten »Entsprechungen« basieren. Ich erinnere mich, daß Sie während einer Vorlesung einmal bemerkt haben, der in der Vergangenheit wegen seiner Inkonsistenz und seiner Abhängigkeit von subjektiven Empfindungen vielgescholtene Lautsymbolismus bei den symbolistischen Dichtern sei kürzlich auf neues Interesse gestoßen. Jüngst veröffentlichte wissenschaftliche Untersuchungen und psycho-physiologische Experimente – ich denke etwa an die Arbeiten von Dora Vallier über das Verhältnis zwischen dem System der Farben und dem phonologischen System – zeigen, daß die Synästhesie allen Ernstes zu einem bedeutsamen Gegenstand interdisziplinärer Studien wird.

*Jakobson* – Um die Jahrhundertwende wucherten die Hypothesen und gelehrten Diskussionen geradezu üppig zu diesem Thema der synästhetischen Verbindungen. Sicherlich waren manche Schlußfolgerungen, die man nach ersten Überlegungen aufgrund verschiedener Analogien – etwa der zwischen sprachlichen Lauten und Farben – ziehen zu können meinte, subjektiv und fragwürdig. Heute entdeckt man jedoch, daß eine methodologisch gesicherte, systematischere und objektive Erforschung dieser fesselnden Fragen möglich ist. Offenbar ist die Annahme solcher tief verankerter psycho-neurologischer Entsprechungen doch berechtigt. Gerade die Beziehung zwischen den distinktiven Oppositionen der Sprache und dem Farbensystem eröffnet ernsthafte und vielversprechende Ausblicke auf eine gemeinsame Arbeit von Physikern, Anthropologen, Psychologen, Kunsthistorikern und Linguisten – unter der Bedingung, daß man diese Vergleiche auf der Grundlage eines konsequenten Relativismus zieht.

Jedenfalls haben die Experimente der Sprachwissenschaftler, die sich mit dem Lautsymbolismus beschäftigt haben – also mit dem ganz eindeutigen Zusammenhang, der zwischen lautlichen und semantischen Oppositionen (hoch/tief, hell/dunkel, scharf/sanft, fröhlich/traurig usw.) besteht – zu Ergebnissen geführt, an denen kein Zweifel mehr möglich ist. Daß die Lautgegensätze unabhängig sind, als Vermittler dienen und eine konventionell geregelte Unterscheidungsfunktion ausüben, um die mit einem bestimmten Sinn versehenen grammatischen Einheiten zu differenzieren, das war bekannt. Nun entdeckte man noch eine zusätzliche Rolle dieser Oppositionen, eine direkte, wenn auch latente Funktion, die in die lexische Organisation der Sprache nachhaltig eingreift. Eine weitere, oft sogar dominante Rolle nehmen diese Oppositionen in den verschiedenen Erscheinungsformen der Sprachmythologie ein, wodurch ihre Tragweite für die poetische Sprache wiederum zunimmt.

Zu Beginn meiner Forschungen war es also das Problem des Verses und seiner lautlichen Zusammensetzung, das mich vor die Aufgabe stellte, eine Phonologie aufzubauen. Meine Untersuchung der phonologischen Oppositionen brachte mich dazu, deren latenten Gehalt anhand der Poesie zu klären, weil man auf diesem Wege am leichtesten Aufschluß über die Sprache gewinnen kann. So kam ich schließlich über die Sprache zu einem neuen Verständnis der Poesie.

# VII. Die Zeit als Faktor in Sprache und Literatur

*Pomorska* – In einer Ihrer letzten theoretischen Zusammenfassungen, in der Sie die Ziele einer Wissenschaft von der Sprache in den Kontext der heutigen Wissenschaften stellen – es handelt sich um einen kurzen Aufsatz im *Scientific American* über die Entwicklung der Linguistik[27] – sind Sie kurz auf die Lehre der Junggrammatiker eingegangen. Deren Methodologie beschränkte sich im Grunde darauf, Sprachgeschichte zu betreiben. Es war eines der Verdienste Ferdinand de Saussures, die junggrammatische Lehre überwunden zu haben. Er wiederum schränkte freilich in seinem *Cours de linguistique générale* die Untersuchung des Sprachsystems auf einen von dessen Aspekten, nämlich den Bereich der statischen Synchronie ein. Beide Vorgehensweisen – der Historismus der Junggrammatiker und die statischen Untersuchungen Saussures – sind offenkundig einseitig. Mit welchen Mitteln lassen sich diese Hindernisse aus dem Wege räumen?

*Jakobson* – Die Zeit als solche war und ist meiner Ansicht nach die Grundfrage unserer Epoche. 1919 schrieb ich in der Moskauer Zeitschrift *Iskusstvo* [Kunst] – sie ist nur ein paar Monate lang erschienen – einen Artikel über den Futurismus[28], in dem es heißt: »Die Auflösung des Statischen, die Austreibung des Absoluten – das ist die Haupttendenz der neuen Zeiten, die Frage von brennender Aktualität.« Unsere Gedanken über die Zeit ließen sich unmittelbar von der Diskussion inspirieren, die sich um die Relativitätstheorie entspann: ihre Weigerung, eine absolute Zeit anzunehmen, und ihre Absicht, die Probleme von Zeit und Raum zu koordinieren. Die durchschlagenden Parolen der futuristischen Manifeste und die futuristischen Experimente in der Malerei zielten in dieselbe Richtung. »Aber die statische Wahrnehmung ist eine Fiktion«: das war meine Reaktion in jenem kleinen Artikel auf die traditionellen Bemühungen der Malerei, »Bewegung in eine Reihe diskreter statischer Elemente aufzulösen«.

Unter diesen Bedingungen kam ich mit der Saussureschen Theorie in Berührung, die eine Antinomie zwischen Zustand und Geschichte, also zwischen Synchronie und Diachronie der Sprache annimmt. Was mir als erstes in die Augen sprang, war Saussures terminologische und theoretische Gleichsetzung von

Statik und Synchronie (als Gesamtheit der sprachlichen Erscheinungen, die in einer Gemeinschaft sprechender Subjekte auftreten) einerseits und von Dynamik und Diachronie andererseits. Zur Kritik dieser Konzeption bezog ich mich auf das Beispiel der kinematographischen Wahrnehmung. Auf die synchronisch orientierte Frage: Was sehen Sie in diesem Augenblick auf der Kinoleinwand? – wird der Zuschauer unweigerlich eine Antwort geben, die zur synchronischen, aber nicht zur statischen Ordnung gehört, denn er sieht in diesem Augenblick die Pferde rennen, den Clown Purzelbäume schlagen und den Banditen unter den Kugeln zusammenbrechen. Mit anderen Worten, die beiden Oppositionen Synchronie/Diachronie und Statik/Dynamik sind durchaus relevant, fallen aber in der Realität nicht zusammen. Die Synchronie enthält mancherlei dynamische Elemente, die bei synchronischem Vorgehen nicht außer acht gelassen werden dürfen.

Wenn die Synchronie dynamisch ist, dann kann und darf sich umgekehrt die Diachronie der Sprache (die Untersuchung und Konfrontation verschiedener Entwicklungsstufen der Sprache im Ablauf der Zeit) nicht ausschließlich auf die Dynamik des Sprachwandels beschränken, sondern muß zusätzlich die statischen Tatsachen im Auge behalten. Die Frage, was sich in der französischen Sprache durch die Jahrhunderte ihrer Entwicklung hindurch verändert hat und was unverändert geblieben ist – oder was sich sogar in allen indoeuropäischen Sprachen seit der Zeit ihrer paläolinguistischen Einheit jahrtausendelang erhalten hat – verdient eine eingehende und gründliche Untersuchung.

Saussure stellt – und das ist sein großes Verdienst – das Studium der Sprache als System in den Vordergrund, das heißt als Ganzes im Verhältnis zu seinen Teilen. Auf der anderen Seite versuchte er jedoch, das Band zwischen dem System der Sprache und seinem Wandel zu zerschneiden; er betrachtete – und insofern war es notwendig, seine Theorie zu überwinden – Systematizität ausschließlich als Eigenschaft der Synchronie und ordnete den Sprachwandel ausschließlich der Sphäre der Diachronie zu. Dagegen zeigt die Entwicklung der verschiedenen Sozialwissenschaften, daß die Begriffe System und Veränderung nicht nur miteinander vereinbar, sondern sogar untrennbar miteinander verbunden sind. Die Bemühungen, jedwede Veränderung aus der Synchronie herauszuhalten, widersprechen zutiefst allen linguistischen Erfahrungen.

Daß sich Wandlungen in einer Sprachgemeinschaft mit einem Schlag, von heute auf morgen vollziehen könnten, ist eine unhaltbare Vorstellung. Eine Zeitlang bestehen Ausgangs- und Endpunkt einer solchen Veränderung in einer Sprachgemeinschaft nebeneinander her, und diese Koexistenz wird auch als solche wahrgenommen. Ausgangspunkt und Resultat können sich auf verschiedene Weise streuen: die alte Form kann zu einer Eigentümlichkeit der älteren Generation werden, die neue Form dagegen zum Kennzeichen der jüngeren Generation. Oder beide Formen können zunächst verschiedenen Stilschichten der Sprache zugehören, als Elemente verschiedener Unter-Codes des gemeinsamen Codes fungieren; in diesem Falle sind sämtliche Mitglieder der Sprachgemeinschaft imstande, beide Varianten zu verstehen, ja sogar zwischen ihnen zu wählen. Mit anderen Worten, Koexistenz und Modifikation schließen einander nicht nur nicht aus, sondern sind im Gegenteil untrennbar miteinander verbunden.

Sofern die ursprüngliche und die resultierende Form gleichzeitig dem gemeinsamen Code des Sprachsystems angehören, muß man natürlich nicht nur den Sinn [*sens*] der statischen Bestandteile des Systems, sondern auch die Richtung [*sens*] der Veränderungen *in statu nascendi* untersuchen, entsprechend den Hinweisen, die das sich verändernde System liefert. Die Saussuresche Vorstellung, Veränderungen seien aus der Sicht des Systems blind und zufällig, verliert an Boden. Jeder Wandel findet zunächst auf synchronischer Ebene statt und ist somit Teil des Systems, während einzig das *Resultat* der Veränderungen in den Bereich der Diachronie fällt.

In der Saussureschen Ideologie waren die beiden Aspekte der Zeit, Gleichzeitigkeit und Aufeinanderfolge, miteinander unverträglich. Dementsprechend wurde die Dynamik aus der Untersuchung des Systems ausgeschlossen und umgekehrt der Signifikant auf reine Linearität eingeschränkt. Ein solcher Reduktionismus machte es natürlich von vornherein unmöglich, im Phonem ein Bündel simultaner, distinktiver Wesenszüge zu sehen. So entgeht seinen beiden Grundthesen jeweils eine der beiden Dimensionen der Zeit: die eine leugnet die zeitliche Sukzession, die andere übersieht die Koexistenz der Elemente. Legt man bei der Analyse der Sprache jedoch derart restriktive Maßstäbe an, so läuft man Gefahr, Teile des linguistischen Untersuchungsgegenstandes aus dem Blick zu verlieren.

Man darf auch nicht vergessen, daß ein solches Vorgehen der Forscher nicht mit dem Verhalten in Einklang stünde, das die Mitglieder der Sprachgemeinschaft selbst an den Tag legen. Die Sprachgemeinschaft nimmt die Zeitachse nämlich mehr oder weniger bewußt als einen der sprachlichen Faktoren wahr; sie betrachtet die außer Gebrauch gekommenen Systemelemente als Archaismen und die neuen Elemente als letzten Schrei der Mode. Diese Beobachtung läßt sich sowohl auf der lautlichen als auch auf der grammatischen und lexikalischen Ebene der Sprache machen. Die Konzeption der Zeit hat dabei den Status einer metalinguistischen Tatsache. Es ließen sich beredte Beispiele dafür anführen, wie eine Sprachgemeinschaft bewußt oder unbewußt mit den distinktiven Zügen und ihrer Kombination umgeht. Man denke etwa an die Prozesse, in deren Verlauf die sogenannten Vokalharmonien entstanden sind: ein bestimmter Wesenszug, der in der Zusammensetzung der Vokale eine Rolle spielt, wird auf alle Vokale eines Wortes ausgedehnt. Das gilt etwa für die Opposition zwischen scharfen und sanften Vokalen in den meisten finno-ugrischen und Turksprachen, für die Opposition zwischen gespannten und ungespannten Vokalen in manchen afrikanischen Sprachen, und so fort.

Ich bin immer fester davon überzeugt, daß sich mit Hilfe einer rationalen synchronischen Konzeption des Veränderungsprozesses, der in einer Sprache statthat, zum großen Teil die Irrtümer und Mißverständnisse beseitigen ließen, die bei der Feststellung und Interpretation der linguistischen (und zumal lautlichen) Veränderungen des Systems aufgetreten sind. Ich konnte mich in den sechziger Jahren davon überzeugen, als ich an der scheinbar labyrinthischen Frage arbeitete, welcher Art die prosodischen Verhältnisse zu der Zeit waren, als sich das Gemeinslavische in die verschiedenen historischen Sprachen auflöste, und welche Entwicklung sie nahmen. Gerade die konkreten Beweise eine ursprünglichen Koexistenz verschiedener Entwicklungsstufen machte es möglich, diese Phänomene zu entwirren, ihnen einen Sinn zu geben und die phonologische Entwicklung der Quantitäts- und Tonverhältnisse in den gerade erst hervortretenden slavischen Sprachen zu umreißen. Es zeigte sich dabei, daß die anfängliche Fragestellung, wie sie von den Experten Christian Stang (1900-1977) und Jerzy Kuryłowicz (1895-1978) in ihren Arbeiten zur Geschichte der slavischen Akzentologie nachdrücklich formuliert worden war, im Lichte des unzertrennlichen Kategorienpaares Simultaneität/Sukzession abgeändert werden mußte.

*Pomorska* – Paradoxerweise gibt es Kritiker und Polemiker, die Ihre neue Haltung zur Geschichte nicht verstanden haben; so wirft man Ihrer Methode unter anderem vor, sie sei statisch und unterwerfe die sprachlichen und künstlerischen Phänomene einer »rein immanenten« Analyse im Gegensatz zu einer »historischen« Deutung, die in den Köpfen der Kritiker mit der Idee der »Entwicklung« zusammenfällt.

Übrigens war genau das der Vorwurf, den die russischen Literaten in den dreißiger Jahren an die Mitglieder des OPOJAZ richteten. Anscheinend ist für solche Kritiker der Entwicklungsgedanke notwendig mit einem Bruch in der Tatsachenkette verbunden: danach befinden sich die vergangenen Tatsachen in einer Bewegung, die sich in der Gegenwart irgendwie erschöpft hat. Von daher wird die Zeit als etwas betrachtet, das man in eine »dynamische Zeit«, nämlich die der Vergangenheit, und eine »statische Zeit« des gegenwärtigen Augenblicks gewissermaßen »zerschneiden« kann. Offenbar haben diese Leute keine Ahnung, wie die Zeit eigentlich erlebt wird. Aus irgendeinem Grunde will den Kritikern das Prinzip einer einzigen Zeit, die stetig in unveränderlicher Dynamik abläuft, nicht in den Kopf. Erst dieses Prinzip erlaubt es, die Phänomene eines vergangenen und des gegenwärtigen Augenblicks vollständig und in wechselseitiger Bestimmtheit aufzufassen.

Tolstoj etwa schwankt in diesem Punkt. Sein Begriff von »Geschichte« umfaßt eine Auswahl besonders dynamischer Tatsachen des Lebens – anders gesagt, Geschichte besteht für ihn aus Kriegen und den sozialen und politischen Taten »großer Männer«. Jenseits davon gibt es ein anderes Leben, das »gewöhnliche« Leben, das offenbar keine Entwicklung aufweist. Auch hier führt im übrigen das Relativitätsprinzip, daß Sie in Ihre Deutung des Sprachwandels eingeführt haben, mit seinem Prinzip der Binarität zu einem einheitlichen Begriffssystem: Wir können das Gegenwärtige nicht ohne das Vergangene, die Zukunft nicht ohne die Gegenwart denken, und so weiter.

Ähnlich wie Sie ließen sich die Künstler der russischen Avantgarde – und zwar gerade die Ihnen am nächsten stehenden:

Malevič, Majakovskij, Chlebnikov und andere – von der Problematik der zeitlichen Dynamik gefangennehmen. Viele von ihnen, besonders aber Majakovskij, haben (was für eine Avantgarde typisch ist) aus der Dialektik der Zeit absolute Konsequenzen ziehen wollen: sie wollten die Zeit »besiegen« und ihren unabänderlichen Lauf überwinden. So wie Kirilov in Dostoevskijs *Dämonen* glaubt Majakovskij etwa, in der utopischen Zukunft werde die Zeit »im menschlichen Bewußtsein erlöschen«, das heißt vom Menschen nicht mehr wahrgenommen werden.

All diesen Äußerungen über die Entwicklung der Sprache läßt sich entnehmen, daß die damals im Umkreis der Gruppe OPOJAZ entstandenen Studien zur Literatur, was ihre methodologischen Prinzipien anbelangt, größtenteils auf dieser Problematik der Zeit gründeten. Tynjanov schrieb 1929 einen wichtigen Artikel, *O literaturnoj èvoljucii*[29], worin er aus dieser Perspektive die Frage nach dem Wandel der Literatur, ihrem diachronischen und synchronischen Gesichtspunkt stellte. Sein Artikel war die Fortsetzung Ihres gemeinsamen Manifests *Problemy izučenija literatury i jazyka*[30], das zuerst 1928 in der Zeitschrift *Novyj Lef* [Neue linke Front] erschien. Wie kam es zu dieser Deklaration?

*Jakobson* – Es ist bemerkenswert, daß die Wissenschaft Ende der zwanziger Jahre ihr Interesse auf die Frage der historischen Methode richtete und deren Bedeutung weitgehend richtig einzuschätzen wußte. Ich hielt es für nützlich, einmal die Probleme zu formulieren, die bei der Anwendung dieser Methode auf die verschiedenen Formen der menschlichen Praxis und Schöpfung entstehen, und wollte dazu in bündiger Form einige Thesen veröffentlichen, um sie einer kritischen Überprüfung zugänglich zu machen. Im Herbst 1927 verfaßte ich einen Text, den ich auf dem I. Internationalen Linguistenkongreß vortragen wollte, der für April 1928 in Den Haag einberufen worden war[31]. In diesem Vortrag ging es um die Behandlung phonologischer Systeme und ihre geschichtlichen Veränderungen. Ich sandte den Text an das Vorbereitungskomitee des Kongresses, nachdem ich mich der schriftlichen Zustimmung meiner Freunde und nächsten Kollegen N. S. Trubeckoj und Sergej Iosifovič Karcevskij (1884-1955) versichert hatte. Die auf der Plenarsitzung versammelten Kongreßmitglieder und der Sitzungspräsident W. Meyer-Lübke

(1861-1936), ein berühmter Vertreter der älteren Generation der Sprachwissenschaftler, nahmen die in meinem Vortrag dargelegten Prinzipien sehr günstig auf. Dazu muß gesagt werden, daß Trubeckoj und ich über diese positive Reaktion sehr erstaunt sein mußten. Wir freuten uns ganz besonders darüber, daß uns die internationale Avantgarde der Linguistik auch in informellen Gesprächen ihre Unterstützung zusicherte.

Dieser Erfolg gab uns nun den Anstoß zu dem Manifest *Problemy izučenija literatury i jazyka*, das ich gegen Ende desselben Jahres in enger Zusammenarbeit mit dem Schriftsteller und Literaturtheoretiker Jurij Tynjanov (1894-1943) verfaßte, als er mich in Prag besuchte. Nach Tynjanovs Rückkehr nach Leningrad wurde dieser kurze Artikel in der Zeitschrift *Novyj Lef* veröffentlicht. Für eine Reihe von Mitgliedern des berühmten *Obščestvo po Izuceniju Poètičeskogo Jazyka* (OPOJAZ) war dieses Manifest Anlaß, sich in Briefen und Texten grundsätzlich mit unseren Thesen auseinanderzusetzen. Einzelheiten dieser lebhaften Diskussion berichtet der Begleitkommentar zu der 1977 erschienenen Sammlung von Artikeln Tynjanovs zur Geschichte der Literatur. Damals konnte jedoch keine dieser Antworten publiziert werden, da die unabhängigen Positionen jener Gruppe Angriffen von offizieller Seite ausgesetzt waren, die denn auch bald zur Auflösung des OPOJAZ führen sollten.

Wir vertraten in unserem Manifest die Ansicht, Synchronie und Diachronie müßten in der Literatur schon deshalb notwendigerweise zusammenhängen, weil die Veränderungen in der Literatur einer immanenten Logik folgten und eng mit dem literarischen Wertesystem verbunden seien: die »Gegenüberstellung von Systembegriff und Evolutionsbegriff ... verliert ihr prinzipielles Gewicht, sofern wir anerkennen, daß jedes System notwendig als Evolution vorliegt und andererseits die Evolution zwangsläufig Systemcharakter besitzt«[32]. In Rußland wurde unser Manifest mehr als ein halbes Jahrhundert lang mit Stillschweigen übergangen – erst jüngst wurde es in der erwähnten Sammlung von Tynjanovs Werken veröffentlicht, während es im Westen seit langem zitiert, in mehrere Sprachen übersetzt und zum Gegenstand einer neuen internationalen Debatte wurde. Unsere vergleichende Betrachtung von Sprache und Literatur legte die Betonung auf die Gemeinsamkeit der Probleme beider Bereiche – eben darin liegt ihre ganze Bedeutung – und wies schon früh auf die Wechselbeziehung zwischen Literatur (und Sprache) einerseits und ihrem kulturellen Umfeld mit seinen verschiedenen, miteinander zusammenhängenden Ebenen andererseits hin. Unsere nächste Aufgabe bestand darin, die Struktur dieser Beziehung, ausgehend von dem neuen und fruchtbaren Begriff »System der Systeme«, in größerem Zusammenhang auszuarbeiten und dabei die Verknüpfung der verschiedenen kulturellen Ebenen hervortreten zu lassen, ohne sich dabei auf den wirren Gedanken einer mechanischen Verkettung im Sinne von Ursachen und Wirkungen zu beziehen.

Interessant dabei ist vielleicht folgendes. Kurz nach der Gründung des Prager Linguistenkreises im Oktober 1926, als an die Stelle persönlicher Reflexionen die lebhafte Diskussion unter Freunden getreten war, schrieb ich an Trubeckoj einen langen Brief, in dem ich ihm einen Gedanken entwickelte, den ich zwar reiflich erwogen hatte, der mich aber immer noch in Erregung versetzte: die Idee nämlich, daß die Veränderungen der Sprache einer Systematik folgen, daß sie eine Finalität besitzen und daß die Entwicklung der anderen soziokulturellen Systeme damit aufgrund tiefer Gemeinsamkeiten und gemeinsamer Zielsetzungen Hand in Hand geht. Mehr als fünfzig Jahre sind seither vergangen, aber ich erinnere mich auch heute noch lebhaft an meine bange Erwartung der Reaktion Trubeckojs, des Gelehrten und Mitstreiters, für den ich mehr Achtung besaß als für irgendeinen anderen.

Trubeckoj antwortete mir am 22. Dezember mit einer seiner berühmtesten Episteln: »Mit Ihren allgemeinen Überlegungen stimme ich vollkommen überein. Auch wenn viele Elemente in der Sprachentwicklung zufällig erscheinen, hat die Geschichte nicht das Recht, sich mit dieser Erklärung zu begnügen. Wenn man nur mit ein wenig Sorgfalt und Logik darüber nachdenkt, bemerkt man rasch, daß die großen Linien der Sprachgeschichte niemals dem Zufall unterworfen sind; folglich dürfen es auch die kleinsten Einzelheiten nicht sein. Man muß nur eben ihren Sinn entdecken. Die Intelligibilität der Sprachentwicklung ergibt sich unmittelbar aus der Tatsache, *daß die Sprache ein System ist.*« Und Trubeckoj schrieb weiter: »Wenn sich Saussure nicht entschließen konnte, seine eigene These – *daß nämlich die Sprache ein System ist* – bis zu ihren logischen Konsequenzen voranzutreiben, dann ist der Grund dafür hauptsächlich darin zu suchen, daß eine solche

Schlußfolgerung der allgemein akzeptierten Vorstellung von Sprachgeschichte und Geschichte überhaupt widersprochen hätte. Tatsächlich scheint man als einzig annehmbaren Sinn der Geschichte den berühmten ›Fortschritt‹ zu betrachten, jene wirre Fiktion, die darauf hinausläuft, den ›Sinn‹ auf ›Unsinn‹ zurückzuführen«. Trubeckoj erkannte, daß sich »auch die anderen Aspekte der Kultur und des Lebens eines Volkes gemäß einer eigenen, ganz bestimmten inneren Logik entwickeln und dabei eigentümlichen Gesetzen folgen, die wiederum nichts mit einem ›Fortschritt‹ zu tun haben. Das ist ja auch der Grund, weshalb Ethnographie und Anthropologie diese Gesetze nicht untersuchen wollen . . . Endlich haben sich unsere Formalisten daran gemacht, die inneren Gesetze der Literaturgeschichte zu studieren, und dieser Weg wird uns einen Zugang zum Sinn und zur immanenten Logik der literarischen Entwicklung eröffnen. Die evolutionistischen Wissenschaften haben ihre Methodologie in einem solchen Maße vernachlässigt, daß das ›Nahziel‹ gegenwärtig darin bestehen muß, einer jeden dieser Wissenschaften eine methodologische Orientierung zu liefern. Für eine Synthese ist die Zeit noch nicht reif. Gleichwohl bestehen unleugbar gewisse Parallelen in der Entwicklung der verschiedenen Aspekte der Kultur, und folglich gibt es auch bestimmte Gesetze, die diesen Parallelismus determinieren.«

*Pomorska* – In der Tat zeigt der Kommentar zu der Artikelsammlung, von der schon die Rede war, daß Ihr Manifest in den Reihen der Gruppe OPOJAZ – die damals kurz vor der Auflösung stand – zahlreiche leidenschaftliche Reaktionen hervorgerufen hat. Die Kommentatoren zitieren aus Briefen Viktor Borisovič Šklovskijs, eines der aktivsten Mitglieder der Gruppe, die sich mit der Aufforderung Ihres Manifestes befassen, die Positionen des OPOJAZ grundlegend zu revidieren. Einer von denen, die auf das Manifest »erregt antworteten«, war Boris Viktorovič Tomaševskij (1890-1957), ein hervorragender Mathematiker und Vers-Spezialist, sowie Sergej Ignat'evič Bernštejn (1892-1970), der sich als Phonetiker und Literaturanalytiker einen Namen gemacht hatte. Schließlich werden Reaktionen von Boris Isakovič Jarcho (1889-1942), einem Befürworter statistischer Verfahren bei literarischen Untersuchungen, von Boris Michailovič Ejchenbaum (1886-1959), einem berühmten Literaturhistoriker und -theoretiker, sowie von E. D. Polivanov, einem bedeutenden Linguisten und Orientalisten, erwähnt.

Ende der zwanziger Jahre hatten sich – Sie erwähnten es schon – historische Fragestellungen breitgemacht. Diese Bemerkung bedarf einer Erläuterung. Von dieser Strömung waren nämlich nicht nur die Gelehrten, sondern auch die Künstler und Schriftsteller erfaßt, die damals in engem Kontakt zur Wissenschaft standen. Als erstes kommt mir der Dichter Boris Pasternak in den Sinn; gerade in der zweiten Hälfte der zwanziger Jahre wandte er sich Fragen der Geschichte zu, die ihn dann zeitlebens nicht mehr losgelassen haben. So läßt sich Trubeckojs Auffassung einer parallelen Entwicklung zwischen den verschiedenen Aspekten der Kultur auch auf die bedeutende Erzählung *Vozdušnye puti* [Die Luftwege] anwenden, die Pasternak 1926 schrieb. Er stellt darin die Frage nach den inneren Kräften der Geschichte, die durch das Wechselverhältnis zwischen »Besonderem« und »Allgemeinem« bedingt sind. Des weiteren lehnt er das unfruchtbare Kausalschema ab, in das die Menschen gewaltsam alle Phänomene des Lebens zwängen möchten, während das Leben auf die Begrenzungen dieses Schemas keine Rücksicht nimmt und es wie einen zu kleinen, ungeeigneten Behälter überbordet. An die Stelle einer determinierenden Kausalkette setzt der Dichter die Regel des Zusammentreffens der Umstände und macht keinen funktionellen Unterschied zwischen einem historischen und einem psychologischen Erklärungsprinzip: Beide machen den Menschen in gleicher Weise willfährig gegenüber dem aufgezwungenen und willkürlichen Schema der Kausalität. Was das »Prinzip der Geschichte« angeht, so vermag Pasternak darin nicht im mindesten eine aufsteigende Fortschrittslinie im Sinne einer Ursachen-Wirkungs-Kette zu sehen, sondern nur das Zusammentreffen von Umständen, das – dem Menschen äußerlich – auf den Luftwegen stattfindet.

Offensichtlich war es kein Zufall, daß Sie 1928/29 sozusagen gleichzeitig ein Manifest mit Bogatyrev über die Grenze zwischen Folklore- und Literaturforschung[33] und eines mit Tynjanov über Probleme der Sprach- und Literaturforschung geschrieben haben. Das Werk der mündlichen Volksdichtung hatte die Rolle eines Verbindungsgliedes zwischen den Bereichen von Sprach- und Literaturforschung einzunehmen, also den Platz, den ihm Ihre methodologischen Arbeiten zugewiesen hatten.

*Jakobson* – Auf den Vortrag vor dem Haager Linguistenkongreß und die *Problemy izučenija literatury i jazyka* folgte *K probleme razmeževanija fol'kloristiki i literaturovedenija* als letzte der drei Grundsatzerklärungen, die Ende der zwanziger Jahre auf mein Betreiben hin entstanden. Bogatyrev und ich hatten diese Thesen 1929 etwa gleichzeitig mit dem Artikel *Fol'klor kak osobaja forma tvorčestva* formuliert, von dem schon die Rede war, und veröffentlichten sie 1931 als Diskussionsbeitrag in der polnischen Zeitschrift für Volkskunde *Lud słwiański* [Das slavische Volk]. Wir vertraten die These, daß Werke der Volksdichtung und literarische Werke unter verschiedene Kategorien fielen und daß demnach auch folkloristisches und literarisches Erbe zu unterscheiden seien.

Jener Kontinuität, die in der Tradition der Volksdichtung herrscht, stellten wir die Diskontinuität in der Geschichte des literarischen Wertsystems entgegen. An die Stelle der üblichen Vorstellung »ewiger Weggefährten« trat der Gedanke wiederkehrender Begegnungen und Trennungen. Aufgrund der Entwicklung des künstlerischen Geschmacks können vergessene Autoren immer wieder zu neuem Leben erweckt werden und – ganz wie zeitgenössische Schriftsteller und Dichter – zu einem integralen Bestandteil des literarischen Wertesystems einer Epoche werden. Dieser Gedanke führte zu der Annahme einer diskontinuierlichen und rückwärts verlaufenden Zeit, die die Klassiker wiederkehren läßt und es sogar möglich macht, daß im Repertoire der Gegenwart bestimmte künstlerische Werte wiederaufleben, die zunächst nicht akzeptiert worden waren und nun eine posthume Rehabilitation erfahren. Diese ganze Problematik der Literatur warf ein Licht auf die eigentümliche Verlaufsform der Zeit in der Sprachentwicklung, zumal auf den Unterschied zwischen gesprochener und geschriebener Sprache; denn der letzteren verdankt sich ja erst die Möglichkeit, alte Vorbilder wiederaufzunehmen und zu rehabilitieren.

*Pomorska* – Es ist aufschlußreich, daß Sie bei einer erneuten Betrachtung Ihrer Gedanken zur Folklore und zur Literatur aus der Distanz so vieler Jahre der Frage der Werte solche Bedeutung beimessen. Man könnte sogar von einer gewissen Neuorientierung sprechen, bei der der Begriff des Wertes genau die Stelle des Evolutionsbegriffs einnimmt. Trubeckoj beschäftigte sich damals mit ähnlichen Problemen. In seiner Artikelsammlung *O russkom samopoznanii* [Über das Selbstbewußtsein der Russen] versucht er den Mechanismus zu bestimmen, der in einer Gesellschaft die Ausbildung und den Austausch von Werten regelt. Er sagt im wesentlichen, daß sich die Gesellschaft – es handelt sich um das vorrevolutionäre Rußland – hauptsächlich aus zwei Schichten, einer oberen und einer unteren, zusammensetzt. Der Oberschicht fällt die Rolle zu, die Hierarchie der Werte zu bestimmen und zu festigen; die »kleinen Leute« haben sie zu akzeptieren. Diese Wertbegriffe gehen nun sozusagen »auf die Reise«: Ein Wert, der heute in der Oberschicht hoch geschätzt wird, geht morgen auf das niedere Volk über und kehrt dann in gehörig veränderter Gestalt in die höheren Sphären zurück. – Es besteht kein Zweifel, daß Ihre Manifeste das Problem der Wertzirkulation berühren. Gewiß ist der Mechanismus der Entstehung von Werten, so wie ihn Trubeckoj darstellt, offenkundig überholt; weder im Osten noch im Westen existiert gegenwärtig eine Gesellschaftsstruktur, die ihre Werte derart schüfe und zirkulieren ließe. Die Situation sieht ein wenig anders und komplizierter aus. Dennoch könnte das Prinzip dieses Mechanismus noch von Nutzen sein, wenn man es den veränderten Gegebenheiten anpassen würde.

Sobald man sich mit der reversiblen Zeitstruktur des literarischen Erbes beschäftigt, also die periodische Wiederkehr künstlerischer Werte untersucht, taucht ein Problem auf, das sich schon im Zusammenhang mit der Saussureschen Theorie gestellt hat, nämlich das Problem der Koexistenz bestimmter Phänomene der Sprache. Offenbar äußert sich der Zeitfaktor in den verschiedensten sprachlichen Erscheinungen. Könnte man nicht sagen, daß sich das Wesen der schöpferischen Kraft der Sprache in eben dieser Vielfalt ausdrückt? In Ihren Vorlesungen haben Sie wiederholt betont – ich erinnere mich daran –, daß die Sprache ihre wesentliche Macht (und das sprechende Subjekt seinen privilegierten Status) daher bezieht, daß sie uns an andere räumliche und zeitliche Stellen versetzen kann.

*Jakobson* – In kaum einem Bereich sind die Begriffe zeitlicher Koexistenz und Sukzession so eng miteinander verwoben wie im Leben von Sprache und Literatur. Ein paar Beispiele mögen genügen, bei denen dies ins Auge springt. Ich denke erstens an die

Wahrnehmung der gesprochenen Sprache. Der rasche Rhythmus der Rede verlangt vom Hörer, daß er wenn schon nicht alle, so doch den überwiegenden Teil der Elemente erfaßt, um die Aussage verstehen zu können. Bewußt werden die Wörter dem Hörer erst dann, wenn die Einheiten, aus denen sie sich zusammensetzen, schon ausgesprochen worden sind. Und ebenso nimmt er erst nachträglich die Sätze auf, wenn die Wörter, aus denen sie gebildet worden sind, bereits zurückliegen. Er muß seine Aufmerksamkeit auf den Redefluß richten und ihm im selben Augenblick die für das Verständnis des Ganzen unentbehrlichen Elemente entnehmen. Vor genau hundert Jahren hat dies der russische Neurologe und Psychologe I. M. Sečenov (1829-1905) in seinen *Elementy mysli* [Elemente des Denkens] als »simultane Synthese« bezeichnet. Dabei werden die Elemente, die der unmittelbaren Wahrnehmung schon nicht mehr zugänglich sind, sondern im Kurzzeitgedächtnis gespeichert werden, zu immer größeren Einheiten verbunden – die Laute zu Wörtern, die Wörter zu Sätzen und die Sätze zu ganzen Aussagen.

Die Rolle des Kurzzeit- und Langzeitgedächtnisses bildet meiner Ansicht nach eines der Hauptprobleme der allgemeinen Linguistik und der Sprachpsychologie. Auch auf diesem Gebiet wird es nötig sein, viele Fragen zu überarbeiten und ihre verschiedenen Aspekte genauer zu fassen. Der Dichter Louis Aragon hat in einem seiner letzten Romane an die Ideen erinnert, die ein paar vereinzelte Sprachforscher gegen Ende des letzten Jahrhunderts über das Aussetzen des Gedächtnisses und die Funktion des Vergessens in der Entwicklung der Sprache geäußert hatten: danach käme dem Vergessen eine geschichtliche Rolle zu, die freilich von der schöpferischen Kraft der Sprache kompensiert würde.

Wiederholt hat die Sprachwissenschaft im Lauf der Jahrhunderte das Problem der elliptischen Rede auf lautlicher, syntaktischer wie auch auf narrativer Ebene gestellt. Allerdings wurden diese Fragen meist nur am Rande behandelt und meist nur fragmentarisch untersucht. Noch weniger jedoch ist bis heute die elliptische Wahrnehmung erforscht, also die Technik, die es dem Hörer ermöglicht, auf den verschiedenen Ebenen der Sprache Lücken zu schließen. Und nie hat man dabei die subjektive Willkür des Hörers in Betracht gezogen, wenn er die elliptischen Leerstellen durch Nachschöpfung schließt. Dort liegt der Kern des Problems, über das die Sprachwissenschaft in den letzten Jahren ausgiebig diskutiert hat: wie nämlich die sprachlichen Ambiguitäten beseitigt werden können.

Unter diesem Gesichtspunkt wird einer der wesentlichsten Unterschiede zwischen gesprochener und geschriebener Sprache deutlich. Die erste hat rein zeitlichen Charakter, die zweite verbindet Zeit und Raum. Die Laute, die wir hören, verflüchtigen sich, während wir beim Lesen gewöhnlich unbewegliche Buchstaben vor Augen haben. Der Zeitablauf geschriebener Wörter ist für uns reversibel: wir können lesen und wieder lesen, wir können dem Geschehen sogar vorauseilen. Die subjektive Antizipation des Hörers wird beim Leser objektiv; er kann das Ende eines Briefes oder Romans lesen, ehe der vorgesehene Zeitpunkt dafür gekommen ist.

Wir sind bei der Frage nach dem Wechselverhältnis zwischen den Phonemen und den distinktiven Wesenszügen stehengeblieben; sie ist für das Verständnis des *Signifikanten* wesentlich. Auf grammatischer Ebene entsprechen jenen Lautakkorden Bündel simultaner Bedeutungen – »Häufungen von Signifikaten«, wie sie der Saussure-Schüler Charles Bally genannt hat. Um ein ganz einfaches Beispiel anzuführen: Die Konjugationsendung *o* im lateinischen *amo* bezeichnet zugleich Person, Numerus und Tempus des Verbs. Diese Möglichkeit, im Ablauf der Rede ein Bündel koexistenter Phänomene durch ein einziges Segment wiederzugeben, kennzeichnet unsere »synthetischen« Sprachen. Bei den »agglutinierenden« Sprachen, etwa den Turksprachen, ist dagegen jedes Suffix mit einer einzigen grammatischen Bedeutung ausgestattet; dementsprechend werden die in Wirklichkeit koexistierenden Bedeutungen in eine Reihe sukzessiver Endungen übertragen, deren jede eine einzige Bedeutung trägt. Während sich im Lateinischen eine Vielzahl von Bedeutungen in einem einzigen Suffix ausdrücken läßt, verwandelt sich im Türkischen die Gleichzeitigkeit der Bedeutungen in eine zeitliche Kette. Daß sich zwei konkurrierende und zutiefst gegensätzliche Faktoren wie Koexistenz und zeitliche Sukzession verbinden und in ein Wechselverhältnis treten können, kennzeichnet vielleicht am besten die Idee der Zeit, wie sie in der Struktur und im Leben der Sprache vorkommt.

Dieses doppelte Antlitz der Zeit – als Zeit der Äußerung und als ausgesagte Zeit – birgt mancherlei Konflikte. In der Literatur zeigt sich das Aufeinanderprallen dieser beiden Zeitdimensionen besonders deutlich. Wie sich der Diskurs, zumal der künstlerische, in der Zeit entfaltet, darüber hat man sich im Lauf der Jahrhunderte immer wieder Gedanken machen müssen. Umstritten war vor allem die Möglichkeit, in Dichtung und Literatur das Hindernis des zeitlichen Verlaufs zu überwinden, das die Dichtung in einen Gegensatz zur Statik der Malerei bringt.

Wäre denn in der Malerei Bewegung möglich, müßte die Poesie denn unbedingt deskriptiv und statisch sein? Läßt sich mit den Mitteln der verrinnenden Rede, die uns allein zu Gebote stehen, das Bild eines Ritters wiedergeben, der in voller Rüstung auf seinem Pferd sitzt? Oder verlangen die Gesetze der Sprache, daß eine solche Szene narrative Form annimmt und daß man erzählen muß, wie der Ritter angekleidet und in den Sattel gehoben wird? In diesem Sinne schlug Gotthold Ephraim Lessing (1729-1781) vor, in der poetischen Beschreibung räumliches Nebeneinander durch zeitliches Nacheinander zu ersetzen. Doch ein anderer deutscher Schriftsteller und Denker, Johann Gottfried Herder (1744-1803), plädierte im Gegensatz dazu für simultane Szenen, mit denen die Dichtung die lineare Aufeinanderfolge der Ereignisse überwinden könne.

Aus der epischen Tradition führt der Pole Tadeusz Zieliński (1859-1944), ein Experte der klassischen Philologie, das Beispiel der *Ilias* an: Der Auftritt bestimmter Personen zwingt andere augenblicklich dazu, den Schauplatz zu verlassen, und verdammt sie eine Zeitlang zu Untätigkeit. Hier besteht also ein unversöhnlicher Gegensatz zwischen dem Gang der Erzählung und dem Umstand, daß mehrere Handlungen gleichzeitig an verschiedenen Orten stattfinden.

Andere epische Verfahren zeigen dagegen, daß eine dynamische Wiedergabe mehrerer gleichzeitig ablaufender, aber räumlich getrennter Handlungen durchaus möglich ist. Die Zeit der Aussage ist reversibel. Erinnerungen bieten sich als Mittel der Erzählung an; man beginnt einfach mit dem Ende der Handlung und geht in die Vergangenheit zurück. Der große russische Dichter Velimir Chlebnikov führt das Beispiel eines Erzählers an, der den Handlungsablauf in der fiktiven Realität genau umkehrt: Die Helden seiner Geschichte gehen allmählich vom Ende ihres Lebens zu ihrer Kindheit zurück, sprechen aber gleichzeitig in der gewohnten, nicht umgekehrten Reihenfolge von Vergangenheit und Zukunft.

Schließlich kann man das mittelalterliche Passionsspiel anführen, das die Heilsgeschichte mit der traditionellen Farce und ihren grotesken Personen vereinigt und so zwei Zeitebenen miteinander verknüpft: Einerseits nehmen die Akteure an den biblischen Ereignissen teil, die der Auferstehung Christi vorausgehen, andererseits nehmen sie schon das alljährliche Ostermahl vorweg. Auf diese Weise erscheint das biblische Geschehen als Ereignis einer fernen Vergangenheit und zugleich als etwas nach Ablauf eines jeden Jahres sich Wiederholendes. Mit anderen Worten, im Diskurs und ganz besonders im poetischen Diskurs kann die Zeit der Aussage auf einer oder mehreren Linien ablaufen; sie kann vorwärts und rückwärts, kontinuierlich und diskontinuierlich verlaufen und sogar, wie das letzte Beispiel zeigt, lineare und zirkuläre Abläufe in sich vereinigen. Abgesehen vielleicht von der Musik wird sich wohl kein anderer Bereich finden lassen, wo sich das Problem der Zeit mit solcher Schärfe stellt.

Ich glaube, daß uns am ehesten der Vers vor Augen führen kann, welche Rolle die Zeit in der Sprache spielt, und das gilt sowohl für den gesprochenen Vers der Folklore wie für den schriftlichen, literarischen Vers. Denn ob er nun einer strengen Metrik folgt oder frei ist, jeder Vers weist die beiden linguistischen Varianten der Zeit auf: die Zeit der Äußerung und die Zeit der Aussage. In unserer motorischen und auditiven Sprechtätigkeit erleben wir den Vers unmittelbar und erfahren seine Struktur in enger, harmonischer oder konflikthafter Verbindung mit der Semantik des Textes. So wird die Struktur zum beständigen Element der sich entwickelnden Handlung. Wo anders ließe sich der Ablauf der Zeit so einfach und doch so komplex, so konkret und doch so abstrakt empfinden?

*Pomorska* – Es ist bemerkenswert, daß die großen Dichter zu Beginn unseres Jahrhunderts ein besonderes Gespür für den Zeitfaktor im Vers hatten. Trotz ihrer sonstigen Unterschiede waren sich Blok und Majakovskij darin einig, daß das Element der Zeit das bestimmende Prinzip des poetischen Schöpfungsakts sei. Vorrang hatte für sie der Rhythmus, das Wort war sekundär. Majakovskij beschrieb in seiner berühmten Broschüre *Kak delat' stichi*[34], wie er seine Poeme zu komponieren begann: »Ich schreite einher, mit den Armen schlenkernd, und brumme so vor mich hin, vorerst fast ohne Wortlaute, bald den Spazierschritt verkürzend, um nicht aus dem Takt meines Gebrumms zu fallen, bald dies Gebrumm selbst im Takt des Schreitens beschleunigend. So wird der Rhythmus zurechtgestutzt und ausgeformt – er ist die Grundlage jedes dichterischen Erzeugnisses, er durchzieht es mit dumpfem Getön. Schrittweis beginnt man aus diesem Tonstrom einzelne Wörter herauszulösen. (. . .) Unbekannt, wo dieses grundlegend dumpfe Getön herkommt. Für mich bedeutet es jederlei inneren Widerhall eines Tones, eines Geräusches, einer Schwingung oder überhaupt den wiederholenden Nachhall einer jeden Erscheinung, welcher ich tönenden Ausdruckswert beimesse.«

Ebenso spricht Blok in seinem Artikel *Poèzija zagovorov i zaklinanij* [Die Poesie der Beschwörungen und Zaubersprüche] davon, wie die schöpferische Macht des Rhythmus »das Wort auf den Kamm der musikalischen Welle erhebt« und »das rhythmische Wort sich schärft wie ein Pfeil, der geradewegs seinem Ziele zufliegt.«

*Jakobson* – Wie schon die Etymologie des lateinischen Wortes *versus* anzeigt, enthält der Vers die Idee einer regelmäßigen Wiederkehr, im Gegensatz zur Prosa, die etymologisch auf das lateinische *provorsa* (prorsa, prosa) zurückgeht und somit auf ein geradliniges Fortschreiten verweist. Wir erleben den Vers stets in komplexer Gestalt: In der unmittelbaren Wahrnehmung des gegenwärtigen Verses spüren wir noch den nachwirkenden Impuls der vorausgehenden Verse und erwarten schon lebhaft die folgenden. Von der Vereinigung dieser drei Eindrücke lebt das Spiel des Invarianten und der Variationen; sie wecken in Autor und Leser, in Vortragendem und Hörer ein Gefühl für die Beständigkeit des Versmaßes, verziert und bereichert durch Abweichungen und Verzögerungen.

In engem Zusammenhang mit der Entwicklung der Sprache bildet sich auch die Zeiterfahrung beim Kinde heraus. Die wissenschaftlichen Beobachter des kindlichen Spracherwerbs haben erst kürzlich bemerkt, daß sich das Kind oft an frühere Stufen seiner Aneignung der Sprache erinnert. Das Kind spricht gern über die Sprache; metalinguistische Operationen sind für es eine wichtige Hilfe bei seiner sprachlichen Entwicklung. Es erinnert uns zum Beispiel: »Als ich klein war, habe ich soundso gesprochen, aber jetzt sage ich anders, nämlich *so*.« Manchmal beginnt es sogar spielerisch oder um die Zärtlichkeit und das Wohlwollen der Erwachsenen auf sich zu ziehen, »wie damals« zu sprechen, nämlich wie ein Baby. Eine große Rolle beim kindlichen Spracherwerb spielt ein Phänomen, das der dänische Linguist Otto Jespersen (1860-1943) in seinen bedeutenden Sprachanalysen *shifters* getauft hat; der Versuch, diesen Ausdruck durch das französische Wort *embrayeurs* wiederzugeben, hat sich nicht durchsetzen können; statt dessen verwendet man weltweit den englischen Ausdruck[35].

Schon seit längerer Zeit habe ich den Eindruck, daß der Begriff der *shifters* ein Eckstein der Linguistik ist. Bisher ist dieses Phänomen noch nicht angemessen gewürdigt worden, es bedarf auch noch weiterer sorgfältiger Ausarbeitung. Die allgemeine Bedeutung der als *shifter* bezeichneten grammatischen Form ist dadurch gekennzeichnet, daß sie einen Verweis auf den Akt der Rede enthält, das heißt auf denjenigen Sprechakt, in dem diese Form selbst vorkommt. So ist die grammatische Vergangenheit ein *shifter*, weil diese Zeitform ein Ereignis bezeichnet, das dem betreffenden Sprechakt vorausgeht. Die erste Person bei der Verbkonjugation, genauer gesagt das Pronomen der ersten Person, ist ein *shifter*, weil die Bedeutung der ersten Person in erster Linie einen Verweis auf den Urheber des Sprechakts enthält, so wie das Pronomen der zweiten Person eine Bezugnahme auf den Adressaten des Sprechakts einschließt. Wenn die Sprecher und Hörer nun im Laufe einer Unterhaltung wechseln, dann verschiebt sich (it shifts) folglich die materielle Bedeutung der Form *ich* und der Form *du*. Die Einbeziehung der grammatischen Zeit in die Sprachverwendung vollzieht sich beim kindlichen Erwerb der Muttersprache recht früh, sobald sich nämlich der kleine Debütant bei seiner Sprechtätigkeit nicht mehr damit zufriedengibt, bloß unmittelbar auf die Ereignisse zu reagieren, die sich gerade vor seinen Augen abspielen.

Der erste Satztyp, der in seiner Sprache auftaucht, besteht aus einem Subjekt und einem Prädikat. Dieser Satztyp erlaubt es bereits, einem Subjekt verschiedene Prädikate zuzuweisen und jedes Prädikat auf verschiedene Subjekte zu beziehen. Diese Innovation befreit das Kind, beseitigt seine Abhängigkeit vom *hic et nunc*, das heißt von seiner unmittelbaren räumlichen und zeitlichen Bedingtheit. Von da an kann es über Dinge sprechen, die von ihm räumlich oder zeitlich entfernt liegen, und sprachliche

Beziehungen zwischen austauschbaren Teilnehmern herstellen. In der Kindersprache tritt die Idee der Zeit gleichzeitig mit der Vorstellung einer größeren oder geringeren räumlichen Entfernung auf: *ich* und *du*, *hier* und *dort*.

*Pomorska* – Ihren Äußerungen kann man entnehmen, daß jede Sprechhandlung und jedes Sprachphänomen vom Phonem bis zum literarischen Werk notwendig in ein doppeltes zeitliches Bezugssystem eingelassen ist – lineare Sukzession und strenge Simultaneität. Darin liegt die Stärke, aber auch die relative Beschränktheit der Sprache als Ausdrucksmittel; der berühmte Disput zwischen Lessing und Herder zeigt das deutlich.

Offensichtlich spielt die Bemühung, diesen Rahmen zu sprengen oder ihn vielmehr für immer neue Effekte zu benutzen, eine Hauptrolle bei der Suche nach neuen Kunstformen und ihrer Ausarbeitung. So stellt sich beim Kino, einer der modernsten Kunstformen, als erstes das Problem, Simultanes und Lineares in einer konkreten Einheit zu verbinden, und dies ist umso bemerkenswerter, als das Kino Wort und Bild kombiniert. Einen der kühnsten Versuche hat in dieser Richtung Alain Resnais in seinem Film *Letztes Jahr in Marienbad* unternommen. Die Bilder, die sich darin auf die gegenwärtige Handlung beziehen, werden – in einem ganz technischen, kinematographischen Sinne des Wortes – von Bildern der Vergangenheit »überlagert«. Die Geschichte ist so konstruiert, daß sich in der Wahrnehmung der Hauptfigur Vergangenheit und Gegenwart ständig durchdringen, wodurch eine Einheit von Signifikant und Signifikat entsteht. Ein ähnliches Phänomen läßt sich zur Zeit bei einigen Bildhauern feststellen; auch sie versuchen, die der Materie innewohnende Statik zu besiegen, und möchten mit den Mitteln der Bildhauerei gewissermaßen eine Reihe narrativer Symbole konstruieren, in der sich der Ablauf der Zeit ausdrücken soll.

# VIII. Der Raum als Faktor

*Pomorska* – Der letzte Problemkomplex, die *shifters* und ihre Rolle beim kindlichen Spracherwerb, bringt uns auf die Frage des Raumes. In Ihrer Studie über die Verwandtschaft der eurasischen Sprachen[36] wird der Raum erstmals und auf neue Art und Weise mit den Veränderungen der Sprache in Beziehung gesetzt. Sie zeigen das Problem der Lautentwicklung der Sprache damit in einem neuen Lichte. Wie sich zeigte, verändern sich die Sprachen nicht nur im Laufe ihrer geschichtlichen Bewegung auf der »genetischen« Achse; vielmehr kann auch der Raum bei diesem Wandlungsprozeß die Rolle einer Vermittlung spielen. *Nachbarschaft* ersetzt *Verwandtschaft*. Wie kamen Sie auf diesen Gedanken? Gab es in der damaligen Wissenschaft theoretische Ansätze, auf die sich eine solche Idee stützen konnte?

*Jakobson* – Zwischen zwei Gesprächspartnern besteht notwendigerweise immer eine Distanz, die vom Adressaten der Rede abhängig ist. Je nachdem, ob sich das Gespräch auf die Mitglieder unserer Familie beschränkt, ob wir uns an Nachbarn, Fremde aus einem anderen Stadtviertel oder aus einer anderen Gegend wenden, müssen sich unsere sprachlichen Mittel wandeln. Zu diesen rein räumlichen Unterschieden kommen natürlich die soziokulturellen hinzu. Mit anderen Worten, wir treffen hier auf einen Fragenkomplex der geographischen und sozialen Dialektologie. Jeder von uns vermag mit mehr oder weniger Geschick von einem Dialekt zum anderen überzugehen. Um unsere Gesprächspartner zu verstehen, achten wir auf die sprachlichen Differenzen, die zwischen uns und ihnen bestehen, und verfügen somit zumindestens passiv – als Hörer – über benachbarte Dialekte. Darüber hinaus neigen wir von selbst dazu, uns dem Sprechen unseres Gesprächspartners ein Stück weit anzunähern, und nehmen auf diese Weise einen Teil der Eigentümlichkeiten seines Dialekts an. Unser Sprachcode, den die saussuresche Linguistik *langue* nennt und ohne den die *parole*, der sprachliche Austausch nicht möglich wäre, umfaßt eine ganze Reihe von Unter-Codes; letztere bestehen aus verschiedenartigen Elementen, mit Hilfe derer wir uns als Empfänger oder Sender auf den jeweiligen Gesprächspartner einstellen können. Dank dieser komplexen Zusammensetzung unseres heutigen Codes (der *langue*) verfügt das Subjekt über die Möglichkeit, besser gesagt: über die Kompetenz, je nach Bedarf ungehindert von einem Unter-Code zu einem anderen überzuwechseln.

Eine Untersuchung der Veränderungen in der *langue* wird also, wenn sie mit dem Mythos eines unbeweglichen Systems brechen will, nicht nur die Zeit, sondern auch den Raum als inneren Faktor der Sprache in die Analyse linguistischer Systeme einbeziehen müssen. Auch was den Raum angeht, weist das System der Sprache neben den Invarianten eine Vielzahl kontextabhängiger Variationen auf. Darunter ist zunächst die Unterschiedlichkeit der einzelnen Gesprächspartner zu verstehen; daneben kommt den dialektalen Varianten die Aufgabe zu, Stilunterschiede zu kennzeichnen. Je nach Thema und je nach unserer Einstellung zu diesem Thema schmücken wir unsere Aussagen mit Dialektfiguren aus oder verzichten vielmehr mit Bedacht darauf. Es wäre schon doktrinär, wollte man die Regeln des Stils von denen des linguistischen Codes künstlich trennen; in Wirklichkeit sind sie ein unveräußerlicher Bestandteil des letzteren.

Diese Überlegungen zwingen uns zu einer radikalen Änderung unserer Auffassung der Diffusion. Die üblichen Versuche, zwischen Entstehungsherd und Ausbreitungsgebiet einer Veränderung eine absolute Grenze zu ziehen, verlieren jede Existenzberechtigung. Die Modifikation muß ja als solche bereits eine räumliche Ausdehnung haben. Wenn sich ein erster Lapsus in der Sprache seines Urhebers zu wiederholen beginnt und von dessen Umgebung aufgegriffen wird, dann, und nur dann, wird aus dem einmaligen Fehler eine soziale Modifikation: zunächst eine fakultative, die später, viele Jahre später vielleicht, obligatorisch werden kann.

*Pomorska* – Ist es denn möglich, daß ein einzelner Lapsus zum Ausgangspunkt einer Abwandlung wird? Spielt also der Begriff des Lapsus die entscheidende Rolle? Oder sind dabei vielleicht auch noch andere Kräfte im Spiel?

*Jakobson* – Unter Lapsus verstehe ich eine einzelne Abweichung eines sprechenden Subjekts von einer bestehenden Norm. Ich frage mich dabei nicht, ob diese Abweichung zufällig zustande gekommen ist oder ob sich dahinter eine – sei's auch nur unbewußte – Absicht verbirgt. Wenn es sich nur um eine Unachtsamkeit handelt, so besteht kein Grund, warum sie von dem, der sie begangen hat, wiederholt oder warum sie gar von seiner Umgebung aufgegriffen werden sollte. Wenn der Lapsus nun aber wiederholt wird und immer öfter vorkommt, können wir nicht den mindesten Zweifel daran hegen, daß danach eine wenn auch unbewußte Nachfrage besteht. Hingegen können die Grenzen, die diesem Gebrauch anfangs gezogen sind, schwanken; sie hängen einmal von der Anzahl der sprechenden Subjekte, sodann von der Ausdehnung des Sprachstils ab, in dem diese Innovation ihren Platz findet. Geht sie später von einer Stilschicht auf andere über und dehnt sie sich in der Sprache immer weiter aus, so muß danach offenbar erneut ein Bedarf bestehen, ein Innovationsbedürfnis im System der Sprache und bei seinen Verwendern. Einer der Wege, die zur Entstehung, Festigung und Ausbreitung einer solchen Neuerung beitragen, ist der elliptische Redestil. Eine der Auslassungen, die im elliptischen Stil möglich sind, ist der Verlust einer phonologischen Opposition. Eine solche zunächst fakultative Auslassung kann dann zu einem Verlust dieser phonologischen Unterscheidung in der Sprache insgesamt werden – allerdings wiederum nur, wenn das System nach ihrer Abschaffung, das heißt nach ihrer Dephonologisierung verlangt oder wenn ein Bedürfnis besteht, diese phonologische Distinktion durch eine andere, bisher redundante zu ersetzen. Letzteres ist eine Erscheinung der Transphonologisierung; diesen Ausdruck verwende ich seit 1923, als ich mein Buch über den tschechischen Vers schrieb und dabei in dem Abschnitt über allgemeine Phonologie diesem Problem erstmals begegnet bin.

Für solche Lautveränderungen liegen beredte Beispiele vor, und zwar in Sprachen, die der ständigen Beobachtung verschiedener Linguisten zugänglich sind. So verliert sich im Französischen allmählich die wichtige Unterscheidung zwischen gespannten und ungespannten Vokalen, wie sie in den Paaren *saute/sotte*, *pâte/patte* vorkommt. In manchen Mundarten bleibt dieser Verlust in den Grenzen einer nachlässigen, raschen und elliptischen Sprechweise; in anderen wird sie auf alle Sprachtypen ausgedehnt, wenigstens bei einigen Paaren. Ein anderer typischer Fall, der den französischen Beobachtern übrigens schon gegen Ende des vorigen Jahrhunderts auffiel, ist die Aufhebung der Grenze zwischen labialisierten und nicht-labialisierten nasalen Vokalen, zum Beispiel in *brun/brin*, *bon/ban*. Hätte sich diese Tendenz vollends durchsetzen können, so wäre dadurch eine Reihe nasaler Vokale auf den Unterschied zwischen hinterer und vorderer Artikulation reduziert worden. Trotzdem hat der Verlust der Labialisierung bei den vorderen labialisierten Vokalen ziemlich weit um sich gegriffen – was sich leicht aus der Tatsache erklärt, daß die Verbindung von labialisierter und palataler Artikulation sekundär und demnach die Zahl der Homonyme, die sich aus einer solchen Delabialisierung ergeben, unbedeutend ist. Bei den velaren Nasalen hat der Verlust der Unterscheidung zwischen der labialisierten und der nicht-labialisierten Variante keine ähnliche Verbreitung erlangt und blieb im engen Rahmen einer saloppen Sprechweise. Dafür gibt es zwei Gründe: Die Verbindung von Labialisierung und velarer Artikulation der Vokale ist primär; die Anzahl der Homonyme, die beim Verlust dieser Unterscheidung entstünden, wäre beträchtlich und würde leicht zu Verwechslungen führen, etwa zwischen *cheveux blonds* und *cheveux blancs*.

Bei meiner Untersuchung der lautlichen und grammatischen Abwandlungen in der Geschichte der verschiedenen Sprachen gewann ich immer mehr die Überzeugung, daß es sich dabei stets um das Spiel zweier miteinander verbundener Kräfte handelt, nämlich der Tendenz zur Erhaltung und zur Zerstörung eines bestehenden Gleichgewichts. Eben dies macht die autonome Bewegung der Sprache aus. Wichtigstes Vehikel für Gleichgewichtsverschiebungen ist die elliptische Rede und die expressive Dimension der Sprache. Umgekehrt spielen diejenigen Veränderungen, die auf eine Wiederherstellung des zerstörten Gleichgewichts im gesamten Sprachsystem abzielen, eine entscheidende Rolle beim Übergang von einer bisherigen Ordnung zu einer neuen. Unter diesem Gesichtspunkt sind die traditionellen Vergleiche zwischen Sprachentwicklung und Schachspiel durchaus treffend.

Natürlich kann ein Lapsus auf mancherlei Art und sogar an mehreren Orten gleichzeitig entstehen und aufgegriffen werden. Jedoch stellt sich dann wiederum die Frage nach den inneren Bedingungen, die die mehrfache Entstehung und Übernahme einer Innovation in der betreffenden Sprache begünstigen.

Annahme und Verwerfung einer Neuerung können auch miteinander konkurrieren, und zwar sowohl im Entstehungszentrum als auch in einem sekundären, ausgedehnteren Gebiet. Jeder Sprachgemeinschaft und sogar jedem einzelnen ihrer Mitglieder ist ein gewisser Konformismus eigen. Dabei macht es einen Unterschied, ob die räumliche oder die zeitliche Variante dieses Konformismus bevorzugt wird. Eine Gemeinschaft assimiliert etwa eine Sprachtatsache, die bei ihren Nachbarn bereits eingewurzelt ist, um ihnen näher zu kommen. Die Übernahme dient also der Angleichung und wird zur Erleichterung der gegenseitigen Kommunikation beitragen. Die Gemeinschaften, die zu dieser Art Assimilation bereit sind, können als »räumliche« Konformisten beschrieben werden; sie verleugnen ihre eigene Sprachtradition und sind insofern Nonkonformisten des zeitlichen Typs. Die umgekehrte Erscheinung – also die Weigerung, einen Erwerb aus der Sprache der Nachbarn zu assimilieren, um die eigene Tradition zu wahren – deutet auf einen Konformismus in zeitlicher und einen Nonkonformismus in räumlicher Hinsicht.

Diese Anpassungsbereitschaft beschränkt sich nicht auf die Beziehungen verschiedener Dialekte, sondern erstreckt sich auch auf die Verhältnisse zwischen verschiedenen Sprachen. Erst in diesem Jahrhundert ist der Sprachwissenschaft klargeworden, daß sich charakteristische Eigenschaften eines linguistischen Systems über dessen Grenzen ausbreiten können und dabei sehr oft Sprachen erreichen, von denen sie sich in Struktur und Herkunft stark unterscheiden; manchmal greift diese Tendenz dann nur auf einen Teil des Nachbargebiets über. Dieses Phänomen rechtfertigt den Ausdruck »Sprachbund«, den Trubeckoj 1928 auf dem Internationalen Linguistenkongreß in Haag vorgeschlagen und erläutert hat; freilich bedurfte der Begriff im Bereich von Morphologie und Syntax, aber auch im Hinblick auf Fragen der lautlichen Struktur noch weiterer Ausarbeitung.[37] Merkwürdigerweise sind derartige inter-linguistische Struktureigentümlichkeiten zunächst beim Studium amerikanischer und afrikanischer Eingeborenensprachen aufgetreten, während sie bei den Sprachen Europas und Asiens weitgehend unbemerkt geblieben sind.

Kein Geringerer als der berühmte Gelehrte Franz Boas (1858-1942) war es, der zwischen amerikanischen Indianersprachen unterschiedlicher Herkunft weitreichende lautliche und grammatische Gemeinsamkeiten entdeckt hat. Er sah ein, daß diese übereinstimmenden Merkmale keineswegs auf eine genetische Verwandtschaft hindeuten, nahm jedoch gleichzeitig an, daß diese Ausdehnung über die Sprachgrenzen hinweg eine Eigentümlichkeit der amerikanischen und afrikanischen Sprachen sei. Wie groß war seine Überraschung und seine Freude, als ich ihm meine Artikel über die Sprachbünde schickte, die ich in der Alten Welt beobachtet hatte.

In den dreißiger Jahren veröffentlichte ich mehrere Arbeiten, in denen die Existenz eines ausgedehnten »eurasischen Sprachbundes« nachgewiesen wurde. Dieser umfaßt das Russische und die anderen osteuropäischen, aber auch die meisten ural-altaischen Sprachen, bei denen die Palatalisierung der Konsonanten im Sinne einer phonologischen Opposition auftreten oder fehlen kann. Den Sprachbund rings um das Baltikum hatte ich durch eine phonologische Opposition zwischen zwei Arten der Wortbetonung charakterisiert.

Bei den Autoritäten der Philologie stießen meine Veröffentlichungen und Vorträge anfangs auf heftige Kritik. Sie zogen dabei nicht die Tatsachen in Zweifel, die ich gesammelt hatte, weigerten sich jedoch, solchen Hinweisen auf Übereinstimmungen zwischen verschiedenen Sprachen irgendeine wissenschaftliche Bedeutung beizumessen. Meine Belege, so zahlreich sie auch waren, betrachteten sie als rein zufällig. So erkannte der hervorragende holländische Linguist Nicolaas van Wijk (1880-1941) in seinen Veröffentlichungen zu diesem Thema die Phänomene durchaus an, die ich aufgezeigt hatte, mußte aber seine Ratlosigkeit eingestehen, was deren Erklärung anging. Heute hat sich der Gedanke grammatischer und phonologischer Sprachbünde durchgesetzt, was natürlich nicht ausschließt, daß es insgeheim doch noch Widerstände gegen die Ergänzung der traditionellen Auffassung einer rein genealogischen, erblichen Verwandtschaft durch das neue, geographisch begründete Konzept erworbener Gemeinsamkeiten oder Affinitäten gibt. Seither hat die Wissenschaft große Erfolge bei der Entdeckung und Spezifizierung der verschiedenen phonologischen und grammatischen Sprachbünde gehabt. Leider bestehen immer noch durch nichts zu rechtfertigende Hindernisse, die den Fortgang dieser Arbeit erschweren. So steht noch immer die Erarbeitung eines phonologischen Atlas aus.

Daß solche Bünde sehr häufig vorkommen, ist keineswegs verwunderlich. Wir haben bereits auf die bekannten Beispiele einer vollständigen oder doch teilweisen Verschmelzung verschiedener Dialekte im Sprachgebrauch von Individuen hingewiesen. Dazu kommt das vertraute, aber noch wenig erforschte Phänomen der

Zweisprachigkeit und der Wertschätzung, die dabei jede Sprache an sich und im Verhältnis zur anderen im Denken eines Einzelnen genießt. Beim abwechselnden Gebrauch zweier Sprachen lassen sich beträchtliche Unterschiede beobachten, wie sie miteinander verlötet beziehungsweise relativ voneinander abgegrenzt werden.

Um nur ein Beispiel zu nennen – die russische Intelligentsija meiner Generation wechselt im Gespräch untereinander leicht vom Russischen ins Französische und umgekehrt. Es kommt vor, daß diese Personen in ihre russischen Aussagen französische Sätze einschließen und in ihre russischen Sätze französische Ausdrücke und Wörter. Seit der Epoche, die Tolstoj in *Krieg und Frieden* beschrieben hat, bis in die jüngste Vergangenheit waren Gallizismen in der russischen Umgangssprache ganz selbstverständlich. Für die Personen dieses historischen Romans war Französisch keine Fremdsprache, sondern ein Stil der russischen Sprache wie andere auch. Obwohl sie auch das Deutsche beherrschten, war es stilistisch im allgemeinen nicht zulässig, in eine russische Aussage unmittelbar Germanismen einfließen zu lassen; zwischen beiden Sprachen verlief in ihrem Bewußtsein eine scharfe Grenze. In der mondänen Sprache des russischen Adels beschränkten sich die Gallizismen nicht einmal auf Lexik und Satzbau, sondern bemächtigten sich sogar der Laute des Russischen. Puškin erwähnt etwa in *Eugen Onegin*, daß Leute von Welt die russische Verbindung von Vokal und nasalem Konsonanten ohne weiteres in einen französischen nasalen Vokal umzuwandeln pflegten.

Eingeborene, die die Sprache eines Nachbargebietes sprechen, also enger mit dessen Bewohnern kommunizieren und deren Sprache in ihre eigene (und umgekehrt) übersetzen können, genießen bei ihren Stammesgenossen oft höheres Ansehen. Häufig läßt sich bemerken, wie sie lautliche oder grammatische Merkmale der fremden Sprache in ihre eigene übertragen, wenn sie ihre Vertrautheit mit dem Idiom des Nachbargebietes demonstrieren wollen. Diese zunächst nur stilistischen Anleihen werden sozusagen zum Emblem ihres weiten sprachlichen Horizonts und dementsprechend von ihren einsprachigen Stammesgenossen gern nachgeahmt. Eine solche Imitation anfangs nur vereinzelter Elemente wird allmählich zur Mode, erlangt schließlich volle Anerkennung und wird so zum integralen Bestandteil der eigenen Muttersprache. So bildet sich ein Sprachbund.

Besonders interessant ist dabei die Untersuchung der Prinzipien, nach denen eine Bevölkerung die Merkmale auswählt, die die Ausbreitung ermöglichen. Wie kommt es, daß prosodische Elemente, die von unterschiedlicher Herkunft sind, jedoch eine strukturell ähnliche Entwicklung aufweisen, einen Sprachbund rings um das Baltikum bilden? Warum wurde die bedeutungsunterscheidende Funktion der Palatalisierung der Konsonanten benutzt, um den sogenannten eurasischen Sprachbund zu begründen? Die Tatsache dieser Auswahl und ihre Ausdehnung in eine bestimmte Richtung sowie die Grenzen dieser Bewegung – all das stellt eine Reihe von Fragen, die die Linguistik, aber auch andere Disziplinen zu weiteren Schritten und zur Aufstellung neuer Kriterien bei ihrer Analyse linguistischer Wahlverwandtschaften[38] anreizen muß. In der Tat zeigen sich solche Affinitäten immer häufiger.

So finden sich auf Schritt und Tritt Bündel von Problemen, die nicht gleich eine Lösung finden. Doch wo man bisher vor einem Mosaik von Zufälllen zu stehen glaubte, bemerken die Forscher nunmehr gewisse geo-linguistische Regelmäßigkeiten, deren Erklärung freilich noch aussteht.

Einzig phonologische Atlanten könnten die Sprachwissenschaftler veranlassen, sich konsequent über die Isoglossen Gedanken zu machen. Als Beispiel verweise ich auf die Grenze, die zwischen dem westeuropäischen Block von Sprachen mit Artikel und dem östlichen Gebiet von Sprachen ohne Artikel verläuft. Bemerkenswert dabei ist, daß zwei benachbarte Sprachgruppen – die skandinavischen Sprachen im Norden und die Balkansprachen wie das Rumänische oder Bulgarische im Süden – den Artikel nachstellen, während alle anderen Sprachen im westlichen Europa den Artikel vor das Nomen stellen. Woher kommt diese Affinität zweier Gruppen, die unmittelbar an der vertikalen Nord-Süd-Grenze angesiedelt sind, die die Sprachen mit und ohne Artikel voneinander trennt? Ich möchte an dieser Stelle die Worte Joseph de Maistres (1753-1821) wiederholen, mit denen die Sammlung meiner Arbeiten über Wort und Sprache[39] schließt: »So laßt uns niemals von *Zufall* sprechen . . .«[40] Es drängt sich sogleich der Gedanke auf, diesen Sachverhalt aus der geographischen Lage zu erklären, die diesen Sprachen mit nachgestelltem Artikel gewissermaßen eine Vermittlerrolle zwischen denen mit vorangestelltem Artikel und denen ohne Artikel zuweist. Der vorangestellte Artikel fungiert als ein selbständiges Wort (vergleiche *der Junge* und *der kleine Junge*), während der nachgestellte Artikel bloß eine Endung ist. So stellt die Abwesenheit eines selbständigen Artikel-Wortes eine Verbindung zwischen den Sprachen mit vorangestelltem und denen ohne jeden Artikel dar.

Zu beachten ist dabei, daß sich die Streuung lautlicher oder grammatischer Eigenschaften nicht aus der Dominanz irgendeiner Sprache erklären läßt, die insoweit als Quelle oder Vorbild dieser Eigenschaften verstanden werden könnte. Es wäre irrtümlich, wollte man annehmen, daß sich die Sprachen solcher Länder, die kulturell, soziopolitisch oder ökonomisch vorherrschen, auf Kosten der Sprachen solcher Nationen durchsetzen müßten, die in einer dieser Hinsichten schwächer und abhängiger sind. Oft genug geht der Einfluß in der umgekehrten Richtung. Schließlich wollen wir darauf hinweisen, daß solche Isoglossen im allgemeinen weitgehend mit anderen großen Linien zusammenfallen, die die geographische Anthropologie zeichnet. Diese oftmals unerwarteten Zusammenhänge müssen Gegenstand einer komplexen geographischen Untersuchung werden, im Einklang mit den Grundsätzen, die von Petr Nikolaevič Savickij (1895-1968) mit visionärem Weitblick für die strukturale Geographie aufgestellt worden sind.

Freilich gibt es in den Beziehungen zwischen Sprachen auch Erscheinungen, die dem linguistischen Konformismus, wie er am deutlichsten in den Sprachbünden zum Ausdruck kommt, zuwiderlaufen. Sprachen, die sich einer drohenden Unterwanderung durch Nachbarsprachen ausgesetzt sehen, entwickeln manchmal spezifische Züge, die sie von der Struktur der letzteren wiederum deutlich unterscheiden. So haben das Serbische und das Slovenische als einzige unter den slavischen Sprachen die Kategorie des Dual beibehalten und zum Teil sogar ausgebaut. Gerade diese beiden Sprachen waren von Germanisierung beziehungsweise Italianisierung bedroht gewesen. Alle in der Vergangenheit oder gegenwärtig unternommenen Versuche, die Frage von Zeit und Raum aus der Erforschung des linguistischen Systems auszuklammern, verwässern und vernichten die Dynamik des Systems selbst, in dem die umfassende Thematik von Zeit und Raum bereits virulent ist.

*Pomorska* – In dieser Zeit begegnet man bei den im Ausland lebenden russischen Gelehrten einem starken Interesse an der Frage, welche Funktionen dem geographischen Raum zukommen. Das Jahrbuch der russischen Eurasier, *Tridcatye Gody* [Die dreißiger Jahre][41], enthält 1931 etwa eine Studie von Ivan Savel'ev – in Wirklichkeit von Petr Bogatyrev – über die Rolle der Isolinien in der Folklore. Die Gedanken, die er darin über die Verbreitung und Vermischung der russischen Volksdichtung mit anderen folkloristischen Traditionen entwickelt, decken sich methodologisch völlig mit der Problematik der Sprachbünde. In derselben Sammlung veröffentlichte P. N. Savickij ein Kapitel seines Werkes über strukturale Geographie, das Sie bereits erwähnt haben; er konstatiert darin die besonderen Funktionen des immensen »Raumkontinuums«, das Rußland (und später die Sowjetunion) umfaßt. Und der Ethnograph E. D. Chara-Davan untersucht die Rolle, die der Steppenraum für die Lebensweise und die physische Entwicklung der Nomaden spielt.

Offenbar haben Ihre Arbeiten über die »phonologischen Sprachgemeinschaften« und besonders über den »eurasischen Sprachbund« den Kreis dieser Autoren beeinflußt und sich zugleich von ihm beeinflussen lassen. Ihre Texte legten den Grund für alle späteren linguistischen Abhandlungen über die Idee der Verwandtschaft, der Verschwisterung und der Entwicklung von Sprachen.

# IX. Die Zeit in der Systematik der Zeichen

*Pomorska* – Ihre Bemerkungen über die Rolle von Raum und Zeit in der phonologischen und grammatischen Analyse führen uns auf das noch komplexere Problem, wie sich die Beziehungen zwischen der Zeit und den literarischen Zeichen gestalten und in welchem Verhältnis das Thema der Zeit überhaupt zu den Zeichen steht.

*Jakobson* – Diese Frage nach dem Verhältnis zwischen Sprache und Zeit ist vielleicht die wesentlichste und fruchtbarste. Charles Sanders Peirce (1839-1914), der größte amerikanische Denker, hat in diesem Zusammenhang bekanntlich zwischen drei Zeichentypen unterschieden. Auf der einen Seite stehen *Index* und *Ikon*; beide beruhen auf einer *tatsächlichen* Verbindung von Signifikant und Signifikat. Der *Index* bezieht den Signifikanten mittels einer faktischen *Kontiguität* aufs Signifikat; das *Ikon* stellt die Verbindung über eine tatsächliche *Ähnlichkeit* her. Als den dritten Zeichentyp beschreibt er andererseits das *Symbol*, dem im Unterschied zu den beiden ersten keine tatsächliche, sondern eine präskriptive, konventionelle und erlernte Verbindung zwischen Signifikant und Signifikat zugrunde liegt. Das Symbol bezieht den Signifikanten also gerade vermittels einer präskriptiven, konventionellen Kontiguität aufs Signifkat. Im Gegensatz zu Index und Ikon ist das Symbol der Theorie von Peirce zufolge kein Objekt, sondern bloß ein Rahmengesetz, das den Raum für verschiedene kontextabhängige Anwendungsfälle eröffnet. Im Begriffssystem von Peirce sind die Zeichen der Sprache hauptsächlich Symbole, die aber gewisse indexikalische und ikonische Einschlüsse aufweisen.

Besondere Beachtung verdienen nun die Überlegungen, die Peirce zu diesen drei Zeichenkategorien, vor allem zu deren Verhältnis zur Zeitproblematik angestellt hat. In der Untersuchung, die den Titel *My chef-d'œuvre* trägt, faßt er das Ikon als fertiges Bild einer zurückliegenden Erfahrung, während der Index an eine gegenwärtige Erfahrung gebunden ist. Das Symbol, das stets mit einer allgemeinen Bedeutung versehen ist, beruht auf einem allgemeinen Gesetz: »Alles wirklich Allgemeine gehört einer unbestimmten Zukunft an, während die Vergangenheit vollendete Tatsachen schafft. Ein allgemeines Gesetz kann nicht gänzlich abgeschlossen sein; es stellt eine Möglichkeit dar, seine Seinsweise ist das *esse in futuro*.« Der Wert des Symbols, und insbesondere des sprachlichen, liegt in dem, »was es uns an prognostischen Möglichkeiten bietet«. Zwischen dem Wort und der Zukunft besteht also ein unauflöslicher Zusammenhang – so lautet eine der genialsten Thesen von Peirce. Denn das Symbol legt ja nur den Rahmen aller künftig möglichen Repliken fest, und der invariante Rahmen des literarischen Zeichens – seine allgemeine Bedeutung – erhält im Kontext jeder Antwort einen neuen, besonderen Sinngehalt. Der Kontext ist variabel, und jede seiner Veränderungen verleiht dem Wort eine neue Bedeutung. Darin liegt die schöpferische Kraft des literarischen Zeichens. Dank dieser Schöpferkraft bahnt sich das Zeichen einen Weg in eine unbestimmte Zukunft, nimmt sie vorweg, sagt sie voraus. Das sind im wesentlichen die Thesen, die die Wissenschaft über den kreativen Charakter der Sprache und im besonderen der poetischen Sprache aufgestellt hat.

# X. Der Begriff des Merkmals

*Pomorska* – Wenn wir von den verschiedenen Zeichen-Arten bei Peirce und von der Rolle sprechen, die ihnen in der Sprache zukommt, stoßen wir früher oder später auf die Opposition *merkmalhaft/merkmallos*. Denn aus der Peirceschen Systematik ergibt sich, daß das Symbol als die merkmallose Kategorie im Verhältnis zu Index und Ikon auftritt. Diese Frage hängt unmittelbar mit dem Problem des Binarismus zusammen, über den wir bereits gesprochen haben. Betrachtet man heute rückblickend die Entwicklung Ihres Systems, so scheint der Gedanke einer hierarchischen Abstufung von dem des Binarismus untrennbar; dennoch kam Ihnen die Idee, in der binären Opposition zwischen einer merkmalhaften und einer merkmallosen Seite zu unterscheiden, erst einige Zeit später. Ausgangspunkt der Diskussion über den Begriff der phonologischen Markierung ist ein Brief von Trubeckoj aus dem Jahre 1930.

Warum wurde dieser Begriff erforderlich, und wie ist er entstanden? Es handelt sich dabei ja um ein Konzept, das nicht nur in Phonologie und Grammatik, sondern mindestens ebensosehr in den übrigen Gebieten der Sprachforschung Anwendung findet. Sie selbst waren diesem Phänomen bereits auf dem Feld von Sozialanthropologie und Psychologie begegnet. Ihre Antwort auf den erwähnten Brief Trubeckojs stellt bereits eine sehr interessante Überlegung an: »Für Majakovskij war das Leben eine merkmalhafte Kategorie, die sich erst dann realisiert, wenn dafür hinreichend Gründe bestehen; in seinen Augen bedurfte nicht der Tod, sondern das Leben einer Rechtfertigung.« Die Anwendung dieser Kategorie der Markierung auf die literarische Prosa scheint sehr fruchtbar gewesen zu sein.

*Jakobson* – Die Werthierarchie und das abgestufte Verhältnis zwischen den beiden Termen einer Opposition war von Anfang an ein wesentliches Thema meiner Überlegungen und meiner wissenschaftlichen Arbeiten. Beim Vers drängte sich die Annahme einer hierarchischen Ordnung mit verschiedenen Stufen geradezu auf, und die Bedeutung dieser Erscheinung schlug sich dementsprechend auch in meiner Versinterpretation nieder. Schon seit Beginn der zwanziger Jahre gebrauchte ich den Begriff einer *merkmalhaf-*

*ten Zeit*, den ich einem Buch von P. Verrier entnommen hatte[42], worin er eine wichtige Rolle spielt. Das Prinzip einer subjektiven Zeit, die dem merkmallosen Zeitkontinuum gegenübersteht und sich deren objektiver Verlaufszeit im Vers überlagert, ermöglichte es mir, das gegenseitige Verhältnis zwischen Versmaß und Rhythmus zu begreifen, das seinerzeit Gegenstand vieler Diskussionen war. Die Opposition merkmalhaft/merkmallos gab mir die Mittel an die Hand, das drängende Problem der Beziehungen zwischen Invarianten und Variationen im Vers zu bewältigen.

Schon in meinem ersten Buch, *Novejšaja russkaja poèzija*, hatte ich darauf aufmerksam gemacht, daß zwischen zwei empirisch scheinbar synonymen Begriffen eine grundlegende Differenz bestehen kann. Ich bezog mich dabei auf den Unterschied zwischen einem Troglodyten, der sozusagen definitionsgemäß nackt ist, und einem heutigen Europäer, der sich erst entkleiden muß, um nackt zu sein. Dieser Vergleich machte mir die Differenz zwischen den Glossolalien religiöser Sektierer und der gewöhnlichen Rede verständlich: Befreit von jeder Bedeutung ist die Glossolalie ein merkmalhaftes Phänomen, das sich der Lautstruktur des bedeutungstragenden Diskurses sozusagen überlagert. Damit hatte ich zwar im Bereich der Poetik die Ungleichheit der beiden Terme einer Opposition erkannt; aber es dauerte noch einige Zeit, bis ich mir über das hierarchische Verhältnis zwischen den Ausdrücken eines binären Gegensatzpaares auch im phonologischen System klar wurde.

Im Dezember 1930 sollte auf Einladung des Prager Kreises ein internationales Treffen der Phonologen stattfinden. Bei der Vorbereitung eines Vortrags, den er auf diesem Kongreß halten wollte, fielen Trubeckoj, wie er mir schrieb, »beträchtliche Lükken« in unserer gemeinsamen Theorie der korrelativen Phoneme auf; »es handelt sich dabei sozusagen um den *inneren Gehalt* der Korrelation.« Trubeckoj kam zu der Einsicht, daß die binäre Opposition »im Sprachbewußtsein eine besondere Form annimmt: Man stellt die Anwesenheit eines bestimmten Merkmals seinem Fehlen (beziehungsweise das Maximum eines Merkmals seinem Minimum) gegenüber.« Er kam zu dem Schluß, daß man »nur einem der korrelativen Terme die Möglichkeit zuerkennen kann, tatsächlich verändert zu werden und positiv ein bestimmtes Merkmal zu besitzen; was den anderen Term angeht, so kann man von ihm nur sagen, daß er dieses Merkmal nicht besitzt, also nur eine passive Unveränderlichkeit aufweist.«

Als Antwort auf diesen Brief schrieb ich ihm im November: »Ihre Entdeckung, daß die Korrelation stets eine merkmalhafte und eine merkmallose Kategorie umfaßt, halte ich für eine Ihrer bedeutendsten und produktivsten Ideen. Ich glaube, daß dieser Gedanke nicht nur für die Linguistik, sondern auch für die Ethnologie und Kulturgeschichte von Belang sein wird. Korrelationen aus dem kulturhistorischen Bereich wie Leben/Tod, Freiheit/Unterdrückung, Sünde/gute Tat, Ferien/Arbeitstage usw. lassen sich immer als Verhältnis zwischen *a* und *non-a* fassen. Was den Inhalt der Kategorie des Merkmalhaften ausmacht, muß für jede Epoche, jede Gruppe und jedes Volk jeweils gesondert festgestellt werden. Ich bin davon überzeugt, daß sich viele ethnographische Phänomene, Weltanschauungen und dergleichen, die sich auf den ersten Blick zu ähneln scheinen, insofern unterscheiden, daß das, was in einem System die merkmalhaltige Kategorie ausmacht, in einem anderen gerade als Fehlen des Merkmals verstanden wird.«

In seinem Vortrag auf der Konferenz im Dezember behandelte Trubeckoj das Problem merkmalhafter und merkmalloser Elemente dann am Beispiel der phonologischen Systeme, während sich mein Exposé unter derselben Fragestellung der prosodischen Elemente annahm. In der Folgezeit beschäftigte ich mich – eigentlich bis zum heutigen Tage – mit der Frage des Verhältnisses zwischen Merkmal und Merkmallosigkeit in den Oppositionen der distinktiven Züge, wobei man ja die Abhängigkeit dieser Beziehungen von der Struktur des phonologischen Gesamtsystems in Rechnung stellen muß. Es wurde immer deutlicher, daß die Bestimmung des merkmalhaften und des merkmallosen Terms vor allem von der Zusammensetzung des Bündels distinktiver Eigenschaften als ganzem abhängt. Bei einer so grundlegenden Opposition wie etwa der zwischen den Eigenschaften *kompakt* und *diffus* muß man im konsonantischen System die erstere, im vokalischen System dagegen die letztere als merkmalhaft betrachten. Dieser Unterschied erklärt sich leicht aus der Tatsache, daß die optimalen Vokale kompakt, die optimalen Konsonanten dagegen diffus sind. Hier findet die berühmte These Antoine Meillets (1866-1936), die ich meinen *Remarques sur l'évolution phonologique russe* als erstes Motto vorangestellt hatte, ihre volle Berechtigung: »Jede sprachliche Tatsache ist Teil eines Ganzen, in dem sich alles gegenseitig trägt.«[43] In Amerika begann man sich erst zehn Jahre später für den »inneren Gehalt« der phonologischen Oppositionen, das heißt für die Bestimmung und Lokalisierung ihres besonderen Merkmals zu interessieren.

Ein Artikel von 1931 über die Struktur des russischen Verbums[44] bezeichnet den Beginn meiner bis in die jüngste Zeit fortgesetzten Bemühungen, das Problem von Merkmal und Merkmallosigkeit auf den Bereich der Grammatik und besonders der morphologischen Struktur zu übertragen. Ich bekam dabei die Gewißheit, daß hochkomplizierte Systeme wie Deklination und Konjugation eine einfache und klare Logik aufweisen, wenn man sie konsequent in ein hierarchisches Ensemble binärer Gegensätze zwischen merkmalhaften und merkmallosen Termen zerlegt. Als besonders fruchtbar erwies sich diese Methode bei der vergleichenden Unterschung mehrerer verschiedener Systeme, wodurch sich die grammatische Analyse einzelner Sprachen sehr vereinfacht. Gegenwärtig unternimmt man die ersten Schritte, eine morphologische Typologie der Sprachen zu erstellen und damit einen alten Traum der Sprachforscher zu verwirklichen. Mit Hilfe der dabei schon gewonnenen Hinweise können wir mit größerer Genauigkeit als bisher die grammatischen Universalien herausarbeiten und definieren.

Die Auffassung der binären Oppositionen auf jeder Ebene der Sprachstruktur als Verhältnis zwischen einem Merkmal und dessen Fehlen ist letztlich eine logische Konsequenz aus der Idee, daß das gesamte Sprachsystem in allen seinen Verzweigungen und Erscheinungen von einer hierarchischen Ordnung getragen wird. Skeptiker behaupten, die Verteilung der Kategorien *merkmalhaft* und *merkmallos* unter die Gegensatzpaare gehorche nur der subjektiven Willkür des Forschers. Diese Verteilung äußert sich jedoch im System der Sprache selbst, und es ist vollkommen objektiv, sie im Rahmen einer linguistischen Untersuchung zu isolieren. Gewiß ist es schwieriger, in einem bestimmten Gegesatzpaar zu bestimmen, welcher der beiden oppositiven Terme die Markierung trägt; aber wie sich an verschiedenen Beispielen zeigen läßt, wird es einer gründlicheren Analyse immer gelingen, mit solchen Problemen fertigzuwerden.

Auf phonologischer Ebene hängt die Lokalisierung des merkmalhaften Terms in einer gegebenen Opposition von der Beziehung ab, in der dieser Gegensatz mit anderen Oppositionen des phonologischen Systems steht, das heißt mit denjenigen distinktiven Eigenschaften, die ihm (im Sinne einer zeitlichen Simultaneität oder Sukzession) benachbart liegen. Handelt es sich um grammatische Oppositionen, so ergibt sich die Unterscheidung zwischen merkmalhaftem und merkmallosem Term aus der allgemeinen Bedeutung jeder der verglichenen Formen. Die generelle Bedeutung des merkmalhaften Ausdrucks liefert im Vergleich zu der des merkmallosen eine präzisere, spezifischere und weitergehende Information.

Beispielsweise ist in Sprachen, in denen sich zwei grammatische Zeiten, nämlich Vergangenheit und Gegenwart gegenüberstehen, die erste stets merkmalhaft und die zweite merkmallos. Die allgemeine Bedeutung der Vergangenheit liegt in der Vorzeitigkeit der ausgesagten Handlung gegenüber dem Akt der Äußerung, während die allgemeine Bedeutung des Präsens keine solche zeitliche Beziehung zwischen zwei Handlungen herstellt. Das Präsens wird in der Sprache dann verwandt, wenn die betreffende Handlung zur gleichen Zeit wie der Akt der Äußerung stattfindet; sie kann aber auch von unbegrenzter Dauer sein, dem Akt der Äußerung vorausgehen (»Napoleon stirbt 1821«) oder auch erst in der Zukunft liegen (»Morgen verlasse ich die Stadt«). Im Gegensatz dazu können die Formen der Vergangenheit – außer in einer sehr manierierten Redeweise – einzig vergangene Handlungen bezeichnen.

Die Entdeckung dieser Tatsachen verdanken wir Lucien Tesnière[45] (1894-1954), einem Meister der strukturalen Linguistik, der dem Programm und der Tätigkeit des Prager Linguistenkreises sehr nahestand. Von dieser Konzeption ausgehend, ist es ihm nahezu gelungen, ein System des französischen Verbums und darüber hinaus eine Reihe von Prinzipien für eine allgemeine Syntax zu entwickeln. Gegenwärtig wird an diesen Problemen beharrlich gearbeitet; dabei geht es zunächst darum, die Hauptziele bei der Analyse und Darlegung der fundamentalen grammatischen Struktur zu bestimmen. Gleichwohl darf man dabei niemals aus dem Blick verlieren, daß die Unterscheidung grammatischer Prozesse von einem Unterschied zwischen grammatischen Begriffen abhängt – ein charakteristisches Phänomen, das die Sprachanalyse beachten muß.

## XI. Der Parallelismus

*Pomorska* – Vom binären Aufbau des Systems und seinen merkmalhaften Bestandteilen kommen wir zur Frage des Parallelismus. Es handelt sich dabei um ein wichtiges, wenn nicht sogar um das wichtigste Element der Dichtkunst. Der Parallelismus, eine der frühesten Ihrer wissenschaftlichen Passionen, ist eine binäre Kombination und stellt – wie Sie stets betonen – ein Gleichgewicht, nicht etwa eine Identität her. Aber auch der Begriff des Gleichgewichts löscht die Ungleichheit der beiden Terme gewissermaßen aus und ebnet die Hierarchie ein, die dem einen Ausdruck einen Vorrang geben sollte. Wie steht es dann mit der Merkmalhaftigkeit eines Terms in einem solchen Paar?

Und gleich noch eine wichtige Frage: Nach welchen Kriterien werden die äquivalenten Elemente ausgewählt, und wo liegen die Grenzen dabei? In Ihrer grundlegenden Studie *Grammatical Parallelism and its Russian Facet*[46], die 1966 in der Zeitschrift *Language* erschien, stellen Sie das Problem indirekt in Form von Fragen, die ein Forschungsprogramm enthalten: es sei zu untersuchen, »ob, wie weit und worin sich die positionell entsprechenden Größen gleichen« und »welche (...) Kategorien (...) innerhalb eines gegebenen Musters als äquivalent gelten (können)«.

Sie haben zwar gezeigt, daß »gewisse Ähnlichkeiten (...) obligat oder besonders bevorzugt sind«, wozu Sie auf das Beispiel der Liedfassung einer Erzählung aus dem 17. Jahrhundert, *Gorezloščast'e* [Ein schmerzliches Unglück], verweisen konnten; mit diesem Text haben Sie sich über Jahre hinweg beschäftigt. Trotzdem gibt es offenbar eine Reihe von Fällen, in denen der Forscher nur mit Mühe die semantische Gemeinsamkeit der konstant gebliebenen Elemente eines Paares bestimmen oder nicht einmal sagen konnte, worin der Parallelismus eigentlich besteht. Deutlich wird das in dem kürzlich erschienenen, sehr schönen Buch von James Fox[47], worin er sich bemüht, die hochkomplexe Semantik des durchgängigen Parallelismus in der Volksdichtung der Bewohner von Roti zu entschlüsseln. Die Untersuchung solcher Fragen ist faszinierend; sie läßt eine ganze Reihe neuer Funde erwarten und wird möglicherweise zu neuen methodologischen Richtlinien führen. Umso schwieriger ist es andererseits, das

Wesen des Parallelismus in neueren Werken zu bestimmen, zumal wenn es sich um moderne, namentlich poetische Texte handelt. Anders als in der Volksdichtung gibt es in solchen Texten kein durchgängiges Paarsystem, so daß der Forscher bei der Bestimmung der äquivalenten Paare manchmal auf Vermutungen angewiesen ist.

Welchen Weg hat Ihre Erforschung des Parallelismus genommen? Welche Rolle kam dabei den Fragen der Phonologie zu? Sie haben einmal erwähnt, Sie hätten das *Gore*-Lied schon 1917 in Baku zu analysieren begonnen.

*Jakobson* – Die Thematik des Parallelismus ist nahezu unerschöpflich, und wahrscheinlich hat mich im Verlauf meines gesamten wissenschaftlichen Werdegangs keine andere Frage mehr bewegt. Schon 1915, zu Beginn meiner Studentenzeit, hatte der Moskauer Linguistenkreis den Vers der russischen Folklore zu seinem ersten Forschungsobjekt erkoren: die Volksdichtung mit ihren verschiedenen Arten des Rezitativs und vor allem die epische Form, die wahrscheinlich die älteste und – wie wir damals schon fühlten – unter den Schätzen der mündlichen russischen Dichtung wahrscheinlich die archaischste Form ist. Wir analysierten und diskutierten die verschiedenen Fassungen dieses Gedichts aus jener bedeutenden Textsammlung epischer Volkslieder, die im 18. Jahrhundert angeblich von Kirša Danilov zusammengetragen worden ist – sein Name taucht in dem Manuskript auf –, und die einige Gelehrte im Jahre 1902 neu veröffentlicht hatten. Außerdem setzte die Moskauer Universität 1915 den Buslaev-Preis – es handelt sich um den berühmten Linguisten und Folkloristen – für die Erforschung der Sprache der *byliny* aus. Das sind epische Gedichte, die aus dem Norden Rußlands stammen und zu Beginn des Jahrhunderts von dem Gelehrten Aleksandr Dmitrievič Grigor'ev (1874-1945) in der Flußebene des Mezen aufgezeichnet worden sind. Bei der Arbeit an diesen Texten stieß ich erneut auf die verschiedenen Probleme, die der Vers des russischen Volksepos stellt und die in den damaligen wissenschaftlichen Abhandlungen keineswegs zufriedenstellend gelöst worden waren. Schließlich hatte ich 1915 Gelegenheit, die ausgezeichnete alte Erzählerin Marija Krivopolenova (1843-1924) zu hören, die man aus dem Gouvernement Arkhanguelsk nach Moskau geholt hatte, um sie dort epische Dichtung vortragen zu lassen. Dabei konnte ich die Beobachtungen, die ich am epischen Vers gemacht hatte, erhärten. In der Folgezeit sah ich mich mehrmals genötigt, auf die Fragen der russischen *byliny* zurückzukommen. Die vergleichende Analyse ihrer prosodischen Struktur erlaubte es mir später, diesen Vers bis auf die gemeinslavische und sogar indoeuropäische Versifikation zurückzuverfolgen. Dank dieser Untersuchungen konnte ich auch das Alter und vor allem den historischen und mythologischen Hintergrund ihrer literarischen Themen aufklären. Allerdings beschränkten sich meine Studien zur mündlichen Tradition des russischen Volkes nicht auf diese Fragen.

Seit meiner Studentenzeit faszinierte mich die immer deutlicher hervortretende innere Organisation, die der Vers der russischen Volkslieder aufweist, insbesondere der Parallelismus, der benachbarte Verse durchgehend verbindet. Ich mußte mit Erstaunen feststellen, daß sich die Spezialisten der russischen Folklore für diese Tatsache fast überhaupt nicht interessierten. Schließlich war diese Art einer konsequenten Textorganisation durch Verspaarbildung von der biblischen Versifikation her wohlbekannt; selbst der Begriff Parallelismus wurde vor genau zweihundert Jahren von dorther übernommen: Man übertrug ihn auf die ebenso regelmäßige, parallele Versanordnung im finnischen Epos.

Trotz seiner größeren Freiheit und Veränderlichkeit folgt auch der Parallelismus der russischen Dichtung streng diesen Systemen. 1917 unternahm ich in diesem Sinne eine Analyse, die sich mit einem einzelnen Text aus der Sammlung von Kirša Danilov beschäftigte, welcher auf der Grenze zwischen Lyrik und Epos steht. Es handelt sich dabei um ein kurzes, insgesamt einundzwanzig Verse umfassendes Stück aus dem bemerkenswerten Gedichtzyklus über das Unglück. Ich hatte versprochen, darüber einen Artikel für das dritte Heft des *Sbornik po teorii poèticeskogo jazyka* – einer Schriftensammlung zur Theorie der poetischen Sprache, die dem OPOJAZ vorausging – zu schreiben. Die Sammlung ist 1919 auch tatsächlich erschienen, ohne meinen Artikel übrigens; ich betrachtete ihn zu Recht nur als eine unvollständige Skizze, die der Überarbeitung bedurfte, sobald die Prinzipien der linguistischen Analyse einmal genauer formuliert werden konnten. Ich ließ den Gedanken eines neuen Zugangs zu den einundzwanzig Versen über *Gram und Unglück* in der

Fassung von Kirša daraufhin ein halbes Jahrhundert lang reifen. Erst in meiner Monographie über den grammatischen Parallelismus und seine russische Spielart kam ich darauf zurück; der Artikel ist 1966 in der amerikanischen Zeitschrift *Language* erschienen. Allerdings ist in meinen Augen auch diese Monographie nur eine Skizze, nur eine Einführung.

Einer der aufregendsten Dichter des vorigen Jahrhunderts, Gerard Manley Hopkins (1844-1889), zugleich einer der faszinierendsten Theoretiker der Dichtkunst[48], schrieb 1865 als junger Student – hundert Jahre vor meinen eigenen Versuchen: »Ein Gutteil der poetischen Technik, vielleicht könnte man sogar sagen: der ganze Kniff der Poesie liegt im Prinzip des Parallelismus. Die Struktur der Dichtung ist die eines durchgängigen Parallelismus, dessen Spannweite vom sogenannten technischen Parallelismus in der hebräischen Dichtung und den Antiphonen der sakralen Musik bis zu der Vielschichtigkeit des griechischen, italienischen oder englischen Verses reicht.« Hopkins nahm ganz zu Recht an, »man werde überrascht sein zu erfahren«, daß »der Parallelismus des Ausdrucks« eine wichtige, wenn auch noch verkannte Rolle in unserer Dichtung spielt.

Ein solches System durchgängiger Entsprechungen weist mehrere Ebenen auf: Korrespondenzen können in der Komposition und Anordnung syntaktischer Konstruktionen, grammatischer Formen und Kategorien auftreten, aber auch als lexikalische Synonyme, als Wiederholungen ganzer Wörter sowie in der Zusammenstellung von Lautverbindungen und prosodischen Schemata. Ein solches System verleiht den parallelisierten Versen klare Homogenität und Vielfältigkeit zugleich. Die vollständige Matrix läßt die lautlichen, grammatischen und lexikalischen Formvariationen und Bedeutungen überzeugend hervortreten.

Schon in meiner Kritik an dem Buch von Wolfgang Steinitz über den Parallelismus in der finnisch-karelischen Dichtung[49] – seine Studie erschien 1934 und eröffnete damals ganz neue Perspektiven – hatte ich festgestellt, daß die Analyse zumal einzelner Verse noch vertieft werden müsse. Offensichtlich bilden sie Paare und verhalten sich ursprünglich parallel zueinander, was der Forscher nicht immer bemerkt. Vor dem Hintergrund ständiger Variationen werden die wiederholten Einheiten unvergleichlich viel faßlicher. Eine parallel verlaufende und ähnlich gegliederte Anordnung im Rahmen eines Verspaares erhöht die Aufmerksamkeit für alle

Ähnlichkeiten und Unterschiede, die zwischen den beiden Versen eines Paares und zwischen den Hemistichen eines Verses auftreten. Mit anderen Worten, sie verleiht jeder Ähnlichkeit und jedem Kontrast besonderes Gewicht. Man wird sogleich der Verbindung zwischen äußerer Form und Bedeutung gewahr, und sobald man einmal die Ähnlichkeiten und Kontiguitäten in einem parallel verlaufenden Verspaar aufgenommen hat, erwächst von selbst das Bedürfnis, eine sei's auch unbewußte Lösung auf die Frage zu finden: Was verbindet diese beiden parallelen Verse? Ist es eine Verknüpfung durch Ähnlichkeit oder Kontrast? Und wenn es sich um eine Kontiguitätsassoziation handelt, ist die Berührung eine räumliche oder zeitliche? Endlich stellt sich die für das Verständnis des Verses entscheidende Frage: Welche Hierarchie besteht zwischen den parallelisierten Einheiten, welche Einheit ist von der anderen abhängig – anders gesagt, welche ist Vehikel, welche Träger? Die Terminologie der Rhetorik ist durchaus angebracht. Wodurch wird die betreffende Beziehung nahegelegt – durch den Versinhalt, die bloße Tatsache des Vorrangs eines Verses vor dem anderen oder durch die Stellung, die das Verspaar im Zusammenhang einnimmt?

Eine derartig komplexe Orchestrierung von Teilen und Ganzem erweist zweifellos die Haltlosigkeit der Behauptungen, die die parallelistischen Systeme im Vers für arm und monoton erachten. Die weite Verbreitung der Parallelensysteme in der mündlichen und schriftlichen Prosa überall auf der Welt – was vielleicht sogar auf deren Ursprünglichkeit hindeutet; man denke an die jahrhundertelange Dominanz des Parallelismus in der chinesischen Versbildung – erklärt sich aus den schöpferischen Möglichkeiten, die die enge poetische Kombination von Vereinigung und Entgegensetzung bietet. Überall auf der Welt entdecken die Forscher ständig neue Systeme der mündlichen Schöpfung auf der Grundlage parallelistischer Regeln. Darüber hinaus verdanken wir den Forschungen von Anthropologen, die sich – wie James Fox – die Grundsätze der linguistischen Methodologie zueigen gemacht haben, die Entdeckung jener engen Beziehung, die der Parallelismus zwischen Dichtung, Mythologie und Ritus knüpft. Seine Rolle in der mythischen Überlieferung und Neuschöpfung macht die ungeahnte Bandbreite möglicher Struktureigenschaften des Parallelismus deutlich. Gerade auf den verschiedenen Ebenen der Kulturanthropologie zeigen sich immer häufiger binäre Strukturen. Hier bestehen also verlockende Aussichten auf eine interdisziplinäre Erforschung des Parallelismus.

Wenden wir uns wieder der mittlerweile dringlich gewordenen Aufgabe zu, die uns Hopkins gestellt hat: die Untersuchung des Parallelismus auch in solchen Systemen der poetischen Schöpfung anzugehen, in denen kein codierter, sondern nur latenter Parallelismus am Werke ist. Man denke an das aufregende Abenteuer, auf das sich Saussure mit seiner genialen »Poetik der Laute« [*poétique phonisante*] eingelassen hat – eine Erfahrung, von der seine monumentale Arbeit über die Anagramme Zeugnis ablegt. Leider sind ja nur einige Auszüge daraus publiziert worden[50]. Dieses Werk zeigt uns deutlich, daß die dichterischen Strukturen – anders als in der gewöhnlichen Sprache und, wie wir hinzufügen wollen, auch anders als im codierten Parallelismus – mit dem Prinzip der zeitlichen »Konsekutivität« brechen, so daß sich das System der lautlichen und grammatischen Entsprechungen, zumal der binären Korrespondenzen, sehr frei verteilen kann. In den Worten Saussures: »Es wird sofort zugestanden, daß für ein Paar im folgenden Vers und sogar im Bereich mehrerer Verse Ausgleich geschaffen werden kann.« Darüber hinaus läßt sich unter diesen Umständen eine Opposition zwischen den verbundenen und solchen Einheiten aufstellen, die gar keinem Paar zugehören und gerade wegen ihres einmaligen Vorkommens herausragen, da sie sich von der Menge der Paare abheben.

*Pomorska* – Welche Rolle spielt der Parallelismus nun in der Prosadichtung? Ganz zu schweigen von der sogenannten rhythmischen oder auch der biblischen Prosa. Manche Forscher nehmen an, daß sich Ihr Prinzip des Parallelismus als einer Struktur, die die gesamte Poesie umfaßt, auch auf die Prosa ausdehen läßt, nur mit dem Unterschied, daß dieses Prinzip in der Prosa auf größere Komponenten als im Vers anzuwenden wäre. Andere meinen dagegen, das Vorkommen eines Parallelismus in der Prosa widerspreche Ihrer eigenen Definition der Prosa als einer ausnehmend metonymischen und der Poesie als einer eminent metaphorischen Bildung. Daß es in der Prosa Parallelismen gibt, ist allerdings nicht zu bestreiten. Schon die ersten Formalisten haben diese Tatsache herausgearbeitet; manche noch recht unbeholfen, andere – wie Petr M. Bicilli – mit viel Geschick. Vor allem bei den Personen und ihren Charakterzügen konnten sie obligatorische Paare nachweisen. Aber neben solchen großen, ins Auge springenden Bauelementen lassen sich ohne weiteres auch noch andere, abstraktere thematische Einheiten entdecken. Manchmal stößt man sogar auf Parallelstrukturen, die ein ganzes Œuvre durchziehen, zum Beispiel die Parodien Gogols oder die moralisierenden Erzählungen Tolstojs, die freilich noch auf die eine oder andere Weise zur Volksdichtung rechnen. Ich möchte das Problem systematischer und prinzipieller stellen: Läßt sich in bezug auf den Parallelismus eine Grenze zwischen *versus* und *provorsa* ziehen? Wie sieht dieses Verhältnis im Lichte Ihrer Theorie aus, nach der die Struktur der Prosa auf dem Prinzip der Kontiguität und die Struktur der Poesie auf dem der Ähnlichkeit beruht?

*Jakobson* – Der Parallelismus ist kein Privileg der poetischen Sprache, ganz und gar nicht. Mehrere Typen literarischer Prosa gehorchen in ihrem Aufbau dem Prinzip eines konsequenten Parallelismus, doch auch dabei trifft *mutatis mutandis* die Bemerkung von Hopkins zu: Noch in der freiesten Komposition von Prosawerken wird der Forscher überraschend einen untergründigen Parallelismus feststellen, nur daß die Parallelstrukturen dort unregelmäßig sind und nicht unbedingt dem Grundprinzip der Aufeinanderfolge in der Zeit gehorchen. Wie dem auch sei, es gibt jedenfalls eine beträchtliche hierarchische Abstufung zwischen dem Parallelismus im Vers und in der Prosa. In der Poesie gibt der Vers selber die parallelistische Struktur vor: die prosodische Gliederung des Verses als solche, die melodische Einheit und die Wiederholung einer ganzen Zeile beziehungsweise ihrer metrischen Bausteine fordern eine parallele Verteilung der grammatischen und lexikalischen Bedeutungselemente, und der Laut beherrscht zwangsläufig den Sinn. In der Prosa sind es umgekehrt vor allem semantische Einheiten verschiedenen Umfangs, die die parallelen Strukturen organisieren. Hier beeinflußt der Parallelismus der durch Ähnlichkeit, Kontrast oder Kontiguität verknüpften Einheiten aktiv den Aufbau der Intrige, die besonderen Eigenheiten von Subjekten und Objekten der Handlung sowie die Aufeinanderfolge der Themen der Erzählung.

Die literarische Prosa nimmt zwischen Poesie und praktisch-kommunikativer Umgangssprache eine Vermittlungsposition ein, und man darf nicht vergessen, daß ein solches »mittleres« Phänomen sehr viel schwieriger zu analysieren ist als die beiden Extreme. Das heißt natürlich nicht, daß man darauf verzichten müßte, die strukturalen Eigenschaften von Prosaerzählungen zu untersuchen; man muß nur eben die Methoden verfeinern und darf nicht aus dem Blick verlieren, daß die literarische Prosa nicht homogen ist, sondern stets in verschiedenem Grade zwischen Poesie und Umgangssprache hin- und herpendelt. Als ersten Schritt hätten wir die Besonderheiten der folkloristischen Prosa zu bestimmen, die gegenüber der literarischen Prosa einzelner Autoren mit all ihren Stilunterschieden viel stabiler und klarer ist. Je mehr sich die individuelle Prosa der Volksdichtung nähert, desto beherrschender werden die Parallelismen. Lev Tolstoj stellt in einem Grundsatzartikel von 1862 folgende Frage: »Wie hat man vorzugehen: müssen wir die Bauernkinder schreiben lehren, oder müssen wir es nicht eher von ihnen lernen?« Nachdrücklich vertrat Tolstoj die Ansicht, Geschichten von Kindern überträfen selbst Goethes Hauptwerke, und er selbst bemühte sich in seinem Werk, der »kindlichen Weisheit« nahezukommen, indem er ebenso geradlinig und deutlich wie die Folklore Parallelismen verwendete.

Natürlich wird die Auffälligkeit poetischer Parallelen durch Lautstrukturen und vor allem durch prosodische Techniken außerordentlich begünstigt; allerdings ist diese Wirkung manchmal sehr schwach. Um nur ein Beispiel zu nennen: Bei der Lektüre des Liedes über den Gram in der Sammlung von Kirša Danilov bemerkte ich erst spät, wo dort eigentlich die Parallelen zwischen den Versen beziehungsweise Verspaaren liegen. In der ersten Hälfte des Gedichts stehen sich benachbarte Strophen, in der zweiten benachbarte Verse gegenüber. Im Eingangsteil, der in unpersönlicher Form gehalten ist, wechseln regelmäßig Strophen, in denen eine der beiden ersten Hebungen auf die betonte Endsilbe eines Wortes fällt, mit solchen Strophen ab, in denen dieses Phänomen nicht auftritt. Was den zweiten, in persönlicher Form gehaltenen Teil angeht, so alternieren dort Verse, in denen die erste Hebung auf eine betonte Endsilbe fällt, mit Versen, in denen diese Hebung auf eine betonte vorletzte Silbe fällt. So konnte ich ein weiteres Mal die Richtigkeit und Fruchtbarkeit des Gedankens feststellen, den der Linguist Lev Vladimirovič Ščerba ausgesprochen hat: Die Philologie ist eine Wissenschaft der langsamen, wiederholten Lektüre. Offenkundig schärft der systematische Kontrast bei der Verteilung der Betonungen und der Wortgrenzen unseren Blick für alle Erscheinungen des lautlichen und grammatischen Parallelismus.

Eine gründliche linguistische Analyse vermag sämtliche Äußerungen des poetischen Parallelismus zu erfassen. Umgekehrt ist der poetische Parallelismus eine wertvolle Stütze bei der linguistischen Analyse der Sprache. Er liefert uns genaue Hinweise, welche grammatischen Kategorien und welche Elemente syntaktischer Strukturen von einer bestimmten Sprachgemeinschaft als äquivalent betrachtet werden und demnach parallelisiert werden können. So zeigen uns slavische Texte ebenso wie die Bibel, daß in zwei parallelen Sätzen Vokativ und Imperativ dieselbe Stellung einnehmen können: Trotz der Verschiedenheit zwischen Deklinations- und Konjugationsformen überwiegt der beiden Kategorien gemeinsame konative Charakter. Ebensowenig wird der Parallelismus zweier Sätze dadurch beeinträchtigt, daß einer von ihnen ein prädikatives Verb enthält, während der andere das Prädikat elliptisch ausfallen läßt, also ein Nullprädikat besitzt.

Für den Forscher, der den poetischen Parallelismus in solchen Sprachsystemen untersuchen will, deren Sprachdenken von dem seinen stark abweicht, kann der grammatische Parallelismus eine wertvolle Hilfe darstellen: Mit ihm lassen sich die entscheidenden grammatischen Züge bestimmen, die jenen auf den ersten Blick so verschrobenen Systemen zugrundeliegen. Die in einem solchen Parallelensystem eventuell auftretenden semantischen Ähnlichkeiten liefern einen Schlüssel zu der Frage, wie die betreffende Sprache ihr semantisches Netz knüpft und welche Besonderheiten das Sprachdenken jener Gemeinschaft aufweist. Allerdings muß man bei solchen Schlüssen von sprachlichen Eigentümlichkeiten auf das linguistische Denken sehr vorsichtig sein. Auf jeden Fall aber haben die verschiedenen Untersuchungen des Parallelismus, der der alten chinesischen Dichtung zugrundelag, zu vielen lehrreichen Ergebnissen geführt und den Weg zu neuen Entdeckungen geebnet.

# XII. Poesie und Grammatik

*Pomorska* – Zu den Elementen, aus denen sich Äquivalenzpaare bilden lassen, rechnen Sie auch die grammatischen Kategorien. Die bahnbrechende Neuerung, die die Poetik Ihnen verdankt, besteht ja eben darin, die besondere Rolle aufzuweisen, die die Grammatik in der Poesie spielt. Diese Forschungen fallen überwiegend in die Zeit, die Sie in Amerika verbracht haben. Trotzdem scheinen Sie sich auch schon während Ihrer Prager Jahre für solche Fragen interessiert zu haben, als Sie mit der Überarbeitung einer Puškin-Übersetzung ins Tschechische beschäftigt waren. Wahrscheinlich haben Sie damals den Eindruck gewonnen, bestimmte Kategorien einer natürlichen Sprache ließen sich nicht in eine andere übersetzen. Ihr Artikel *On Linguistic Aspects of Translation* von 1958 nimmt diesen Gedanken wieder auf und behandelt ihn als ein besonderes theoretisches Problem[51]. Sie schlagen darin verschiedene *Interpretations*verfahren vor, die an die Stelle der wörtlichen Übersetzung linguistischer Einheiten *(code-units)* treten sollen. In einem noch späteren theoretischen Artikel von 1968, *Poetry of Grammar and Grammar of Poetry*[52] stützen Sie sich auf die Analyse zahlloser poetischer Texte in verschiedenen Sprachen, um eine von amerikanischen Linguisten formulierte Idee auszuarbeiten und in einen größeren Zusammenhang zu stellen: den Gedanken nämlich, daß es grammatische Kategorien gibt, die für eine jeweilige Sprache obligatorisch sind. Anscheinend besteht eine enge Verbindung zwischen dem obligatorischen Charakter dieser Kategorien und der Unmöglichkeit, sie zu übersetzen. Wenn ich nicht irre, diente Ihnen dieser Gedankenkomplex als Ausgangspunkt für Ihre definitiven Schlußfolgerungen über die besondere Rolle der Grammatik in der Poesie?

*Jakobson* – Eigentlich waren es verschiedene Umstände, die mich veranlaßt haben, das Problem der Grammatik in der Poesie anzugehen. Zunächst einmal die Schwierigkeiten, auf die ich bei der Überarbeitung einer Neuübersetzung der lyrischen, epischen und dramatischen Verse Puškins ins Tschechische stieß. Die Übersetzung sollte zum hundertsten Todestag des Dichters (1837) herauskommen und war von den besten tschechischen Dichtern besorgt worden. Sowohl das Versmaß als auch die Reimkombinationen waren im Tschechischen offenbar genau nachgebildet worden, und auch die Tropen, die Redefiguren und der Stil schienen angemessen wiedergegeben. Trotzdem war nicht zu leugnen, daß die Übersetzung »hinkte«. Ich verglich den *Ehernen Reiter*, in dem Puškins überragendes Können zum Ausdruck kommt, mit der tschechischen Version von Bohumil Mathesius (1888-1952) und der polnischen Fassung von Julian Tuwim (1894-1953), einem ausgezeichneten Übersetzer und Dichter – und hatte das lebhafte Gefühl, daß die Übersetzung holperte und die schönsten Verse des Originals matt und stumpf geworden waren. Eine Erklärung dieses Phänomens fand ich darin, daß in Verssystemen, die auf einem grammatischen Parallelismus fußen, der grammatische Bau ein Eigengewicht besitzt. In den Lehrbüchern der Literaturtheorie, wie wir sie auf dem Gymnasium und der Universität lasen, war nur von einer Poesie ohne Bilder die Rede: die Gedanken und der emotionale Gehalt sollten gewissermaßen allein über das Wesen eines Textes und seinen Wert entscheiden. Gerade in diesem Punkt hat uns die Linguistik die Augen geöffnet. Der Sprachwissenschaft verdanken wir die mit unserer und ihrer Entwicklung wachsende Einsicht, daß das System und die Organisation der grammatischen Bedeutungen im sprachlichen Denken und in der verbalen Kommunikation eine grundlegende Rolle spielen.

1919 ging ich daran, den Reim zunächst am Beispiel Chlebnikovs und dann Majakovskijs zu untersuchen. Ich hatte übrigens Gelegenheit, mit diesem Dichter ganz spontan, im Garten seiner Datscha sitzend, über seine poetischen Verfahren zu diskutieren. Bei dieser Untersuchung wurde mir endgültig klar, daß die Frage des Verses von der seiner Lautmaterie und dem Problem der Grammatik nicht zu trennen ist. Damals in Puškino, wo Majakovskij bald seinen »Dialog mit der Sonne« führen sollte, kam ich auf den Gedanken, daß es im Reim eigentlich keinen Agrammatismus gibt, sondern nur zwei Pole: einerseits den grammatischen Reim, der auf einer harmonischen, ähnlichen oder identischen morphologischen Verbindung beruht, und andererseits den antigrammatischen Reim, in dem es keine solche Verbindung gibt, sowie verschiedene Übergangsformen zwischen diesen beiden Polen, in denen sich beide Arten von Reimen kombinieren. Es galt eben nur zu begreifen, daß im anti-grammatischen Reim der Bezug auf die Grammatik nicht weniger intensiv erfahren wird als im grammatischen. Ein Gegensatz betont die simultane Präsenz von lautlicher und grammatischer Ebene nicht weniger als eine Übereinstimmung.

Ende der fünfziger Jahre kam ich dann zu den Grundfragen des Zusammenhangs zwischen Linguistik und Poetik. Ich hatte schon bei früheren Gelegenheiten wiederholt die allgemeinen Probleme einer solchen Untersuchung dargelegt, bevor ich dann 1960 meine Thesen in dem Sammelband *Style in Language* veröffentlichte[53]. Ich sah mir eine Vielzahl poetischer Werke daraufhin an, wie in ihnen die einzelnen grammatischen Kategorien verteilt sind und welche künstlerische Rolle ihnen darin zukommt. Anfangs war ich überrascht, bei den verschiedensten Dichtern aller Epochen und Völker stets eine symmetrische und regelmäßige Anordnung der grammatischen Oppositionen zu finden. Bei jedem Schritt wurde mir deutlicher, daß die grammatischen Kategorien entweder durch Verdopplung oder Kontrastwirkung eine kompositorische Rolle spielen.

Die »grammatischen Figuren« im Sinne von Hopkins erwiesen sich für die Poetik als ebenso wichtig, lebendig und folgenreich wie die »Lautfiguren«. Um jede Voreingenommenheit auszuschalten, wählte ich Texte nach dem Zufallsprinzip aus oder analysierte Beispiele, die mir meine Studenten und Kollegen während meiner Vorlesungen zu diesem Thema unterbreiteten. Manche Hörer weigerten sich anfangs zu glauben, daß derartige grammatische Figuren bei so ungleichen Dichtern auftreten könnten. Nach einem meiner Vorträge meinte ein Professor für englische Literatur, er bezweifle ganz entschieden, daß sich in Shakespeares Sonett 129 eine auf grammatischen Kategorien beruhende poetische Organisation nachweisen lasse. Noch am selben Abend machte ich mich daran, diese Strophen zu untersuchen, und kurz darauf veröffentlichten Lawrence Jones und ich unsere Untersuchungsergebnisse: eindeutige und präzise Tatsachen, die wir selbstverständlich auch in diesem Sonett gefunden hatten[54]. Ein brillanter Artikel von Ivor Richards (1893-1979), einem ausgezeichneten Kenner von Poesie und Poetik, konnte diese Hinweise noch bedeutend präzisieren. Überall erschienen nun in den verschiedensten Zeitschriften die grammatischen Analysen, die ich englischen, deutschen, französischen, italienischen, portugiesischen, rumänischen, griechischen, russischen, tschechischen, slovakischen, polnischen, slovenischen, serbokroatischen, bulgarischen und altslavischen Versen gewidmet hatte. Insgesamt umspannten meine Untersuchungen elfhundert Jahre Poesie auf der ganzen Welt. Dazu kommen noch einige Studien, die ich in meinen Vorlesungen entwickelt und dargestellt habe; sie reichen von altjapanischen Versen über die Experimente von Cummings bis zur »konkreten Poesie« der Amerikaner und zu den Werken der russischen Avantgarde.

Im wesentlichen waren es immer wieder dieselben Grundsatzfragen, die mir meine Hörer und Leser stellten und die in der Hauptsache um fünf Themen kreisten. So wurde ich gefragt, warum sich meine Analysen stets auf kurze Gedichte – zwischen einer Strophe und ein paar Dutzend Versen – beschränkten. Zweifellos spielt die Grammatik auch bei längeren Gedichten eine wesentliche Rolle. Doch die Gesetze, die die Organisation größerer poetischer Texte beherrschen, unterscheiden sich in mancher Hinsicht von den Strukturgesetzen kurzer Gedichte, in denen sich der Leser noch deutlich an den Gesamtaufbau erinnert, wenn er beim letzten Vers angelangt ist. Schon Edgar Allan Poe hatte das scharfsinnig bemerkt. Es kam zwar auch vor, daß ich die Grammatik längerer Dichtungen untersuchte. Gleichwohl sind für die Interpretation von deren Struktur andere und komplexere Methoden anzuwenden, als wenn es sich um einen kurzen und in sich geschlossenen Text handelt. Ich hüte mich auch in meinen Artikeln und Vorlesungen, allzu rasch zu einer solchen Analyse überzugehen, die in eine andere Ordnung gehört. Aufgrund meiner Vorstudien kann ich freilich jetzt schon feststellen, daß das Epos von Camoens (1572), die epischen Gedichte Puškins und das Poem *Mai* des tschechischen Romantikers Karel Hynek Mácha (1836) eine ebenso differenzierte grammatische Struktur aufweisen wie die kurzen Stücke lyrischer Poesie überall auf der Welt . . . wenn auch die Struktur natürlich eine andere ist! Ein verstorbener Kollege in Harvard, Reuben Brower (1908-1975), der in der Dichtung Alexander Popes (1688-1744) sehr beschlagen war und große Bewunderung für ihn hegte, wollte mich dazu überreden, ein Werk dieses Dichters zu analysieren. Ich antwortete ihm, daß mich die Länge jener Texte daran hindere. Er versprach, mir abgeschlossene Fragmente zu geben; ich wandte jedoch ein, das ähnele allzu sehr den Praktiken von Antiquaren, die aus Gewinnsucht die riesigen italienischen Fresken zerschnitten: ebenso falsch sei es in der Poesie, einen Teil für das Ganze auszugeben.

Die zweite Art Fragen, die mir gestellt wurden, beziehen sich auf die offenkundig schlechten Gedichte. Ich nehme an, daß im literarischen Schund entweder hoffnungsloses Chaos herrscht – oder daß die grammatischen Mittel dort gedankenlos und stumpfsinnig verwandt werden.

Schließlich hat man mich gefragt, ob man von der »Grammatik der Poesie« auf die Individualität des Dichters, auf den Stil einer Schule oder die charakteristischen Züge einer Epoche schließen könne. Zweifellos wäre das ein umfangreicher Aufgabenkatalog für den Forscher. Nichtsdestoweniger glaube ich, daß es zunächst genügen wird, den Text zu analysieren und zu deuten. Gewiß wird man schon bei diesem ersten Schritt in den verschiedenen Werken irgendeines Dichters Gemeinsamkeiten finden und die besonderen Züge der benutzten literarischen Gattungen, der verschiedenen Entwicklungsstufen seiner Schöpfung und sogar seiner einzelnen dichterischen Versuche entdecken können. In groben Zügen werden sich darin auch schon die Merkmale einer poetischen Schule oder Epoche zeigen. Doch ich hüte mich vor voreiligen Verallgemeinerungen.

Tatsächlich verfällt der Gelehrte allzu leicht in Einseitigkeit, wenn er sein literaturhistorisches Material vor einem gründlichen Studium schematisieren und etikettieren will. Meine erste Sorge ist also, eine hinreichend genaue, objektive und fruchtbare Technik auszuarbeiten, mit deren Hilfe sich das grammatische Profil eines Textes herausfinden und seine künstlerische Wirkung beurteilen läßt. Untersucht man die grammatische Seite der schriftlichen Texte einer bestimmten Epoche, so wird man in den Kompositionsverfahren der verschiedenen Dichter rasch Unterschiede in der Verwendung grammatischer Figuren entdecken. So sind die grammatischen Mittel in der Poesie von Chlebnikov oder Osip Mandelstam (1891-1938) sehr viel reichhaltiger und mit wichtigeren Aufgaben betraut als in der Dichtung ihres Zeitgenossen Majakovskij, der andere sprachliche Mittel in den Vordergrund stellt. Die verfemten Dichter, die in der schroffen Übergangsperiode zwischen Spätromantik und Symbolismus stehen – Charles Baudelaire (1821-1867), der Pole Cyprian Norwid (1821-1883) und der Slovake Janko Kráľ (1822-1876) – zeigen in ihren Versen eine Vorliebe für die grammatischen Figuren.

Ob ich denn wirklich glaube, der Dichter stelle in seinen Versen bewußt eine solche grammatische Ordnung her? Diese Frage, die vierte, wurde mir verschiedentlich im Zusammenhang mit den diversen poetischen Verfahrenstechniken gestellt. Zwar bleiben beim Dichter während des Schöpfungsakts bestimmte Elemente der Poetik unterhalb der Bewußtseinsschwelle. Doch läßt sich aus schriftlichen oder mündlichen Zeugnissen der Dichter oder aus den Entwürfen zu ihren Texten oft ersehen, daß ihnen die verschiedenen Vorgänge, die bei der Arbeit am Wortmaterial und vor allem am grammatischen Material unmerklich ablaufen, durchaus gegenwärtig sind. In diesem Zusammenhang äußern meine Kontrahenten öfters Zweifel an der Wirkung grammatischer Angleichungen oder Gegenüberstellungen auf den Hörer oder Leser des Verses: Sind ihm solche Feinheiten denn wirklich zugänglich?

Zweifellos gibt es hier einen wesentlichen Unterschied zwischen der Erfahrung der formalen Bauelemente und ihrer abstrakten Erkenntnis. Daß eine Spanne zwischen diesen beiden Wahrnehmungsweisen existiert, kann man sich leicht am Beispiel eines musikalischen Werkes klarmachen. Zu wieviel Prozent besteht wohl ein Publikum, das ein Musikstück intensiv aufnimmt, aus Kennern, die die kompositorischen Elemente genau anzugeben wissen, die sie gerade hören, und die den verborgenen Mechanismus dieser Elemente erkennen? Außerdem wäre noch zu bestimmen, auf welchem Niveau dieses Wissen liegt. Liest man zwei Varianten ein und derselben Strophe vor, von denen die eine dichter formuliert und auf ein Ziel hin organisiert ist, so können viele Personen ohne Schwierigkeit angeben, welche davon die ergreifendere ist, sind aber dennoch außerstande, das kompliziertere technische Problem zu lösen, was der eigentliche Grund dafür ist. Darüber hinaus ist die Erfahrung eines Kunstwerks – worauf schon Edgar Allan Poe hingewiesen hat – für viele etwas anderes als seine Zerlegung in wiedererkennbare konstitutive Elemente. Kurz, es verhält sich wie mit vielen anderen Aspekten des Gedichts: Die grammatische Struktur erhöht beim gewöhnlichen Leser die künstlerische Wahrnehmungsfähigkeit, schafft aber damit noch nicht das Bedürfnis und schon gar nicht die Kompetenz für eine wissenschaftliche Analyse.

Schließlich kamen meine Hörer und Leser auf den Gedanken, die Objektivität bei der Herausarbeitung einer grammatischen Struktur in Zweifel zu ziehen. In welchem Maße wird die Wahl der Entsprechungen vom Material selbst diktiert – und nicht von den subjektiven Neigungen des Forschers? Weisen all diese Korrespondenzen etwas auf, das nur die Poesie besitzt, oder lassen sich auch in anderen Textgattungen (zum Beispiel in Zeitungsartikeln) dafür Beispiele finden? Manche meiner Kontrahenten haben sich redlich Mühe gegeben, in Zeitungen und wissenschaftlichen Zeitschriften zumindest einige Beispiele für Konstruktionen zu finden, die in der Strukturierung ihres Sinngehaltes an die Grammatik der Poesie erinnern. Doch sind alle diese Versuche fruchtlos geblieben und ähneln oft Parodien, die nicht die erhoffte Wirkung haben.

Was mich selber angeht, so habe ich mich bei der Untersuchung des grammatischen Aspekts von Dichtungen stets um äußerste Objektivität bemüht. Überhaupt zeigt es sich sehr deutlich, welche grammatischen Kategorien im Hinblick auf ästhetische Wirkungen in einem Text verteilt worden sind – entweder um seinen Teilen ein individuelles Gepräge zu geben oder um das ganze Gedicht zusammenzufassen – und welche Kategorien im Gegensatz dazu passiv bleiben. Ein Blick auf die Statistik genügt, um für die Wahrscheinlichkeit und Exaktheit der getroffenen Wahl Bestätigung zu finden. Wann immer ich an Versen in einer Sprache arbeite, die ich weniger beherrsche, beziehe ich gewöhnlich einen Spezialisten ein, für den die betreffende Sprache Muttersprache ist; in jedem Falle befrage ich Landsleute des analysierten Dichters, um meine Beobachtungen zu überprüfen.

Trotz ihrer Bemühungen ist es den Kritikern nicht gelungen, in meinen Beispielen einer grammatischen Analyse auch nur einen wirklichen Fehler linguistischer Art nachzuweisen. Der Vers offenbart ganz eindeutig alle verschiedenen Möglichkeiten eines symmetrischen Aufbaus: direkte Symmetrie, Spiegelsymmetrie und die subtile Antisymmetrie. Alle drei kommen in der Grammatik der Poesie ebenso häufig vor wie die entsprechenden Verfahren in der Prosodie. Alle bekannten Reime – Paarreim, Kreuzreim und umschließender Reim *(aabb, abab, abba)* haben typologische Entsprechungen in den grammatischen Figuren. So können sich etwa in einem vierstrophigen Gedicht die beiden ersten von den beiden letzten, die beiden geraden von den beiden ungeraden und schließlich die beiden äußeren von den beiden inneren Strophen unterscheiden. Das Vorurteil, es ließen sich beliebig viele symmetrische Kategorien finden, wird von den konkreten Erfahrungen bei solchen Untersuchungen nachdrücklich entkräftet.

Man muß schon über sehr viel Einbildungskraft verfügen, um dem Wissenschaftler, der solche grammatischen Studien betreibt, die geheime Absicht zu unterschieben, er wolle die Poesie auf Grammatik reduzieren. Der Reim-Spezialist würde nie behaupten, der Reim mache die Poesie aus, und ebensowenig läßt sich diese auf ein Metaphernsystem, ein Gefüge von Strophen oder irgendeine andere ihrer verschiedenen Ausdrucksformen zurückführen. Nichtsdestoweniger sind Reime, Tropen, dichterische Rhythmen und »grammatische Figuren«, denen das Hauptinteresse von Hopkins galt, allesamt wichtige Bezugspunkte einer Analyse der Versbildung. Erst spät wurde die Struktur des Verses einer strengen wissenschaftlichen Untersuchung unterzogen; analog ist gegenwärtig die lange ignorierte Grammatik der Poesie ein hochaktuelles Forschungsobjekt. Die Bestimmung der Prinzipien, denen die Reimkombination eines bestimmten Dichters oder einer bestimmten Tradition der Dichtung gehorcht, ist schon unabhängig von der Frage, welcher Anteil diesen Merkmalen bei der »Gesamtwirkung« des dichterischen Werkes zukommt, eine interessante und nützliche Aufgabe. Entsprechendes gilt natürlich auch für die Untersuchung der grammatischen Figuren.

Wer einem Vertreter der strukturalen Linguistik erklärt, daß ein Einzelphänomen nicht als selbständiges Ziel betrachtet werden dürfe und daß eine Interdependenz zwischen allen Einzelaspekten der poetischen Struktur und der Einheit des Ganzen bestehe – der rennt wahrlich offene Türen ein. Gerade aus der Perspektive der strukturalen Linguistik und Poetik wäre es ein schwerer Irrtum, von der Analyse nur die Bestimmung der »Wirkungen« eines Gedichtes zu erwarten. Denn wollte der Forscher diese Wirkungen ohne Kenntnis der dabei verwendeten Mittel definieren, so käme er allenfalls zu naiv impressionistischen Beobachtungen.

Heute ist dem Sprachwissenschaftler bewußt, daß er die Fragen der Form und der Bedeutung nicht voneinander lösen darf. Jedes andere Vorgehen wäre nicht nur unangemessen, sondern käme auch dem Versuch gleich, global über die Bedeutung einer Dichtung entscheiden zu wollen, ohne dabei die tragenden Elemente dieser Gesamtheit wissenschaftlich zu untersuchen. Der Forscher wird die grammatischen Strukturen des Gedichts im Verhältnis zum Aufbau seiner Strophen aufzeigen müssen. Aber das ist nur ein erster Schritt. Er wird sich an die reizvolle Aufgabe machen müssen, die Gründe oder vielmehr die Ziele herauszufinden, an denen sich die Verteilung der gewählten grammatischen Kategorien in der betreffenden Gesamtheit orientiert. Trotzdem lassen sich schon zu Beginn einer solchen Analyse wenigstens zum Teil die Thesen angeben, die zur Deutung des Sinns auf der grammatischen Ebene dienen sollen. Das entspricht jedenfalls meinem Vorgehen.

Um der Wahrheit die Ehre zu geben, muß ich leider sagen, daß die konkreten Einwände meiner Kontrahenten schlicht auf einem Mißverständnis selbst elementarer Fragen einer Sprachanalyse beruhen. So kommentiert und verwirft Jonathan Culler in dem Kapitel seines anspruchsvollen Buches, das sich mit »Jakobson's poetic analyses« beschäftigt[55], meinen Ansatz zur Untersuchung des letzten *Spleen*-Gedichts von Baudelaire[56]. In meiner Analyse dieses aus fünf Vierzeilern bestehenden Gedichts hatte ich auf einen deutlichen Kontrast hingewiesen, der zwischen den drei ungeraden Strophen (die Pronominalformen der ersten Person enthalten) und den beiden geraden Strophen besteht (in denen diese Formen nicht auftreten). Culler sah nicht ein, warum ich gerade auf diese Opposition zwischen den Formen der ersten und der dritten Person solchen Wert legte, statt die Pronomen insgesamt zu zählen; und er vermutete zu Unrecht, ich suchte »hinter allem die Symmetrie zwischen Gerad und Ungerad«. Offenbar weiß er nicht oder will er nicht wissen, daß der Gegensatz zwischen der Kategorie des sprechenden Subjekts und den Formen der dritten Person – die linguistisch die merkmallose »Nullperson« ist – eine der bedeutsamsten Oppositionen ist, die das grammatische Kategoriensystem insgesamt organisieren. Gerade auf diesen Gegensatz stützt sich ja die traditionelle Definition der Lyrik als »Dichtung in der ersten Person« und umgekehrt der Epik als »Dichtung in der dritten Person«. Oft werden in der Poesie solche Kontraste alternierender Strophen benutzt, um den »Wechsel zwischen subjektivem und unbeteiligtem Modus« zu verdeutlichen, wie ich in meiner *Spleen«*-Analyse notierte. Mehr noch, berücksichtigt man die beschränkte Verteilung von Formen der ersten Person, so läßt sich danach nicht nur die Streuung der Pronominalformen der dritten Person, sondern auch die Verteilung aller übrigen grammatischen Besonderheiten der geraden Strophen und schließlich der semantische Aufbau des ganzen Gedichts leicht erklären.

Culler hat nicht bemerkt, daß die geraden Strophen im Gegensatz zu den ungeraden Reflexivpronomen enthalten. Beide Arten von Strophen folgen jedoch derselben Ordnung, insofern sich der letzte Vers jeder Strophe von den anderen dadurch unterscheidet, daß darin obligatorisch Formen des Personalpronomens vorkommen.

Ebensowenig ist ihm eine Tatsache aufgefallen, der mindestens dieselbe Bedeutung zukommt: daß nämlich im letzten Vers jeder der drei ungeraden Strophen die Form der ersten Person unmittelbar mit einer ähnlichen Form der dritten Person konfrontiert wird und daß unter syntaktischem und semantischem Gesichtspunkt die erste Form der zweiten untergeordnet ist. So erhalten wir die Paare *il/nous* im Schlußvers der ersten, *ses/nos* am Ende der dritten und *mon/son* im letzten Vers der fünften Strophe.

Culler hat weiterhin die Tatsache außer acht gelassen, daß die possessiven Formen in der ersten und dritten Person jeweils in jeweils gleicher Anzahl auftreten: die Plurale *nos* und *ses* jeweils einmal, die Singulare *mon* und *son* jeweils zweimal. Den dreifachen possessiven Formen – also den drei Formen in der ersten und den drei Formen in der dritten Person – entsprechen drei reflexive Formen.

Culler hat nicht einmal den Übergang der beiden Formen *nous* und *nos* zu der individuelleren und subjektiveren Form *mon* bemerkt, die zum ersten Mal – und sogar in mehreren Reprisen – in der Schlußstrophe vorkommt.

Ebensowenig hätte der Kritiker bei einer Diskussion des Verhältnisses von geraden und ungeraden Strophen den Kontrast außer acht lassen dürfen, der die für die ungeraden Strophen typische Aneinanderreihung der Propositionen einerseits von der für die geraden Strophen charakteristischen »mehrstufigen Hypotaxe« andererseits trennt – worauf ich ebenfalls hingewiesen hatte.

Schließlich hätte Culler nicht den semantischen Unterschied verschweigen dürfen, der die Bewegung »von unten nach oben« in den geraden Strophen dem Druck »von oben nach unten« in den ungeraden Strophen gegenüberstellt, wo doch das ganze Metaphernsystem des *Spleen* gerade auf diesen beiden widerstrebenden Bewegungen beruht.

Es ist kaum erklärlich, warum die Kritiker so entschlossen die grammatischen Figuren in den Versen Baudelaires übergehen, während der Dichter selbst nicht müde wurde, auf die »Magie der

Andeutungen« in der grammatischen Struktur, auf die Ausdruckskraft der grammatischen Kategorien und die poetische Bedeutung offenkundiger »Regelmäßigkeiten und Symmetrien« hinzuweisen. Und hatte nicht Théophile Gautier (1811-1872), der große Kenner des Baudelaireschen Werkes, besonderes Augenmerk auf die in diesem Œuvre verborgenen »Berufsgeheimnisse« gelegt, »welche den anderen unsichtbar sind«?

Allen Sprachen liegt ein grammatisches Kategoriensystem zugrunde. Für die Bedeutung dieser Kategorien ist dabei der Umstand charakteristisch, daß sie sich den sprechenden Subjekten aufzwingen; diese Einsicht verdanken wir dem Weitblick der beiden amerikanischen Linguisten Franz Boas und Edward Sapir. Wenn wir eine Sprache sprechen, die die Formen Singular und Plural enthält, so sind wir in unserer Rede gehalten, zwischen Singular und Plural zu wählen. Verwenden wir dagegen eine Sprache, die nicht über die Formen des Numerus verfügt (was etwa bei einigen amerikanischen Indianersprachen der Fall ist), so können wir diese Unterscheidung gegebenenfalls lexikalisch wiedergeben. Sobald die Unterscheidung jedoch nicht in der Grammatik der Sprache enthalten ist, sind wir nicht verpflichtet zu präzisieren, ob wir etwa von einem oder von mehreren Maiskolben sprechen.

Das Netz der grammatischen Kategorien verleiht unserer Sprache ihr besonderes Gepräge, und die charakteristischen Züge dieses Netzes, die in unserer Umgangssprache latent bleiben, werden in der Poesie viel plastischer und wichtiger, wie wir am grammatischen Parallelismus bereits gesehen haben. Ein Beispiel mag genügen: Die Unterscheidung des grammatischen Genus (Maskulinum/Femininum) bleibt in der Umgangssprache fließend und ungenau. In dem Maß jedoch, wie dieser Gegensatz im grammatischen System der Sprache eine Rolle zu spielen beginnt, bringt die Poesie deren manchmal entscheidende Bedeutung in klaren Bildern zum Ausdruck. Diese Gründe schienen mir Anlaß genug, die Poesie der Grammatik und die Grammatik der Poesie ausgiebig zu studieren, und es gelang mir im Verlauf dieser Forschungen, auf manche bisher dunkel gebliebene Frage der Poetik und Grammatik neues Licht zu werfen.

*Pomorska* – Zur Bekräftigung Ihrer Thesen möchte ich gern noch ein paar Worte über die Rolle der Grammatik in der Poesie ergänzen. Wenn es richtig ist, daß die grammatischen Kategorien auf das sprechende Subjekt Zwang ausüben, wenn darin ihr besonderer und sogar einziger Wesenszug liegt, dann stellen sie insoweit eine besondere Art von Zeichen dar, von Figuren und linguistischen Mythen. Gerade deshalb kann ihr semantisches Potential in der dichterischen Struktur solche Wirksamkeit erlangen, das heißt von einer latenten und verborgenen Existenzweise in einen manifesten, äußerst signifikanten, symbolischen Zustand übergehen.

Die Kategorien des Genus oder die Pronominalformen, die Sie angeführt haben, sind nicht die einzigen Elemente, deren Bedeutung in der Poesie hervortritt; auch die Kasus-Unterscheidungen können dabei zum vorherrschenden Thema werden. Auf das bemerkenswerte Spiel der direkten und obliquen Kasus in Puškins berühmtem Gedicht *Ja vas ljubil*[57] haben Sie bereits verwiesen. Ergänzend möchte ich noch an die besondere Rolle erinnern, die beispielsweise in Pasternaks Poem *Sestra moja – žizn'*[58] der Instrumental übernimmt. Tatsächlich kommt diesem Fall im russischen und überhaupt im slavischen Kasus-System eine eigentümliche Stellung zu. Liest man die Verse Pasternaks, so ist man überrascht, wie breit das Spektrum der möglichen Anwendungen dieses Kasus ist, das vom einfachen *instrumentalis modi* bis zum *simile*, einer komplexen Figur des Vergleichs, reicht. Sämtliche Motive des Gedichts stützen sich auf diesen Fall, der in seiner allgemeinen Bedeutung die »periphere« Rolle eines Gegenstands angibt. Und es sind gerade die normalerweise als zweitrangig und nebensächlich betrachteten Dinge des Lebens, die in den Motiven dieses Gedichts zum Ausdruck kommen. Wenn also die grammatischen Formen zu poetischen Figuren werden können, dann kann sich die poetische Funktion der Grammatik nicht darin erschöpfen, auf Strukturen wie den Reim Einfluß zu nehmen: Sie besitzt eine viel größere und allgemeinere Bedeutung.

## XIII. Ähnlichkeit und Kontiguität in Sprache und Literatur, im Kino und in der Aphasie

*Pomorska* – Wir kommen jetzt zu einer der wesentlichsten Fragen Ihrer Theorie, nämlich zu den Begriffen Metapher und Metonymie als zwei diametral gegensätzlichen Phänomenen. Zwar hat der polnische Sprachforscher Mikołaj Kruszewski schon gegen Ende des vergangenen Jahrhunderts auf die Existenz dieser beiden Pole in der Sprache hingewiesen, doch erst in Ihrer Analyse werden sie als Elementarkräfte der Sprache sowie sämtlicher Formen der Kunst behandelt. Erstaunlich ist dabei zunächst, daß diese beiden Begriffe ursprünglich aus Ihrer Beschäftigung mit der Poetik und der Kunsttheorie erwachsen sind; erst spät fanden sie auch in der Linguistik Anwendung. Meines Wissens taucht die Problemstellung zum ersten Male in *Futurizm*[59] auf, einem Ihrer frühesten Artikel überhaupt; Anfang der dreißiger Jahre wird das Thema in der Arbeit über den *Verfall des Films*[60] sowie in der tschechischen und deutschen Version der *Randbemerkungen zur Prosa des Dichters Pasternak*[61] angeschnitten. Die Frage kehrt dann wieder in Ihrer amerikanischen Studie von 1956 über *Two Aspects of Language and Two Types of Aphasic Disturbances*[62]. Der zusammenfassende Essay *Linguistics and Poetics*[63] stellt das Problem wiederum im Zusammenhang mit der Dichtkunst. Unter linguistischem Gesichtspunkt analysieren Sie Metapher und Metonymie eigentlich erst in Amerika, und zwar auf physiologischer und neurologischer Grundlage, während andere Forscher diesen Problemkomplex mit den Mitteln der Semiotik angehen. Können Sie uns erklären, aus welchem Grunde Sie Ihre Befunde gerade in diesen Zusammenhang gestellt haben?

*Jakobson* – Auf das Problem von Metapher und Metonymie bin ich schon sehr früh in meiner wissenschaftlichen Arbeit gestoßen. Die ersten Versuche, mit dieser Frage zu Rande zu kommen, fallen noch in meine Gymnasialzeit. Unsere Lehrbücher der Literaturtheorie begnügten sich mit einer schematischen Definition dieser beiden Begriffe sowie der übrigen Tropen und Wortfiguren. Die überkommenen Formeln waren offenkundig unfruchtbar. Das ganze morsche Begriffsarsenal schien mir revisionsbedürftig und als Werkzeug für die wissenschaftliche Arbeit eigentlich gar nicht mehr tauglich zu sein. Auch heute noch bin ich fest davon überzeugt, daß in der Bereitstellung eines angemessenen Begriffsinstrumentariums eines der wesentlichen Ziele der Wissenschaft der poetischen Sprache (und nicht nur der poetischen) liegt. Nach einer genaueren Beschäftigung mit der klassischen Rhetorik konnte ich feststellen, daß gerade dort einigermaßen gesunde Prinzipien bereitstanden, die unter der Schlacke zahlloser Lehrbücher verschüttet lagen. Die Informatik gab der Sprachwissenschaft den Begriff Redundanz zurück, gewiß eine wertvolle Erwerbung aus der Mathematik; nur wenige erinnerten sich der antiken Quellen dieses Begriffs, nämlich der Rhetorik eines Quintilian. Lange war die Poesie dem Wege gefolgt, den ihr der (im wesentlichen metaphorische) Symbolismus vorgezeichnet hatte; sie mußte nun ihren Gang in der Gegenrichtung, also der metonymischen, fortsetzen. Die faszinierenden Bilder der kubistischen Maler ließen uns die Semantik der Metonymie und vor allem der Synekdoche erahnen, deren *pars pro toto* eng mit der Metonymie verwandt ist.

Nebenbei gesagt: für uns jungen Linguisten war die Semantik unser täglich Brot, während im Milieu der Künstler und Literaten, die noch unter dem Bann der äußeren Form standen, das Problem der Bedeutung noch *terra incognita* war. 1919 diskutierte das Herausgebergremium der Sektion Bildende Künste beim Kommissariat für Unterrichtswesen in Moskau das Projekt einer Enzyklopädie der Schönen Künste. Ich wurde gebeten, daran teilzunehmen. Als ich der Kommission einen Artikel über die Semantik der Malerei vorschlug, mußte Vasilij Kandinskij (1866-1944) seinen ratlosen Kollegen erklären, was das nun wieder für ein Ungeheuer sei, die »Semantik«.

1914, in meinem ersten Studienjahr auf der Universität, beschloß ich, meine Rezeption der russischen Sprachwissenschaft mit der allerersten Nummer des *Russkij Filologičeskij Vestnik* [Russischer Bote der Philologie] zu beginnen; die Diskussionsthemen dieser Zeitschrift waren eng mit linguistischen Fragen verwandt. Ich machte mich also daran, die ersten Bände zu studieren, die Ende der siebziger und Anfang der achtziger Jahre des vorigen Jahrhunderts erschienen sind. Und sofort fühlte ich mich von den ganz und gar neuen Ideen eines jungen polnischen Gelehrten, Mikołai Kruszewski, angezogen, der nach seinem frühen Tode jahrelang zu Unrecht in Vergessenheit geraten war. Filip Fedorovič Fortunatov, das Haupt der Moskauer Schule der Linguistik, war eben gestorben, und man verkaufte den Studenten die Bücher und Broschüren aus seinem Besitz, die sich im Lesesaal der slavistischen Abteilung der Fakultät gefunden hatten. So bekam ich einen bemerkenswerten, deutsch geschriebenen Artikel von Kruszewski, *Über die Lautabwechslung* von 1881, in die Hände. Der Artikel war von der allzu konservativen Redaktion einer sprachwissenschaftlichen Zeitschrift in Deutschland abgelehnt worden, so daß ihn der Autor auf eigene Kosten in Kazan drucken ließ und ein mit Widmung versehenes Exemplar an Fortunatov schickte. Der Name Kruszewski prägte sich in mein Gedächtnis ein, und ich begreife nicht, warum dieser große Wegbereiter der neuen Linguistik noch immer nicht in dem entsprechenden Band der jüngst erschienenen polnischen Enzyklopädie erwähnt wird. So stolperte ich ganz zufällig über die Untersuchungen des jungen Kruszewski, in denen er die von englischen Denkern entwickelte Theorie der Ähnlichkeits- und Kontiguitätsassoziationen zu vertiefen und auf die Sprache anzuwenden suchte.

Ein Mitarbeiter des Moskauer Linguistenkreises, Osip Maksimovič Brik (1888-1945), der mehr als jeder andere das Talent besaß, die richtigen Fragen zu brennenden Problemen zu stellen, brachte mich Anfang 1920 mit einer sehr treffenden Bemerkung in Verlegenheit: »Wir sind alle damit beschäftigt, die künstlerischen Techniken von Kunstrichtungen und Werken zu studieren, die allesamt an der Form orientiert sind. Aber wie stellen Sie sich zum Realismus, der doch offenbar auf eine Wirklichkeit außerhalb der Kunst bezogen ist?« Über diese Frage mußte ich nachdenken, und etwa ein Jahr später – ich war bereits in Prag – antwortete ich darauf mit dem Artikel *O realismu v umění*[64]. In dieser Studie kam ich auf verschiedene Auffassungen des Realismusbegriffs zu sprechen, darunter auch eine, die unter »realistischer Literatur« die Ausschmückung des Erzählens »mit Hilfe von Bildern« versteht, »die aufgrund ihrer Korrespondenz *[contiguité]* herangezogen werden, das heißt also der Übergang vom eigentlichen Terminus zur Metonymie und Synekdoche. Diese ›Verdichtung‹ wird gegen die Intrige verwirklicht oder hebt die Intrige völlig auf.«

Allmählich verstand ich auch, warum die Forscher dem metaphorischen Verfahren, das in einer Ähnlichkeitsassoziation gründet, soviel mehr Aufmerksamkeit widmeten als dem metonymischen Ablauf des Erzählens, der der Kontiguitätsassoziation folgt. Das erste Verfahren geht auf einen klaren Eingriff des Autors zurück, während das zweite eher von selbst abläuft, das heißt mehr von den beschriebenen Umständen als vom schöpferischen Willen des Autors abhängt. Jedenfalls verlangt der metonymische Aufbau nicht weniger Sorgfalt und künstlerisches Feingefühl als die Verknüpfung von Bildern unterm Gesichtspunkt ihrer Ähnlichkeit.

Größere Klarheit über den inneren Wert der metonymischen Struktur konnte ich erst Anfang der dreißiger Jahre gewinnen. Angesichts der verschärften Wirtschaftskrise zögerte das Ministerium meine Berufung an die Masaryk-Universität von Brno längere Zeit hinaus, und mein enger Freund Vladislav Vančura (1891-1942) – ein Meister der tschechischen Prosa – überredete mich, an einem Drehbuch für einen Film zu arbeiten. So bekam ich Gelegenheit, die Besonderheiten der Filmkunst aus der Nähe kennenzulernen, einer zutiefst metonymischen Kunst. Das bedeutet, daß sie vom Spiel der Kontiguitäten auf vielerlei Art ausgiebig Gebrauch macht. Daß hier der Lebensnerv des damaligen Kinos verlief, konnten gelegentliche Ausflüge ins Reich der Metapher nur noch unterstreichen. Ein anschauliches Beispiel für die Metapher im Kino ist die Überblendung, bei der das neue Bild, das sich an die Stelle des vorherigen setzt, mit diesem nicht in einer Kontiguitätsbeziehung steht, wohl aber eine Ähnlichkeit aufweist – wenn sich etwa die Umrisse eines Waldes von Fabrikschornsteinen über ein erlöschendes Bild der Taiga legen. Diese Grundkenntnisse in der Technik des Kinos öffneten mir die Augen für jenes einzigartige Spiel von Kontiguitäten, das sich nicht mehr sklavisch an das Klischee einer räumlichen Nähe oder eines mechanischen Zeitablaufs hält. Die genialen Experimente eines Buster Keaton (1895-1966), Charlie Chaplin (1889-1977) oder Sergej Ejzenstejn (1898-1948) zeigen, mit welch erstaunlichem Scharfsinn dieses Spiel eingesetzt werden kann. Diesen Schöpfern verdanken wir die Befreiung der Metonymie von den Zwängen rein mechanischer Kontiguitätsverknüpfungen und die Befreiung der Technik der Metapher vom Joch einer allzu evidenten und zwanghaften Ähnlichkeit.

Unter diesem Gesichtspunkt besteht eine gewisse Affinität dieser großen Regisseure zu Boris Pasternak (1890-1960), der ein Virtuose der Metonymie in der Poesie und in der dichterischen Prosa war. Es ist wohl kein Zufall, daß ich mich bald nach der Beschäftigung mit Fragen des Kinos der vielschichtigen Problematik Pasternakscher Prosa zuwandte. In meinem Essay von 1935 heißt es dazu: »Die Berührungsassoziation, die in Pasternaks Schaffen zum gefügigen Werkzeug des Künstlers wurde, verwandelt die räumliche Verteilung und die zeitliche Aufeinanderfolge.«[65]

So brachte mir die Entscheidung, diese beiden radikal entgegengesetzten Tropen miteinander zu vergleichen, immer neue Erkenntnisse. Tatsächlich überträgt die Opposition zwischen Metapher und Metonymie das Verhältnis von Ähnlichkeit und Berührung in den Bereich der Kunst; freilich wird dieses Verhältnis von den einzelnen Künsten unterschiedlich organisiert. Als ich dann zu Beginn der fünfziger Jahre damit beschäftigt war, die linguistischen Syndrome der einzelnen Aphasieformen, das heißt der verschiedenen Arten der Sprachzerstörung aufgrund von Gehirnverletzungen zu bestimmen, entdeckte ich plötzlich, daß die beiden Haupttypen der Aphasie dadurch charakterisierbar sind, daß entweder die Ähnlichkeits- oder aber die Berührungsassoziationen in unterschiedlichem Maße gestört sind. Entweder verringert sich die Fähigkeit zur metaphorischen Verknüpfung in der Sprache, oder die Fähigkeit zur metonymischen Verkettung ist gestört. Im Hinblick auf die beiden sprachlichen Grundoperationen wird im ersten Fall die Selektion (auf der paradigmatischen Achse), im zweiten Fall die Kombination (auf der syntagmatischen Achse) beschädigt. Die erste Anomalie zeigt sich vornehmlich beim Empfang der Botschaft – also bei der decodierenden Tätigkeit des Empfängers –, die zweite dagegen bei der Sendung – bei der Codierung der Botschaft durch den Sender. Diese Neuinterpretation der traditionellen Unterscheidung zwischen »sensorischer« und »motorischer« Aphasie erlaubte es mir in der Folge, viele Probleme neu zu untersuchen und zu lösen. Der erste Schritt war natürlich eine Verfeinerung der Klassifikation der linguistischen Syndrome der Aphasie.

Diese Typologie stand nun offenkundig mit den Beobachtungen in Verbindung, die die Neurologen bereits zur Topographie der Gehirnläsionen gemacht hatten. Hinter den Beschädigungen der Sprache stehen ja solche des Gehirns. Meine Untersuchungen trugen so zur Schaffung eines neuen interdisziplinären Feldes bei, das gegenwärtig als Neurolinguistik bezeichnet wird. Selbstverständlich fanden sich unter den Neurologen auch konservative Gemüter, die die Ansicht vertraten, die Fragen der Aphasie gingen die Linguisten nichts an, ihre Hinweise seien für die Neurologen ohne Belang und verdienten keine Erwägung. In den letzten Jahren schrieb allerdings einer der berühmtesten Aphasie-Spezialisten, Alexandre Luria (1902-1977), dessen Erfahrung auf jahrzehntelange systematische Forschungen zurückgeht, eine Reihe von Artikeln, in denen er die Berechtigung und Fruchtbarkeit meiner Klassifikationsversuche anerkennt. Experimentelle Untersuchungen zum Verhältnis zwischen Gehirn und Sprache, die jüngst in Moskau vorgenommen wurden, scheinen auf eine Bestätigung der zerebralen Topographie sprachlicher Syndrome hinauszulaufen.

Darüber hinaus konnte ich aufgrund meiner linguistischen Studien zur Aphasie wichtige Dichotomien der sprachwissenschaftlichen Analyse klären – so etwa das Wechselverhältnis zwischen paradigmatischer und syntagmatischer Achse der Sprache (Selektion und Kombination) sowie die Beziehung zwischen Sendung und Empfang. Schließlich hat sich anhand der ersten Beobachtungen aphatischer Affektionen – wie mir scheint – gezeigt, daß uns die Untersuchung der vielfältigen Formen aphatischer Sprachzerstörung über die hierarchische Anordnung der verschiedenen Ebenen des Sprachsystems umfassend Aufklärung geben könnte. Um die strukturalen Beziehungen zwischen den einzelnen Komponenten des Sprachsystems zu bestimmen, kann man sich von der Reihenfolge der Sprachverluste bei den unterschiedlichen Formen der Aphasie ebensogut leiten lassen wie von der Ordnung des kindlichen Spracherwerbs.

Schließlich hat die Untersuchung, wie sich Kontiguität und Ähnlichkeit im Bezugssystem der beiden aphatischen Syndrome verteilen, auch bereits Elemente für ein Verständnis der Kehrseite dieses Phänomens erbracht, das heißt für die Frage, welche Rolle Ähnlichkeiten und Kontiguitäten in der Dichtkunst spielen. Mit dem Versuch, die literarischen Ähnlichkeits- und Kontiguitätsbeziehungen zu einem abgeschlossenen System der poetischen Sprache zu organisieren, stößt man bei den Kritikern freilich auf offenes Unverständnis und verwirrte Einwände. Auch das ist kein Zufall. Als ich die These aufstellte, daß der Vers das Prinzip der Äquivalenz, das auf der Selektionsachse herrscht, auf die Kombinationsachse projiziert, hielten die Kritiker das für den Glaubensartikel einer bestimmten poetischen Richtung im Gegensatz zu anderen Strömungen der Dichtung. Offenbar haben sie die simple

Tatsache nicht begriffen, daß es sich dabei nur um eine erweiterte Tautologie handelt. Diese These gehört ganz einfach zur Definition des Verses.

Ohne systematisch wiederholte Einheiten gibt es keinen Vers, welcher Art diese Einheit auch sein mag, die dem betreffenden Verssystem zugrundeliegt: die Silbe, deren Wiederkehr wiedererkannt wird; die auffällig gleichbleibende Betonung; das Maß der Quantität, die sogenannte Mora; oder auch bloß die Einheit der syntaktischen Intonation. Und sobald die Einheiten des Signifikanten wiederholt werden, wird automatisch das wechselseitige Verhältnis der entsprechenden Einheiten des Signifikats zum Problem. Wir hatten das schon am Beispiel der Reime gezeigt, die stets beiden Ebenen zugehören, der des Signifikanten und der des Signifikats. Sobald die korrespondierenden Verse oder Versteile in ein Ähnlichkeits- oder Kontiguitätsverhältnis eintreten, wird diese Beziehung notwendigerweise wahrgenommen. Dabei ist es gleich, ob es sich um die Ähnlichkeit zwischen zwei grammatischen Kategorien oder zwischen zwei lexikalisch verwandten Einheiten handelt, ob es um eine syntaktische oder eine rein narrative Kontiguität geht. Die Entsprechung in der metrischen Stellung nimmt die syntaktische Analogie zweier Themen oder die morphologische Analogie zweier Substantive oder die lexikalische (manchmal sogar nur lautliche) Analogie zwischen Wörtern (wie *père* und *mère*) auf.

Die Kontiguität metrischer Einheiten kann sich auf mehreren Ebenen abspielen und durch eine äquivalente Position verstärkt werden: Die Entsprechung in der metrischen Stellung nimmt die syntaktische Kontiguität von Subjekt und Prädikat auf oder betont die narrative Kontiguität zweier Wörter, die raum-zeitlich benachbarte Phänomene bezeichnen. So ist es möglich, daß Kontiguitäten durch eine Ähnlichkeit in der Stellung der benachbarten metrischen Einheiten verstärkt werden.

Das Wesen des Verses selbst weist also der Wiederholung eine solche hervorragende Bedeutung zu. Freilich handelt es sich nicht um eine mechanische Wiederholung; jede Ähnlichkeit bringt ja zwangsläufig auch eine gewisse Unähnlichkeit mit sich. Nehmen wir etwa das Wortpaar *père/mère*, so sind beide Wörter sowohl in ihren Lautbestandteilen als auch in ihrer Bedeutung ähnlich; aber wir werden hinzufügen müssen, daß sie sich unter lautlichem Gesichtspunkt durch die Opposition zwischen Anwesenheit und

Abwesenheit der Nasalierung im Anfangskonsonanten unterscheiden und daß ihre Bedeutung, ihr gemeinsamer semantischer Hintergrund (»ein Elternteil«), einen klaren Kontrast zwischen männlichem und weiblichem Geschlecht aufweist. Schließlich darf man nicht außer acht lassen, daß zwischen Similarität und Kontiguität keine unüberwindliche Barriere liegt, daß sich beide verbinden können (zum Beispiel in »Mein Vater und meine Mutter sind zusammen in die Stadt gefahren«). Gewiß kann man, wie es ein Kritiker getan hat, der modernen Poesie mit ihrer »generellen Neigung zur Ähnlichkeit« die Dichtung eines François Malherbe gegenüberstellen, der »jeder Wiederholung feind war«. Aber man muß dann auch darauf hinweisen, daß dieser »Feindschaft« enge Grenzen gezogen sind, solange dieser Dichter die Zahl der Silben, die Stelle der Zäsur und die Pause am Ende des Verses streng respektiert. Denn damit treten augenblicklich alle möglichen Kontraste, Ähnlichkeiten und Kontiguitäten lexikalischer Einheiten und grammatischer Formen hervor. So weist beispielsweise der berühmte Vers *Et rose elle a vécu ce que vivent les roses* eine Spiegelsymmetrie der beiden Halbverse auf: dasselbe Substantiv tritt in verschiedener Zahl auf, dasselbe Verb in anderer Person und Zeit; metaphorische und wörtliche Bedeutung wechseln einander ab, ganz zu schweigen von der syntaktischen Unähnlichkeit der wiederholten Elemente.

Unterdes werden die Arbeiten zur Poetik, die die Dualität zwischen Ähnlichkeit und Kontiguität anerkennen, immer zahlreicher. Nunmehr ist es an der Zeit, die damit einhergehenden Fragen zu behandeln – Welches Verhältnis besteht zwischen der Ähnlichkeit und den verschiedenen Erscheinungsformen des Kontrastes? Wie verhalten sich Kontiguität und Distanz zueinander, wenn die letztere in Opposition zur Berührung *[proche contiguité]* steht? Entscheidend dabei ist die sorgfältige Beachtung des Unterschiedes zwischen den beiden Seiten der Kontiguität, der äußeren Berührung (Metonymie im eigentlichen Sinne) und dem inneren Aspekt (Synekdoche, der Metonymie verwandt und doch etwas ganz anderes). Es ist keineswegs dasselbe, ob man in der Poesie oder im Kino die Hände des Hirten sieht, seine Hütte oder die Herde, die er hütet. Oft wird dieser Unterschied nicht genügend beachtet. Die Synekdoche, die das Ganze für den Teil oder den Teil für das Ganze einsetzt, unterscheidet sich deutlich von der metonymischen Nähe, trotz der unzweifelhaften Gemeinsamkeit dieser beiden benachbarten Tropen; beide stehen ja in Opposition zu dem auf Ähnlichkeit gründenden metaphorischen Verhältnis. Ebenso wie die Linguistik (bei der grammatischen Analyse) muß auch die Poetik konsequent die Ähnlichkeit zwischen Metonymie und Synekdoche beachten, insofern sich diese beiden Figuren von der Metapher unterscheiden; darüber hinaus ist aber auch der Unterschied zwischen innerer und äußerer Kontiguität zu berücksichtigen, das heißt, die Grenze zwischen Synekdoche und Metonymie im eigentlichen Sinne.

Eine linguistische Untersuchung der Aphasie, die eng mit der Theorie der Sprache im allgemeinen und der poetischen Sprache im besonderen verknüpft ist, liefert einen bedeutenden Beitrag nicht nur zur Klassifikation der aphatischen Affektionen, sondern auch zum Verständnis der Struktur der Sprache selber und darüber hinaus zur Vertiefung der poetologischen Methoden. Die nächste Aufgabe wird in dem Versuch bestehen, die Sprache der Schizophrenen linguistisch zu analysieren. Eine Untersuchung der linguistischen Symptome und Syndrome der Schizophrenie könnte der medizinischen Klassifikation der unter dem allgemeinen Etikett Schizophrenie zusammengefaßten Erscheinungen gewiß behilflich sein. Damit eröffnet sich ein weitgespanntes interdisziplinäres Forschungsprogramm, das mit größter Sorgfalt anzugehen ist.

Viele Jahre lang litt der große deutsche Dichter Friedrich Hölderlin (1770-1843) an einer schweren Form dieser Krankheit, die ihm am Schluß seines Lebens fast gänzlich die Möglichkeit nahm, sprachlich mit seiner Umgebung zu kommunizieren. Trotzdem schrieb er bis zu seinem Tode bedeutende Verse von erstaunlicher Originalität. Mit der Analyse dieser Gedichte[66] unternahm ich einen weiteren Versuch, die Fragen von Poetik und Sprachpathologie, allgemeiner Sprachtheorie und sprachlicher Kommunikation miteinander zu verknüpfen. Es gelang mir, das wichtigste sprachliche Symptom der Schizophrenie (jedenfalls der offenbar sehr verbreiteten Art der Schizophrenie, an der Hölderlin litt) herauszufinden. Der ernsthaft erkrankte Dichter verlor weitgehend die Fähigkeit und den Willen zu dialogischer Rede; das charakteristischste Merkmal dafür ist der vollständige Verlust der *shifters*, vor allem der grammatischen Personen und Zeiten. Ich bin davon überzeugt, daß auf diese erste Terrainerkundung weitere folgen müssen, die die Sprache der verschiedenen Psychotiker mit der Poesie in Verbindung zu bringen hätten. Ich denke, daß solche vergleichenden Analysen notwendig sind, um zu einem umfassenden Verständnis der Sprache als dem Medium wechselseitiger Kommunikation, aber auch individueller Erkenntnis zu gelangen.

# XIV. Die Biographie des Dichters, Dichtung und Mythos

*Pomorska* – Die Auseinandersetzung um die Frage, welche Rolle der Biographie beim Studium der Literatur zukommt, wurde zu Beginn des Jahrhunderts zum Angelpunkt der wissenschaftlichen Diskussion. Der OPOJAZ beschäftigte sich intensiv mit diesem Problem, und seine Mitglieder gaben sich viel Mühe, den vulgären Biographismus der alten Schule zu beseitigen. Allerdings fiel dabei die Biographie als Gegenstand wissenschaftlichen Interesses meist ganz unter den Tisch. Bei Tynjanov und Ejchenbaum ist diese Neigung offenkundig, von Šklovskij ganz zu schweigen. Sogar Trubeckoj verschmäht in seiner Wiener Vorlesungsreihe über Dostoevskij, die heute in Buchform vorliegt, nachdrücklich jeden Rekurs auf die Biographie bei der Untersuchung des großen Klassikers. Sie selbst zahlen dieser Richtung Tribut in einer Ihrer ersten Studien, *Novejšaja russkaja poèzija*, wo Sie im Namen der Einheitlichkeit der Methode jede »äußere«, also auch biographische Ergänzung zur Analyse des Werks ausdrücklich ablehnen.

Trotzdem darf man nicht vergessen, daß Sie sich in den dreißiger Jahren dem Leben zweier großer Dichter zugewandt haben: Puškin und Majakovskij. Nach dem Selbstmord des letzteren veröffentlichten Sie in Berlin Ihren berühmten Nachruf *O pokolenii, rastrativšem svoich poètov*[67], der dann mit einem Artikel von D. S. Mirskij als Broschüre herauskam. Sie zogen darin einen Vergleich zwischen dem Tode Majakovskijs und dem nicht minder tragischen Ende Puškins. Sicher, Ihr Text sagt es nicht ausdrücklich, aber der Vergleich scheint zwischen beiden Dichtern eine Kontiguität herzustellen – um den Begriff wieder aufzunehmen, der bei Ihnen eine solche Rolle spielt –, die deutlich machen soll, daß beide in einem »grausamen Jahrhundert« lebten und trotz der Distanz von hundert Jahren das gleiche Schicksal erlitten. War dieser Vergleich für Sie der Anlaß, sich mit der Biographie namentlich Puškins zu beschäftigen? Ich denke dabei an Ihre Arbeit über die Statue in der Symbolik Puškins[68]. Und gewiß ist es kein Zufall, daß Sie gerade in den dreißiger Jahren nach dem so tragischen und bedeutsamen Tod Majakovskijs begannen, über das Leben des Dichters nachzudenken, über sein Schicksal, nicht mehr nur über seine Symbolik oder den Rhythmus seiner Verse, die man auch ohne Rücksicht darauf behandeln kann, wie diese Dichtung im Sein des Dichters verankert ist. Genau mit dieser Frage beginnt Ihre Studie über Majakovskij.

*Jakobson* – Im Jahre 1919 bereitete ich zusammen mit Chlebnikov einen Sammelband seiner Texte zur Veröffentlichung vor. Für diese Sammlung schrieb ich eine Einführung mit dem Arbeitstitel *Podstupy k Chlebnikovu* [Annäherung an Chlebnikov]. Ich wollte darin die beiden typischen Merkmale Chlebnikovs nachzeichnen: einmal die »Bloßlegung der Technik« im Sinne ihrer Rechtfertigung, zum anderen die »Realisation der Technik«, ihre »Projektion in die künstlerische Wirklichkeit, die Verwandlung der poetischen Trope in ein Faktum der Intrige, ein Teil des Sujets«, beispielsweise die Wandlung der Metapher zur Metamorphose. Ich versuchte zu zeigen, wie das Wort in der Dichtung Chlebnikovs »zuerst seine Materialität, dann seine innere Form und schließlich sogar seine äußere Form« verliert und sich auf eine »hyperbewußte« Sprache hin bewegt. Erst gegen Ende meines Essays kam ich auf die Erregung zu sprechen, in die solche sprachlichen Experimente den Autor versetzten. In seiner literarischen Autobiographie *Svojasi*, die Chlebnikov auf meinen Vorschlag hin für seine Werkauswahl geschrieben hatte, erzählte er, wie ihm die hyperbewußten Worte seines sterbenden Helden Exnaten beim Schreiben geradezu physische Schmerzen bereiteten: *mántch, mantch!* »Ich konnte sie nicht lesen, es war wie ein Blitz zwischen ihnen und mir. Jetzt bedeuten sie mir nichts mehr, ich weiß selber nicht, warum.« Mit diesem Hinweis auf die Erregung des Dichters schloß ich meinen Essay.

Meine Ausgangsthese, daß wir jedes Element der poetischen Sprache der Gegenwart vor dem Hintergrund der poetischen Richtung sehen, die das betreffende Phänomen prägt, stützte sich natürlich auf das entsprechende Bekenntnis Chlebnikovs: »Ich bemerkte, daß die alten Verse plötzlich verblaßten, daß ihr verborgener Inhalt zum Heute wurde, und ich begriff, daß die Schöpfung in der Zukunft zu Hause ist. Denn von dort her weht der Wind der Götter des Wortes.« Seit jeher leben die Dichter die Bekenntnis; man braucht sich nur an die Worte Percy Bysshe Shelleys (1792-1822) in seinem Werk *Defense of Poetry* zu erinnern: »Die Dichter sind Spiegel der riesigen Schatten, die die Zukunft auf die Gegenwart wirft; die Worte drücken aus, was sie nicht verstehen.« Dieses Motto kam dem Futurismus schon sehr nahe, dessen ganzes Pathos ja auf die Zukunft gerichtet war, und daher verstellten uns auch die zukunftsschwangeren Worte des russischen Dichters den Blick auf sein vergangenes Leben.

Doch 1930, nach dem Tode Majakovskijs, notierte ich: »Wir haben uns mit zuviel Ungestüm und Gier auf die Zukunft gestürzt, um eine Vergangenheit zu bewahren. Der Faden der Zeit ist gerissen. Wir haben zu sehr in der Zukunft gelebt, zuviel an sie gedacht und geglaubt, wir haben kein Gefühl mehr für eine Gegenwart, die sich selbst genügt, wir haben das Gegenwartsbewußtsein verloren . . . All unsere Lieder sprachen voller Begeisterung von der Zukunft, aber plötzlich gingen sie mit der Bewegung der Gegenwart nicht mehr im selben Takt und wurden zu Daten der Literaturgeschichte.«

In diesem Klima wurde die Frage nach dem Verlust des Dichters und dem verlorenen Dichter unausweichlich. Majakovskij hatte wiederholt gesagt, daß für ihn der Realismus nicht darin bestehe, daß der Dichter die Reste der Vergangenheit aufklaubt oder sich zum Spiegel des Wahren macht, sondern daß er als Schöpfer die Zukunft vorwegzunehmen habe. Und nun machte man tatsächlich die Entdeckung, daß der Dichter von seinem Schicksal im vorhinein berichtet hatte, daß er sein unglückliches Ende genau vorausgesagt und sogar all die absurden und unbarmherzigen Reaktionen seiner Zeitgenossen auf seinen »unerwarteten« Tod vorweggenommen hatte. Noch erstaunlicher und verhängnisvoller jedoch ist, daß die Leser Majakovskijs die detaillierten Prophezeiungen seiner Verse, die sich Wort für Wort erfüllen sollten, nicht bemerkten oder nicht bemerken wollten. Und nach dem Tode des Dichters stülpten sie sich eifrig die Masken über, die ihnen die beißende Satire des Dichters im voraus zugewiesen hatte. In seinen Gedichten hatte Majakovskij den festgefügten Mythos des Dichters gezeichnet, der für die Revolution des Geistes kämpft und zum Märtyrer wird, grausam dazu verdammt, auf Unverständnis und Ablehnung zu stoßen. »Das Massaker war beendet . . . Nur über dem Kreml flammten die Fetzen des Dichters im Wind wie eine rote Fahne.« Als der Mythos ins Leben trat, hätte es einer übermenschlichen Anstrengung bedurft, zwischen poetischer Mythologie des Dichters und seinem Lebenslauf eine Grenze zu ziehen. Das Testament Majakovskijs fand seine volle Bestätigung: Nur was sich in Worten niederschlug, ist im

Leben des Dichters von Bedeutung.

Ja, nur das ist von Belang, aber oft können oder wollen die Kritiker es nicht sehen. 1921/22 arbeitete Majakovskij voller Leidenschaft und Ausdauer an einem unvollendeten Gedicht, das zunächst *Die Vierte Internationale* und dann *Die Fünfte Internationale* heißen sollte. Der Dichter erzählt darin, wie »in der künftigen kommunistischen Gesellschaft« unaufhaltsam die Revolution des Geistes »aus den Zeiten hervortreten wird«, wie der Dichter sagt: »Ich werde sie machen, weil außer mir sonst niemand daran denkt.« Darin liege die höchste Pflicht der »futuristischen Kommunarden«. In den Entwürfen zu diesem Gedicht, die er Anfang 1922 schrieb, entwarf Majakovskij in großen Zügen seinen Dialog mit Lenin, zu dem ihn die Geschichte ausersehen hatte. Lenin kommt diese neue Revolution ungelegen – niemals sei er ihr auf einer Sitzung des SOVNARKOM (des Rates der Volkskommissare) begegnet. Worauf Majakovskij mit Entschiedenheit antwortet: »Kneifen Sie nicht, heute bin ich Vorsitzender des SOVNARKOM.« Bei dem künftigen Duell zeigt sich Lenin davon zutiefst überzeugt, daß Majakovskij »Blödsinn erzählt – er verdient die Peitsche!« Zweifellos liegt darin eine Anspielung auf eine Notiz Lenins vom 6. Mai 1921, die Majakovskij kannte und verabscheute. Lenin wandte sich darin wütend dagegen, daß Lunačarskij, der Kommissar für Unterrichtswesen, der Veröffentlichung des Gedichts *Hundertfünfzig Millionen* zugestimmt hatte.[69] Das Gedicht, das Majakovskij 1919/20 geschrieben hatte, gipfelt in den Versen: »Nicht Lenin besing ich mit Rührung und Schonung. / Im Kampfe der Klassen / zeug ich von Millionen, / rühm ich Millionen. / Ich singe die Massen.«[70] In seiner kategorischen Notiz beurteilte Lenin dieses machtvolle Poem Majakovskijs als »Unsinn, dumm, Erzdummheit und Manieriertheit« und zog daraus eine persönliche Konsequenz: »Lunačarskij aber gehört für den Futurismus verprügelt.«[71]

Wenn Lenin in den Entwürfen zur *Fünften Internationale* seine »gewaltigen Lider« hebt oder seine »gußeisernen Lippen« öffnet, so rücken ihn solche poetischen Bilder offenbar bewußt in die Nähe von Vij, jenes Dämons, der in den Versen Majakovskijs wiederholt erscheint. Diese Figur ist einer gleichnamigen Erzählung Gogols entnommen – ein Geschöpf mit einem eisernen Gesicht, das unter seinen langen, bis zum Boden herabhängenden Lidern nichts sieht. Wie man sich erinnert, hatte Majakovskij in seinen Versen *O novoj religii* [Über die neue Religion] der kommunistischen Jugend versprochen, künftig würden sich »die Hexen und die Vij nicht mehr gegen den Geist verschwören«. 1921 wandte sich Lenin an M. N. Pokrovskij: »Ich bitte Sie inständig, mich im Kampf gegen den Futurismus usw. zu unterstützen. Dem muß ein Ende gesetzt werden.« Der Entwurf zur *Fünften Internationale* gab darauf eine scharfe Antwort:

Kein Wall wird mich ersticken können
Auch wenn du dich vervierfachst, Kremlmauer
Vom Asphalt werde ich mich erheben und mich ins Ohr der
  Aufständischen eingraben
Mit dem Geschrei meiner wilden Lieder.

Es ist bemerkenswert, daß Majakovskij in dem Poem von 1924/25, das den toten Lenin glorifiziert, die Bilder der *Fünften Internationale* wiederkehren läßt, allerdings in Konditionalform. Während der Zeit des »Personenkults« wurden diese Verse unterdrückt:

Wenn er fürstlich sich und göttlich trüge
wollt ich mich in meinem Grimm nicht schonen;
sperrend trät ich vor die Fackelzüge
trotzend in den Weg der Preisprozessionen.
Es donnerte bei mir von Verwünschungssprüchen;
eh ich brüllend hinbräche mit zermalmten Gliedern,
bewürf ich den Himmel mit Lästerflüchen
und den Moskauer Kreml mit Sprengbomben: »Nieder!«[72]

Denken wir auch daran, daß Majakovskij damals Einstein als heldenhaften Kämpfer der Fünften Internationale bezeichnete, obwohl Lenin vor den Gefahren warnte, die der »Orthodoxie« von seiten Einsteins und seiner immer populärer werdenden Theorie drohten. Die Feier des »futuristische(n) Gehirn(s) eines Albert Einstein« fand Eingang in das Stück *Ban'ja*[73], das Majakovskij kurz vor seinem Tode schrieb, und zwar in den Monolog des Erfinders einer wundersamen Zeitmaschine, die das Tor zur Zukunft aufstoßen sollte.

Majakovskij war der wichtigste, zugleich positive und negative Held der autobiographischen Essays von Boris Pasternak. Dieser fühlte sich von seinem Vorbild abwechselnd angezogen und abgestoßen – abgestoßen wohl heftiger. So erklären sich die widersprüchlichen Darstellungen, die er zu verschiedenen Zeiten von seiner Haltung zu Majakovskij gibt. Es hat seinen Grund, wenn eines der bedeutendsten Werke Pasternaks, die lyrische Prosa seiner Autobiographie *Ochrannaja Gramota*[74], mit folgenden Worten über Majakovskij – der sein Leben gerade beendet hatte – schließt: »Von Kindheit an wurde er von der Zukunft verwöhnt, die sich ihm ziemlich früh und offenbar ohne große Mühe hingab.«

So beschrieb der lebende Dichter das »nun glücklich beendete« Leben des gestorbenen Freundes, des toten künftigen Feindes. Im *Geleitbrief* vermengen sich metonymische Widersprüche, überlagern sich räumliche, zeitliche und kausale Verbindungen und verbirgt sich hinter einer Reihe von Umkehrungen das wahre Gesicht des Autors und Helden des Buches. Ich sandte Pasternak meinen Artikel über seine metonymische Prosa, wie sie im *Geleitbrief* in reinster Form hervortritt, und er antwortete mir mit einem langen autobiographischen Brief, in dem er folgende, sehr bezeichnende und extrem metonymische (»deplazierte«) Wendung gebrauchte: er sei immer fester davon überzeugt, daß das persönliche Leben des Dichters und nicht nur des Dichters heute »bei uns« nicht mehr am rechten Platz stehe – vielleicht sogar nicht nur heute und nicht nur bei uns.

Während der dreißiger Jahre – des zweiten Jahrzehnts, das ich in der Tschechoslowakei verbrachte – begeisterte ich mich für die tschechische Dichtung, besonders aber für das Werk zweier Romantiker, Karel Hynek Mácha und Karel Jaromír Erben (1811-1870). Beide sind zwar außerhalb ihrer Heimat wenig bekannt, waren aber Lyriker von Weltrang. Ich erlebte die glanzvolle, wenn auch im Ausland ebenso verkannte Blüte der tschechischen Avantgarde-Dichtung in der Zwischenkriegszeit aus nächster Nähe. Die jungen tschechischen Dichter und Maler machten mich zum Mitglied ihrer Vereinigung, und mit mehreren von ihnen trat ich in engen Kontakt. Ich wiederholte meine moskauer Jugenderfahrung: in meinen Vorhaben und Untersuchungen stand ich den Malern und Dichtern näher als den prager Wissenschaftlern meiner Generation (und das gilt auch aus ihrer Sicht). Vítěslav Nezval (1900-1958), ein brillanter Dichter unseres Alters, kam in seinen Werken darauf zu sprechen. Ich möchte auch einen bedeutenden Maler jener Gruppe nicht vergessen, Joseph Šíma (1891-1971), der damals zwischen Paris und Prag hin- und herirrte. In seinem Tagebuch der zwanziger Jahre hat er unsere Diskussionen über die binäre Struktur der sprachlichen Zeichen und über die Semantik des Parallelismus, um die damals meine Gedanken kreisten, festgehalten. Diese Diskussionen hatten, wie er selbst sagte, nachhaltigen Einfluß auf seine eigenen Forschungen in der Malerei.

Dank meiner Vertrautheit mit dem tschechischen Künstlermilieu konnte ich die ganze Kraft der tschechischen Dichtkunst seit dem Mittelalter bis in unsere Tage erfassen, und dieser Vertrautheit verdanke ich auch einen vollständigen Wandel meiner Haltung zum dichterischen Werk der tschechischen Romantiker. Dabei stellte sich ganz natürlich die Frage nach der inneren Strukturbeziehung zwischen Mensch und Werk. Ich sah auch ein, daß man sich in dieser Frage der geläufigen Auffassung entgegenstellen mußte, die in der dichterischen Fiktion eine Struktur sieht, die der Realität mechanisch übergestülpt wird. Ebenso unwissenschaftlich schien mir aber auch das Dogma des »Antibiographismus« zu sein, das jede Beziehung zwischen der Kunst und dem persönlichen und gesellschaftlichen Hintergrund des Künstlers leugnet. Anhand von Máchas Versen, Tagebüchern und Briefen versuchte ich zu zeigen, daß die Chrestomathien Mühe gehabt hätten, bei ihm eine klare Grenze zwischen biographischer »Wahrheit« und poetischer »Fiktion« zu ziehen – und daß sich die verschiedenen, widersprüchlichen Fassungen desselben Mythos bei diesem Dichter überraschend gleichmäßig auf seine veröffentlichten Verse, den Briefwechsel mit seinen Freunden und sein zum Teil »verschlüsseltes« Tagebuch verteilen. Keiner dieser Versionen könnte man eine organische Verbindung sowohl zum dichterischen Werk als auch zur Chronik des Alltags absprechen.

Das Problem von Invarianz und Variation, das sich durch fast alle meine Arbeiten über die lautliche und grammatische Struktur der Sprache und über die Gesetze des Verses zieht, gewinnt hier eine neue Dimension. Gewöhnlich denkt man bei thematischer Einheit an ein Leitmotiv, das sich in jedem der aufeinander folgenden Motive eines Œuvres wiederfinden läßt. Man sucht dann das Wesen dieser Einheit zu erfassen und ihm eine klare und überzeugende Deutung zu geben, indem man sie mit dem Wechsel der Motive in Bezug setzt. Aus den eigentümlichen Abwandlungen der Symbolik des Dichters filtert man so die Invariante seines Mythos heraus. Dieser Mythos kann entweder versuchen, möglichst viel von der Person des Dichters wiederzugeben, das literarische und konventionelle *Ich* mit dem Personalausweis des Autors in Übereinstimmung zu bringen – oder aber sich in der traditionellen Mythologie verankern. Die Poetik Máchas ist ein beredtes Beispiel für die erste Richtung, die Balladen von Erben gehen in die andere, die für die Bestrebungen des konservativen Flügels der Romantiker kennzeichnend ist.

Pasternak schrieb mir in dem erwähnten Brief, die Lektüre seiner eigenen Gedichte und seiner Prosa in tschechischer Übersetzung – also in einer dem Russisch des Originals sehr verwandten und doch fernen Sprache – habe in seinem Werk eine wesentliche Rolle gespielt. Seine eigenen Schriften seien schon zum toten Buchstaben, ja zu einer Last für ihn geworden; in einer neuen und doch ähnlichen sprachlichen Fassung hätten sie ihm jedoch neue Anstöße für sein Schaffen gegeben. Ich selbst machte diese Erfahrung, als ich die russischen Verse Puškins, die mir seit meiner Kindheit vertraut waren, in tschechischer Übertragung las, und entdeckte darin plötzlich Züge, die bisher weder mir noch anderen Forschern im Original aufgefallen waren. Die Ähnlichkeit schon der Formulierung mancher Titel – *Kamennyj gost'* [Der steinerne Gast], *Mednyj vsadnik* [Der Eherne Reiter], *Zolotoj petušok* [Der goldene Hahn] – lieferte mir einen Schlüssel für die Analyse der thematischen Verwandtschaft und der Ähnlichkeit im Detail, die diese drei Werke aufweisen. Übrigens hat Puškin alle drei zu verschiedenen Zeiten auf seinem abgelegenen Landsitz geschrieben. Jedes davon gehört einer anderen Gattung an: Drama, episches Gedicht, Märchen. Sofort war klar, daß alle drei den Puškinschen Mythos der unheilbringenden Statue variieren. Deutliche Parallelen dazu gab es auch in Puškins poetischer Deutung der Bildhauerei und der Semantik der Skulptur, insbesondere in seiner Auffassung des tragischen Gegensatzes zwischen Unbeweglichkeit und Bewegung. Ebenso lohnend schien mir eine Untersuchung dieses Themas der dämonischen Statue im Zusammenhang mit den Briefen und den Lebensumständen Puškins. Die Frage war verfänglich: wie konnte das den Kommentatoren entgehen, wie konnten sie annehmen, der Schriftsteller Puškin habe der Bildhauerei gleichgültig gegenübergestanden? Trotzdem läßt sich darauf eine klare Antwort geben. Der Mythos des Dichters ist hier so organisch und unzertrennlich mit seinen Varianten verschmolzen, daß seine Herausarbeitung nicht weniger Schwierigkeiten macht als der Versuch, die Titelhelden dieser drei Werke mit wirklichen Statuen zu identifizieren.

Daß der Mythos im Werk des Dichters eine selbständige Existenz führt, bedeutet keineswegs, daß man nicht nach den geschichtlichen Voraussetzungen dieses Mythos und seiner verschiedenen Fassungen bei einem Schriftsteller forschen könnte. So ist zum Beispiel wohl kaum zu bestreiten, daß eine Beziehung zwischen dem Puškinschen Mythos von der Bestrafung der Statue und der Zeit, in der Puškin und das offizielle Petersburg einen *modus vivendi* zu finden suchten, existiert. Daneben spielt im dichterischen Werk die Zukunft eine besondere Rolle; Chlebnikov hatte das begriffen, als er von der Zukunft als dem Vaterland des Schöpferischen sprach, und Majakovskijs Definition des Realismus in der Kunst teilt diese Einsicht. Denn durch die Zukunft erhält der Mythos, den sich der Dichter aus seinem eigenen Schicksal formt, oft eine prophetische Bedeutung. Puškin und Majakovskij sind dafür keineswegs die einzigen Beispiele. Bei Puškin gleichen die Träume, die er dem wenig sympathischen Helden des *Ehernen Reiters* eingibt – eine rettende Heirat, eine Kohlsuppe und das Ansehen eines kleinen Grundeigentümers – fast wörtlich den Bekenntnissen, die er selbst im Kapitel über Onegins Reise ablegt. Die tragische Antinomie – »mein Herz verlangt nach Frieden« – steigert sich noch und geht von den Opfern der unseligen Statue auf die lyrischen Briefe Puškins an seine Frau über. Die dichterische Agonie wandelt sich zur Agonie des Dichters vor seinem Duell.

Die semiotischen Probleme der Wechselbeziehungen zwischen Wort und Bildender Kunst, zwischen Ähnlichkeit und Kontiguität der Statuen sowie die Frage, welche Bedeutung der Statue als Idol in der geistigen Tradition Rußlands zukommt, brachten mich auf neue Ideen zur Semiotik der Künste und über die Verbindungen zwischen Semiotik und Mythologie. Ich wandte mich daraufhin dem Heldenepos in der mündlichen russischen Tradition zu, um die Beziehungen zu klären, die der Mythos zu dem geschichtlichen Hintergrund des poetischen Werks unterhält.

Einige Stunden vor dem Einmarsch der deutschen Truppen in die Tschechoslowakei schickte ich meinen Artikel *Sobaka Kalin car'* an den Redakteur der prager Zeitschrift *Slavia*, Professor Oldrich Hujer (1880-1942), und schlug ihm vor, diese Arbeit, die ich ihm versprochen hatte, notfalls unter dem Pseudonym *Olaf Jansen* zu veröffentlichen[75]. Der Artikel trug die Widmung »Zur Erinnerung an Vsevolod Fedorovič Miller«, der bei der Erforschung des russischen Volksepos die historische Schule repräsentiert hatte und der während meiner ersten Studienjahre Leiter des Lazarev-Instituts gewesen war. Ich glaube den Nachweis geführt zu haben, daß der rätselhafte Zar Kalin – der in den *byliny* meist den Beinamen »der Hund« trägt – einen tatarischen Eroberer zum historischen Vorbild hatte, also einen Feind des Kievschen Rußlands, der unter dem Totemnamen *Nogaj* bekannt ist (ein Wort, das auf die mongolische Bezeichnung für »Hund« zurückgeht). In mohammedanischen Quellen taucht diese Person mit dem Titel *melik* [Zar] und dem türkischen Beiwort *jasu* [groß] auf. Letzteres ist ein weniger gebräuchliches und weniger höfliches Synonym für das türkische Adjektiv *kalyn* [fett]. In den russischen *bylina* wandelt sich dieses türkische Epitheton bei der Übersetzung in den Namen Kalin, während umgekehrt der Eigenname Nogaj zu einem ironischen Beiwort wird. Die Frage der Verbindung historischer Tatsachen mit den Erfordernissen der epischen Tradition war das Hauptthema dieses Artikels.

Zehn Jahre später, in New York, konnte ich das Problem von Vielschichtigkeit und künstlerischer Einheit des russischen Volksepos viel eingehender anhand des Vseslav-Epos untersuchen. Ich schrieb diese Arbeit zusammen mit Marc Szeftel, einem Historiker der slavischen Welt[76]. Dieses Werk war das Ergebnis unserer gemeinsamen Arbeit über ein Monument der russischen Literatur, *La geste du Prince Igor*, das man auf die Wende zwischen dem zwölften und dreizehnten Jahrhundert datiert.[77] Unserer Monographie zufolge geht diese epische Überlieferung auf den Magier-Fürsten der Stadt Polock zurück, der im elften Jahrhundert herrschte. Danach unternahm ich einen Exkurs und erforschte zusammen mit dem serbischen Philologen Gojko Ružičič (1894-1947) die Wirkungen dieser Überlieferung, die offenbar bis in die Zeit des Gemeinslavischen hinaufreicht, auf einen südslavischen Epenzyklus, den man einem örtlichen Despoten aus dem fünfzehnten Jahrhundert mit dem Beinamen Zmaj Ognjeni Vuk zuschrieb.[78]

Diese beiden Untersuchungen zeigten, daß alle drei klassischen Ansätze zur Erforschung des slavischen Epos eine gewisse Berechtigung besitzen (die erste Methode stellt das mythologische Substrat in den Vordergrund, die zweite betont die literarischen Anleihen, die dritte sucht nach den historischen Vorbildern). Allerdings müssen diese Elemente sehr genau bestimmt und als harmonische Bausteine einer dichterischen Ganzheit behandelt werden, nicht als mechanisch aneinandergeklebte Bruchstücke. Ich verließ dann die aufregende Frage, wie sich der Mythos im Epos realisiert, und begann mit einer systematischen Formulierung der Aufgaben, die bei einer Rekonstruktion der slavischen Mythologie zu lösen sind. Die dabei gewonnenen Einsichten waren äußerst nützlich, als es mir später darum ging, Wege zu einer Rekonstruktion der gemeinsamen indoeuropäischen Mythologie zu finden. Diesen Aufgaben widmeten sich meine Vorlesungen in Harvard während der sechziger Jahre und meine Vorträge vor internationalen Kongressen, dem Moskauer Ethnologie-Kongreß von 1964 und dem Prager Slavistik-Kongreß von 1968. Beide Texte habe ich inzwischen veröffentlicht.[79] Trotzdem wartet der überwiegende Teil der dazu gesammelten Materialien und meiner Feststellungen noch auf eine endgültige Ausarbeitung. Vorher ist an eine Publikation nicht zu denken.

Die methodologischen Grundlagen dieser Arbeiten waren die folgenden. Bislang schloß man von vornherein aus, daß die mittelalterlichen Texte und die zeitgenössische Folklore Spuren und authentische Zeugnisse slavischer Mythologie enthalten könnten. An die Stelle dieser apriorischen Skepsis setzte ich eine systematische Auswertung aller verfügbaren Quellen, um den vorchristlichen Glauben der Slaven so gut wie möglich rekonstruieren zu können. Für gewisse mythologische Namen gab es in der schriftlichen oder mündlichen Überlieferung Belege und bruchstückhafte Hinweise auf ihre Zusammenhänge und Funktionen. Das erforderte eine vergleichende Untersuchung sämtlicher Namensanalogien im Slavischen sowie der Spuren von Ausdrücken, die in den Bereich des Ritus und der religiösen Ethik gehören. Dieses ganze Ensemble von Begriffen und Eigennamen muß nun sehr genau mit der entsprechenden Überlieferung anderer indoeuropäischer Linien verglichen werden. Darüber hinaus müssen wir die Elemente, die eine gemeinsame prähistorische Entstehung vermuten lassen, voneinander abgrenzen und dabei die Phänomene der kulturellen Diffusion berücksichtigen. Man findet in der Geschichte der geistigen Beziehungen zwischen den Slaven und der indo-iranischen Welt, zumal ihrem iranischen Teil, immer mehr Übereinstimmungen. Entsprechend den Fortschritten auf dem Gebiet der vergleichenden Mythologie kann man immer häufiger feststellen, daß die Spuren mancher slavischer Mythen archaischer sind als die Denkmäler der antiken, germanischen und vedischen Mythologie, die zwar älter sind, jedoch literarische Umarbeitungen erfahren haben.

Es erhebt sich die Frage: Worin besteht der gemeinsame Nenner all dieser Untersuchungen zum Mythos, die vom Zyklus der Puškinschen Werke über die dämonische Statue ausgehend den mythologischen Hintergrund des russischen Volksepos aufzuhellen suchen und schließlich bis zu dem Versuch reichen, die Methoden der vergleichenden Linguistik auf die slavische und indo-europäische Mythologie anzuwenden? Die vorläufigen Ergebnisse dieser Anstrengungen lassen an die fesselnden Debatten der heutigen Anthropologen über Charakter, Tragweite und Anwendungsbereich der Idee des Mythos denken. Etwas vereinfacht läßt sich das Verhältnis von Dichtung und Mythos folgendermaßen resümieren: Es handelt sich um zwei eng miteinander verbundene, aber gegeneinander wirkende Elementarkräfte. Ihr gegensätzliches Verhältnis äußert sich darin, daß die Dichtung auf Variation gerichtet ist, während der Mythos nach Invarianz strebt. Daraus ergeben sich meiner Ansicht nach die verschiedenen Möglichkeiten ihrer wechselseitigen Beziehungen. Entweder kann der Dichter einen wesentlich individuellen poetischen Mythos entwickeln, der aber latent bleibt und sich hinter seinen – dem Leser zugänglichen – Varianten verbirgt; in den Gedichten Puškins etwa die Statuen, die das Schicksal lenken. Oder der ethnische Mythos erhält eine tiefe persönliche Prägung; wie etwa in den Balladen von Erben. Drittens kann der Mythos auf die Geschichte projiziert werden; das ist bei dem mündlich überlieferten Epos vom Magier-Fürsten der Fall. Schließlich gehört das Schicksal des indo-europäischen Mythensystems hierher, das sich zu literarischen Werken individualisiert oder als spätes Echo noch in einigen volkstümlichen Überlieferungen nachhallt. All dies sind aber nur erste Ansätze eines künftigen Forschungsprogramms zu diesem faszinierenden Thema der mythischen und poetischen Schöpfung.

*Pomorska* – Die Autobiographien von Majakovskij und Pasternak stehen in enger Verbindung mit Ihren verschiedenen Analysen zur dichterischen Mythologie. Trotz ihrer vermeintlichen Differenzen haben die Texte der beiden Autoren viel miteinander gemein. Bezeichnenderweise bestimmen sie nach demselben Kriterium, was in ihrem Leben und in ihrer Biographie wesentlich oder fruchtbar gewesen ist. Für beide ist einzig dasjenige relevant, was sich in Worten niedergeschlagen hat. Eines ihrer charakteristischen Merkmale reflektiert jedoch unmittelbar Ihre Behandlungsweise biographischer und symbolischer Tatsachen. Die Biographie beider Autoren, vor allem aber Pasternaks *Geleitbrief*, macht deutlich, daß die sogenannten realen Tatsachen für den Dichter im Grunde gar nicht existieren. Jedes einzelne Ereignis im Leben verwandelt sich augenblicklich in eine symbolische Tatsache und steht nur insofern mit dem Dichter in Verbindung. Ihre Studie zur Mythenbildung bei Puškin liefert dazu eine genaue Parallele: Wie Sie gezeigt haben, gibt es in der »wirklichen« Biographie des Dichters bereits zahlreiche symbolische Phänomene, deren Bedeutung für den Dichter gewiß nicht hinter der der realen Ereignisse zurückstand, ja die vielleicht sogar noch wichtiger waren. So verwischt sich die Grenze zwischen poetischem Mythos und gewöhnlichem Leben. Pasternak konnte daher mit Recht sagen, daß »eigentlich nur der Held eine Biographie verdient«. Das Leben des Dichters kann nicht in derselben Weise dargestellt werden, denn »der Dichter verschiebt die Gewichte in seinem ganzen Leben so stark, daß es nie wieder ins biographische Gleichgewicht kommt . . .« Und wollte man dennoch versuchen, dieses Gleichgewicht zu erzwingen, so könnte man in einer solchen Lebensbeschreibung »allenfalls Belangloses aneinanderreihen«.

# XV. Die Semiotik

*Pomorska* – Es liegt auf der Hand, daß die Semiotik die Wissenschaft von der Sprache, insofern diese ein System von Zeichen ist, unter sich befaßt. Daran knüpft sich das Thema meiner letzten Frage, die jedoch gar nicht einfach zu formulieren ist. Denn im Verlauf Ihrer gesamten wissenschaftlichen Arbeit auf allen Gebieten von Sprache und Kunst haben Sie die literarischen und künstlerischen Phänomene ja stets *als Zeichen* betrachtet. So könnte der Eindruck entstehen, die Frage nach der Semiotik erübrige sich damit. Gleichwohl haben Sie eine Reihe von Arbeiten der Semiotik als einer eigenständigen Wissenschaft sowie der Geschichte dieser Disziplin gewidmet: *Language in Relation to Other Communication Systems*[80], *Relationship between the Science of Language and Other Sciences*[81] und *Coup d'œil sur le développement de la sémiotique*[82]. Diese Studien sind alle gegen Ende der sechziger Jahre entstanden, also relativ spät. Ein immer dichter werdendes Gestrüpp von Fragen und Problemen umgibt das Verhältnis von Linguistik und Semiotik: Ist die Semiotik als die Bilanz aller linguistischen Untersuchungen zu verstehen? Läßt sich die Semiotik einfach als Zusammenfassung begreifen? Weshalb ist die Semiotik in den letzten zehn Jahren zu einer derart populären, um nicht zu sagen modischen Disziplin geworden? Bedroht dieses Übermaß an Semiotik nicht ihren wissenschaftlichen Wert? Wo liegen die Grenzen, was sind die Perspektiven der Semiotik?

*Jakobson* – Am Vorabend des ersten Weltkrieges hatte ich mit den jungen moskauer Malern lebhafte Diskussionen darüber, welche Verbindungen und welche Unterschiede zwischen den einzelnen Künsten bestehen. Besonders interessierte uns das Verhältnis zwischen dem pikturalen Zeichen als dem Element der Malerei und dem verbalen Zeichen als dem Element der Sprache. Und wir fragten uns, was diese beiden verschiedenen Zeichen-Arten in der abstrakten Malerei beziehungsweise in der hyperbewußten Dichtung leisten könnten. Schon seit langem übte die Thematik der Zeichen mit der ihr zugehörigen Terminologie besondere Anziehungskraft auf diese jungen Forscher aus. Als wir die Gedanken Saussures kennenlernten, fand die Frage einer

Wissenschaft der Zeichen – Saussure wollte sie »Semiologie« nennen und als neue Disziplin etablieren – bald Eingang in unsere Gespräche und Vorhaben, und der soeben gegründete Prager Linguistenkreis (1926) machte sich an ihre Ausarbeitung. Besondere Fortschritte auf diesem Wege erzielte in jener kritischen Zeit der Wende zwischen den dreißiger und vierziger Jahren der Ästhetiker Jan Mukařovský (1891-1975)[83]. Dennoch blieben Sprache und Literatur unter allen Zeichentypen und Kunstformen die wichtigsten und bevorzugten Themen des Kreises in der Zwischenkriegszeit. Ich selbst hatte damit begonnen, die Stellung der Sprache in der Kultur und ihre Bedeutung im Gesamtkreis der anderen Zeichensysteme aus der spezifischen Perspektive meiner Untersuchungen des slavischen und vor allem tschechischen Mittelalters zu analysieren. Bis vor kurzem war dieses Gebiet weder hinreichend detailliert noch umfassend studiert worden; die vorliegenden Ansätze und Deutungen schienen mir unzulänglich zu sein.

Nicht nur für die tschechische, sondern für die slavische Geschichte insgesamt war die sogenannte mährische Mission wohl ein entscheidendes Ereignis. Sie wurde in der zweiten Hälfte des neunten Jahrhunderts von Konstantin-Cyrillus (827-869) von Saloniki durchgeführt, einem Denker und Sprachforscher ohnegleichen, der an der Universität von Konstantinopel – damals der einzigen in Europa – studiert und später gelehrt hatte. Konstantin und Methodius (?-885), sein älterer Bruder und Mitstreiter, lieferten mit ihrer Übersetzung vornehmlich heiliger Bücher und kirchlicher Texte in die neugeschaffene slavische Schriftsprache einen bedeutenden Beitrag zur slavischen Kultur, ja zum Wesen und Schicksal der Slaven überhaupt. Die beiden Missionare und ihre slavischen Schüler führten einen mühsamen Kampf für die slavische Kirche. Als Wahrzeichen verwendeten sie einige ideologische Schlagworte, deren Interpretation unter semiotischem Gesichtspunkt sehr interessant ist. Ich benutze übrigens anstelle des Saussureschen Ausdrucks »Semiologie« den Begriff »Semiotik«, der sich inzwischen durchgesetzt hat; ursprünglich wurde er von John Locke vorgeschlagen und später von Charles Sanders Peirce aufgenommen. Letzterer widmete sein ganzes Leben der Begründung dieser Wissenschaft und entwickelte dazu als erster ein umfassendes Programm, das den Anforderungen des modernen Denkens auch heute noch standhält.

Kurz vor seinem Tode schrieb Konstantin einen bemerkenswerten poetischen Text in Altslavisch, der als Vorwort zu seiner Übersetzung des Neuen Testaments diente. Mit Hilfe einer Kette ausdrucksstarker Metaphern bestimmt er darin das gehörte und gelesene Wort Gottes als *essentia prima* des Menschen:

Höre nunmehr mit deinem Verstand
Da er dir zu hören gegeben ist, slavisches Volk!
Höre das Wort, das von Gott kommt,
Das Wort, das die menschlichen Seelen nährt,
Das Wort, das die Herzen und Geister stärkt,
Das Wort, das dich Gott erkennen läßt.
Ganz wie das Auge trostlos in der Finsternis
Wenn es auf Gottes Kreatur blickt
Nicht deren Herrlichkeit gewahrt:
So ist das Schicksal all der Seelen ohne Schrift,
Die von dem göttlichen Gesetz nichts wissen
Das dich zum Paradiese führt.
Denn wer wird Buße tun vor Gott,
Wenn das Ohr den Donner nicht vernimmt?
Wie das göttliche Wunder begreifen,
Wenn die Nasen den Blumenduft nicht riechen?
Lippen, die Zartes nicht empfinden,
Lassen den Menschen nicht minder versteinern.
Wieviel eher noch wird den Menschen
Ohne Bücher die Seele verdorren!
Und so, dies alles bedenkend, Brüder,
Geben wir euch guten Rat,
Der die Menschen bewahren wird
Vor tierischer Unwissenheit und Begier:
Lest nicht das Wort in fremder Sprache,
Die der Geist nicht zu fassen weiß,
Als wär' es der Laut einer kupfernen Glocke, die
ihr vernehmt ...

So begründete Konstantin die Pflicht und das Recht eines jeden Volkes auf sprachliche Selbstbestimmung. Die Vielfalt der Sprachen ist also nicht mehr göttliche Strafe (wie in dem alttestamentarischen Symbol der babylonischen Sprachverwirrung), sondern ein Zeichen der göttlichen Gnade (das Pfingstwunder, die Herabkunft des Heiligen Geistes und seiner Gabe, in vielen Sprachen zu sprechen). Nach der Lehre der mährischen Mission hatte jede

Sprache, also auch die slavische, Anspruch auf Teilhabe am Mysterium der Eucharistie, dem höchsten geistigen Wert im Mittelalter, der auf alle sozialen Werte natürlich einen entscheidenden Einfluß ausübte.

Das in slavischen Versen verfaßte Gebet Konstantins, das vom Priester vor der Wandlung von Brot und Wein in Fleisch und Blut Christi gesprochen wurde, ist uns erhalten geblieben; in der Zeit des revolutionären Kampfes um die Selbstbestimmung der Völker beriefen sich die Hussiten auf diesen slavischen Vorläufer, und selbst im Klima der triumphierenden Gegenreformation konnte der tschechische Gelehrte Bohuslav Balbín (1621-1688) es als das höchste Recht eines Volkes preisen, beim eucharistischen Gebet die eigene, slavische Sprache zu sprechen; denn die Worte, die der Priester dabei spricht, benennen ein noch größeres Wunder als die Schöpfung der materiellen Welt durch Gott.

Das Band, das die beiden Symbolwelten von Wort und Ritus vereint, aber auch das zwischen kirchlichem Wort und Ritus einerseits und der bildenden Kunst andererseits empfand Konstantin-Cyrillus wie einen Teil seiner selbst. Das altslavische *Leben des Cyrillus* lobt übrigens seinen moralischen Sieg bei der Verteidigung der Ikonen über den Oberpriester der Bilderstürmer. Zu jener Zeit des historischen Kampfes um eine allen zugängliche Amts- und Kultursprache, um die Gleichheit der Menschen eines Volkes und der Völker untereinander bestand zwischen den rituellen Zeichen der Zeremonie, den verbalen Zeichen der Muttersprache und den ikonographischen Zeichen ein Zusammenhang, der von den skeptischen Erforschern des Mittelalters lange Zeit verkannt worden ist. Die Auseinandersetzung mit dieser Schule kann der Wissenschaft überdies erstaunliche Beweise für die Wirkungsmacht jener mährischen Mission liefern. An diesem Beispiel kann die Semiotik lernen, wie sich die Sprache als ranghöchstes Zeichensystem mit den übrigen Systemen in Beziehung setzt. Aus all diesen Gründen ist es erforderlich, die Linguistik in den weiteren Rahmen der kulturellen und soziopolitischen Probleme einzubetten.

Eine solche Lokalisierung der Sprache in ihrem sozio-kulturellen Umfeld stellt uns vor historische Aufgaben, die meiner Ansicht nach eine umfassende Analyse der inneren Struktur der Sprache ergänzen müssen. Ich selbst würde es vorziehen, statt von Ergänzung von zwei korrelativen Ebenen zu sprechen, ohne dabei eine von vornherein der anderen unterzuordnen. Wer die Existenz und die Bedeutung dieser beiden unabhängigen, aber auch aufeinander bezogenen Ebenen bestreiten wollte, verhielte sich ebenso kurzsichtig wie jemand, der die Einbindung der Sprache in ein ganzes Bündel semiotischer Systeme leugnen wollte. Doch wie immer die hierarchischen Beziehungen zwischen all diesen Systemen, insbesondere zwischen der Sprache und den anderen Zeichen-Feldern, auch beschaffen sein mögen: auf jeden Fall ist es an der Zeit, eine vergleichende Untersuchung der Sprache und aller übrigen Zeichenensembles ins Werk zu setzen – eine Untersuchung, deren Grundlagen im Laufe der Jahrhunderte bereits von einer ganzen Reihe von Denkern gelegt worden sind. Ich wiederhole: Nur Kurzsichtige können sich dem entziehen wollen.

Neben vielen wertvollen Beiträgen zum Aufbau einer solchen Wissenschaft gibt es natürlich auch Artikel von Dilettanten, deren Oberflächlichkeit ins Auge springt. Aber ein Verdikt gegen solche unseriösen Artikel trifft nicht die Theorie, von der die Autoren dieser fruchtlosen Bemühungen unbedacht ihre Terminologie und ihre Schlagworte erborgen. Keiner Wissenschaft und keiner neuen Etappe in der Geschichte einer Wissenschaft ist es erspart geblieben, daß anfangs Pseudo-Neuerer und Parasiten auftreten, die auf die Mode und den verführerischen Reiz des Neuen spekulieren. Dies gilt auch für all die neuen »Schulen« der Linguistik, zumindest seit dem Jahrhundert der Aufklärung. Und auf jeder neuen Stufe der Wissenschaftsentwicklung erheben sich abermals akademische Streitigkeiten über die Frage, wie die neue Disziplin von ihren Nachbarn abzugrenzen sei.

Was die Frage angeht, welcherart Zeichen in den Bereich der Semiotik gehören, gibt es darauf nur eine Antwort: Wenn die Semiotik – wie die Etymologie nahelegt – die Wissenschaft der Zeichen ist, dann hält sie kein Scherbengericht über irgendein Zeichen. Wenn man unter der Vielfalt der Zeichensysteme Zeichen mit eigentümlichen Zügen entdeckt, die sie von anderen unterscheiden, so kann man ihnen eine besondere Klasse einräumen, ohne sie deshalb aus der allgemeinen Wissenschaft der Zeichen auszuschließen. Die mannigfachen konkreten Aufgaben, vor die sich die Semiotik gestellt sieht, und deren Tragweite führen hinreichend vor Augen, wie dringlich eine systematische, weltweite Ausarbeitung der Semiotik ist. Doch dabei muß sie allen sektiererischen Versuchen aus dem Wege gehen, die um jeden Preis über eine derart umfassende und vielfältige Arbeit Kantönligeist und Kirchturmpolitik triumphieren lassen möchten.

# Krystyna Pomorska
# Nachwort

In seiner jüngsten Arbeit legt der bedeutende russische Linguist Vjačeslav Vsevolodovič Ivanov überzeugend dar, wie eng und wie subtil zugleich die heutige Wissenschaft mit der Kunst des Theaters verbunden ist[84]. Beide Gebiete sind allerdings nicht etwa im Sinne direkter Kausalbeziehungen aufeinander verwiesen, sondern im Rahmen eines *feedback*-Systems. Vieles verdankt das Theater der heutigen Physik, Neurologie und Psychologie, doch stehen diese Disziplinen ihrerseits in der Schuld des Theaters. Schon 1810 wurde von Kleist eine Theorie der Bewegung ausgearbeitet, die – vermittelt über das Theater E. G. Craigs, Mayerholds und das Kino Ejzenstejns – die gegenwärtige Biomechanik beeinflußt hat; solche Beziehungen haben bei der Herausbildung der genannten Disziplinen eine nicht unerhebliche Rolle gespielt. Darin zeigt sich, wie verwickelt die Verhältnisse zwischen den Bereichen der Kunst und Wissenschaft sind und welche ungeahnte Rolle überdies die Kunst im Leben der Menschen spielt.

Diese Dialektik der Rückkopplung, wie sie in *feedback*-Systemen abläuft, findet sich auch in den Arbeiten und in der geistigen Haltung Roman Jakobsons. Beim Rückblick auf seine eigenen Schriften betont er stets die Verbindung, die zwischen ihren Neuerungen und der modernen Kunst bestehen. Im Nachwort zum ersten Band der *Selected Writings* wirft er diese Frage anscheinend erstmals, jedoch sehr präzise auf:

»Der eigentliche Auslöser für diesen neuen Zugang zur Sprache und zur Sprachwissenschaft war jedoch – zumindest was mich angeht – die ungestüme Entwicklung der Kunst zu Beginn des zwanzigsten Jahrhunderts. Die großen Gestalten der Kunst, die in den achtziger Jahren geboren sind – Picasso (1881-1973), Joyce (1882-1941), Braque (1882-1963), Stravinsky (1882-1971), Chlebnikov (1885-1922) und Le Corbusier (1887-1965) – konnten alle noch in einer der ruhigsten Perioden der Weltgeschichte ihre Ausbildung beenden und bereichern . . . Diese Entdecker bewiesen eine unerhörte Fähigkeit, ihre eigenen Gewohnheiten, sobald sie ausgelaugt und matt geworden waren, über den Haufen zu werfen; sie besaßen die beispiellose Gabe, sich jede ältere Tradition, jedes fremde Vorbild anzueignen und umzustoßen, ohne daß sie diese erstaunliche Polyphonie zu dem Verzicht darauf genötigt hätte, ihre immer wieder neuen Schöpfungen mit einem dauerhaften individuellen Kennzeichen zu prägen. Darüber hinaus waren sie außerordentlich empfänglich für die dialektische Spannung zwischen den Teilen und dem umfassenden Ganzen, aber auch zwischen den verbundenen Teilen, vor allem zwischen den beiden Seiten jedes künstlerischen Zeichens, seinem *signans* und seinem *signatum* ... Diejenigen von uns, die sich mit der Sprache beschäftigten, erlernten die Anwendung des Relativitätsprinzips auf linguistische Operationen. Von allen Seiten wurden wir geradezu gedrängt, diesen Weg zu beschreiten: von der aufsehenerregenden Entwicklung der modernen Physik, von Theorie und Praxis der kubistischen Malerei, in der »alles auf Relationen beruht«, auf der Wechselwirkung zwischen Teilen und Ganzem, zwischen Farbe und Gestalt, Darstellung und Dargestelltem.«[85]

Damit stehen wir erneut vor dem Phänomen einer engen wechselseitigen Abhängigkeit zwischen Kunst und exakten Wissenschaften und ihrem Einfluß auf die neue Linguistik. Umgekehrt schlugen sich die linguistischen Entdeckungen Jakobsons in der Kunst nieder und verliehen ihr schöpferische Impulse. Seine gesamte wissenschaftliche Orientierung ist als Ergebnis eines fruchtbaren Zusammentreffens von avantgardistischer Kunst und Wissenschaft zu betrachten, als ein Resultat freilich, das auf seine bedingenden Faktoren zurückwirkt. Schon die allerersten Arbeiten Jakobsons über die neue Kunst fragen nach Parallelen zwischen den Merkmalen der neuen Kunst, dem gesellschaftlichen Leben und der Wissenschaft. So stellt der junge Gelehrte in einem Artikel über *Dada*, den er 1921 schon in Prag für die Moskauer Zeitschrift *Vestnik teatra* [Theaterbote] schrieb[86], eine Beziehung zwischen den Problemen des damaligen Rußland, wo »nichts mehr selbstverständlich ist«, und der »Wissenschaft der Relativität« her. Diese sollte an die Stelle einer »Wissenschaft des tausendundersten Beispiels« treten, die so lange herrschen mußte, »wie die Formel galt: Was immer so war, muß auch immer so bleiben; wie das Morgen möglichst dem Heute ähneln sollte und jeder anständige Mensch ein Zuhause haben mußte ...« Aber auch schon vorher in Moskau beschäftigt er sich mit der »Wissenschaft der Relativität«. In dem Artikel *Futurizm*[87] von 1919 vergleicht er die Entwicklung der neuen Malerei, die der Zerlegung des Lichts, der Farben und schließlich des Objekts mit der Entwicklung der exakten Wissenschaften, insbesondere der Einsteinschen Physik.

»Wie fassen wir die Zeit auf? Als etwas Kontinuierliches, das ewig mit derselben Geschwindigkeit gleichmäßig abläuft. Die Zeit ist auf der ganzen Welt dieselbe; es gibt nicht zwei verschiedene Zeiten – und kann sie scheinbar auch gar nicht geben –, die an zwei verschiedenen Punkten des Universums mit unterschiedlicher Geschwindigkeit abliefen. Ebenso verhält es sich mit unserer Auffassung der ›Gleichzeitigkeit‹ zweier Ereignisse, des ›Vorher‹ und ›Nachher‹, als hätten diese drei so einfachen, kinderleichten Begriffe für alle und überall dieselbe Bedeutung . . .« Nun aber sehen wir, »daß die Zeit mit allen drei Dimensionen verwoben ist. Wir können die geometrische Form eines Körpers, der sich im Verhältnis zu uns bewegt, gar nicht bestimmen; wir definieren immer nur seine kinetische Form. Unsere räumlichen Dimensionen erstrecken sich nicht in einer dreidimensionalen, sondern in einer vierdimensionalen Mannigfaltigkeit.«

Diese Gedanken der russischen Physiker Chvol'son und Umov wurden damals von dem jungen Linguisten, den die futuristische Malerei so sehr fasziniert hatte, häufig zitiert. Sie wurden zum Grundpfeiler seiner linguistischen Untersuchungen und blieben in seinen Arbeiten immer lebendig. Das zeigt sich besonders an seinem Interesse daran, welche Rolle Raum und Zeit in der Entwicklung und in den verschiedenen Funktionen der Sprache spielen. Wie ein Leitmotiv zieht sich dieses Thema durch unser Gespräch.

Ein weiteres Merkmal, das Roman Jakobsons schöpferischen Geist auszeichnet, ist die Beständigkeit seiner wissenschaftlichen Interessen. Nie werden die Leidenschaften seiner Jugend verleugnet, niemals flüchtet er in ein anderes Gebiet. Dagegen bemüht er sich stets, die einmal gewonnenen Grundsätze konsequent auszuarbeiten und unter Einbeziehung immer neuen Materials zu einem immer umfassenderen Verständnis zu gelangen. Deshalb kann der Linguist Grigorij Osipovič Vinokur in seinen Bemerkungen zu den Arbeiten Jakobsons von dessen »Konservatismus« sprechen. »Denn trotz des revolutionären Geistes, der in seinen Entdeckungen weht, bewahrt er den ursprünglichen Interessen und Grundsätzen seiner Jugend unverbrüchliche Treue.«

Noch eine weitere Eigentümlichkeit unseres Dialogpartners wollen wir erwähnen. Morris Halle weist in seinem Artikel für die

*International Encyclopedia for Social Sciences* darauf hin: »Die einhundertvierunddreißig Texte, die Jakobson zwischen 1920 und 1939 veröffentlicht hat, behandeln alle großen Themen, die ihn zeitlebens interessierten.« Nur wenige Wissenschaftler vermögen ihren Elan derart zu konzentrieren. Es gibt eine Theorie, nach der das nur bei Gelehrten bestimmter Forschungsgebiete möglich ist, etwa bei Mathematikern. Wie auch immer, ein solches Phänomen ist erstaunlich. Bei Jakobson gibt es keine »tastenden Versuche« und keine »Entwicklung«. Alles ist von Anfang an da, wie ein Programm fürs ganze Leben. Unter den Schriftstellern wäre ein entsprechendes Beispiel dafür Gogol. – Doch kehren wir zu dem künstlerischen Umfeld zurück, das für Jakobsons Forschungen prägend war.

Zu Beginn unserer Gespräche sagt Roman Jakobson: »Ich wuchs unter Malern auf.« Er schildert seine Beziehungen zu Malevič und geht auf ihre gemeinsamen Projekte in Sprachwissenschaft und Malerei ein. Ich möchte zu den Bekanntschaften, die der junge Wissenschaftler unter den Malern und Dichtern seiner Generation hatte, noch einige Hinweise geben. Noch vor seiner Begegnung mit Malevič befreundete sich Roman Jakobson mit zwei gleichaltrigen Kameraden, die für eine Erneuerung der Malerei fochten: Sergej Maksimovič Bajdin, einer der ersten abstrakten Maler in Moskau, und Isak L'vovic Kan, der später ein konstruktivistischer Architekt wurde. Schon in den Jahren 1911/12 lernte er Adol'f Mil'man kennen, einen Landschaftsmaler aus der Schule von Derain. Und eben Mil'man, der in der Gruppe *Bubnovyj valet* [Herzbube] aktiv war, nahm ihn in die Sammlung Ščukin mit. Ščukin war einer jener Moskauer Millionäre, die sich Anfang des Jahrhunderts leidenschaftlich für die französische Kunst der Avantgarde interessierten.

Ein Brief Roman Jakobsons, den er Anfang 1915 an M. V. Matjušin schrieb, gibt uns einen ausgezeichneten Einblick in die damaligen Interessen, Freundschaften und Aktivitäten des Autors. Wir erfahren, daß Jakobson »Malevič die Bilder zurückgebracht« und seine »Bekanntschaft mit ihm vertieft« habe. Wegen einer Rezension habe er das neue Buch der avantgardistischen Dichterin Elena Guro, *Nebesnye verbljužata* [Die kleinen Himmelskamele], der Redaktion der Zeitschrift *Russkie vedomosti* [Russisches Bulletin] zukommen lassen. Und weiter: »Ich werde Ihnen demnächst die Photographien der Bilder von Bajdin senden ... Was Chlebnikov betrifft, so hat sich die Prophezeiung erfüllt: Die Deutschen haben die *Formidable* am 20. versenkt. Und dann hatte ich aus irgendeinem Grund in Petersburg keine Zeit gefunden, Ihnen alle meine Gedanken zu entwickeln: Wir leben nicht in der Zeit Don Quichottes, wir leben in der Zeit der Bauern und ihrer Peiniger. Don Quichotte ist ein Romantiker, einer, der auf die Knie fällt, er verklärt die Vergangenheit, den erbaulichen Schwindel. Bekämpfen wir nicht einen Ritter? – Was ist mit Kručenych? Aus irgendeinem Grunde antwortet er nicht auf meinen Brief ... Ich weiß nicht, ob Malevič Zeit gefunden hat, Ihnen zu schreiben – uns schien der Augenblick gekommen, jetzt eine Sammlung zu veröffentlichen, und sei's auch nur in ein paar Exemplaren. So könnten wir die Totengräber des Neuen verhöhnen ...« Im folgenden entwirft er den Plan dieser Sammlung.

Fast alle Maler und Dichter, die in diesem Brief erwähnt werden, tauchen auch im Text unserer Dialoge auf. Manche Bemerkungen sind freilich erläuterungsbedürftig. Was Chlebnikov betrifft, so hatte er aufgrund einer mathematischen Berechnung eine Voraussage über das Weltgeschehen gemacht. Die Bemerkungen zu Don Quichotte spielen an auf Gespräche über Matjušins Musik, die sich von Don Quichotte und dem Stück seiner Frau Elena Guro hatte anregen lassen. Diese Dichterin und Künstlerin, die den Futuristen nahestand, hatte sich für das Leben des Ritters, jenes »ewigen Kindes«, begeistert. Der Empfänger des Briefes schließlich, Michail Vasil'evič Matjušin (1861-1934), war eine der schillerndsten und engagiertesten Gestalten der neuen Kunst und darüber hinaus der Wissenschaft und des Denkens der Avantgarde. Er war nicht nur Komponist, Musikwissenschaftler, Maler und Bildhauer, sondern auch Autor einer sehr interessanten Studie über die neue Raumwahrnehmung, *Opyt chudožnika novoj mery* [Die Erfahrung des Künstlers einer neuen Dimension]. Wie schon in seinen pädagogischen Betrachtungen untersuchte er in dieser Arbeit das Problem der »vierten Dimension«, das damals im Anschluß an die Diskussionen der Physiker die Vertreter der Avantgarde beschäftigte.

1913 lernte Roman Jakobson das bedeutende Malerehepaar Michail Larionov und Natal'ja Gončarova kennen. Er traf sie in der Folgezeit mehrmals in Paris und hielt die Verbindung bis zu ihrem Tode aufrecht. Zur Erinnerung an diese Begegnungen erhielt er zwei abstrakte Zeichnungen von Lorionov, von denen eine die

Widmung trägt: »Für Professor Jakobson – eine Illustration zu dem Gedicht *Solnce* [Sonne] von V. V. Majakovskij«. Die Annäherung und spätere Freundschaft zwischen dem Linguisten Jakobson, der sich von den poetischen Experimenten fesseln ließ, und dem Dichter Vladimir Majakovskij, der sich bald für ein linguistisches Verständnis der Poesie begeistern sollte, stammt aus der Zeit der Begegnungen mit Elsa Triolet in Moskau und mit Osip und Lili Brik in Petrograd. Majakovskijs lebhaftes Interesse ging so weit, daß er den Moskauer Linguistenkreis besuchte und an dessen Diskussionen teilnahm. In *Linguistics and Poetics* beschreibt Roman Jakobson eine von Majakovskijs Interventionen: Als eines Tages die Debatte um *epitheta ornantia* ging, erklärte Majakovskij, daß seiner Ansicht nach jedes Adjektiv, das in einem Vers vorkommt, damit auch schon zum poetischen Epitheton werde, so wie »groß« und »klein« in moskauer Straßennamen wie Große Presnja und Kleine Presnja.

Einen beträchtlichen Teil seines Buches *O češskom stiche* widmete Roman Jakobson den poetischen Prinzipien Majakovskijs. Er erläuterte darin erstmals, worin ihre grundsätzliche Neuerung bestand. Die Rezitationen der Gedichte Majakovskijs, die Roman Jakobson in Harvard und Moskau auf Band sprach, lassen die Besonderheiten der Intonation des Dichters und seiner entfesselten Epitheta – die im buchstäblichen Sinne »hinzu gefügt« sind – klar hervortreten; vielleicht lag darin eine Erinnerung an die alte Diskussion über die Große und die Kleine Presnja. Roman Jakobson spielte darauf an in einem Brief, den er mir 1958 nach Warschau sandte: »Volodia sagte: Wenn man die Betonung eines Dichters kennt, klingen die Verse ganz anders. So eilt mein lebendiger Vers von mir zu dir und von dir aus weiter.« Wer Chlebnikov gekannt hatte, mußte anerkennen, daß Roman Jakobson der Stimme des Dichters bei der Interpretation seiner Verse treu geblieben war. Diese Aufnahme, die 1956 im Majakovskij-Museum gemacht worden war, wurde auf der Veranstaltung zum Gedächtnis Chlebnikovs vorgespielt. Als ein weiteres Zeichen für die Zuneigung, die Jakobson für Majakovskij empfand, könnten wir seine Versuche anführen, die Verse des Dichters zu übersetzen. Besonders die Übertragung des ersten Teils des Gedichts *Oblako v štanach* [Wolke in Hosen[88]] in französische Verse ist meisterhaft. Im Januar 1917 las er seinen Text Brik und Majakovskij vor, die von der Virtuosität der Wiedergabe begeistert waren. Im Jahr darauf übersetzte Roman Jakobson während seiner Forschungen zur altslavischen Poesie ein ironisches Gedicht Majakovskijs, *Ničego ne ponimajut* [Sie begreifen nichts], das 1914 in dem futuristischen Jahrbuch *Rykajuščij Parnas* [Brüllender Parnaß] erschienen war, ins Altslavische und brachte es dabei ins Versmaß eines Lehrgedichts aus dem neunten Jahrhundert: »K bradobriju pridoch' i rekoch'« [Ich kam zum Barbier und sagte . . .]. Majakovskij verewigte den Namen seines Freundes in einem Gedicht von 1926. Alle Leser Majakovskijs kennen »Romka Jakobson«; diese Verkleinerungsform des Vornamens benutzt der Dichter in seinem bekannten Gedicht *Tovarišču Nette – parochodu i celoveku* [Genosse Nette – Dampfer und Mensch]:

Als du Mensch warst, Nette – weißt du noch vielleicht,
tranken wir zusammen Tee im Dipkupee.
Schläfer schnarchten. Du warst müd und rührend.
Schieltest auf die Siegel deiner Mission
Komisch schwatztest du, Gedichte memorierend.
Plaudertest die Nacht hindurch von Romka Jakobson . . .[89]

Es gibt eine Photographie von Roman Jakobson und Theodor Nette, 1920 in Prag aufgenommen. Nette war ein sowjetischer diplomatischer Kurier und liebte seit seiner Jugend begeistert die Poesie. Bei seiner Rückkehr nach Moskau überbrachte er Majakovskij einen Brief Roman Jakobsons, in dem dieser den Dichter bat, den Überbringer der Nachricht freundlich zu empfangen. Majakovskij erzählt, er sei daraufhin mehrmals in Nettes Diplomatenabteil auf dessen Auslandsreisen mitgefahren, und sie hätten dabei viel von ihrem »gemeinsamen Freund« gesprochen. Majakovskij schrieb das Gedicht nach Nettes Tod in Lettland. Er starb »auf die Geheimagenten schießend, die ihn überfallen hatten«.

Typisch für Majakovskij sind seine gereimten Widmungen: »Tebe Romka, chvali gromko« [Für dich, Romka, lobe es recht sehr!] in dem 1919 erschienenen Band seiner Werke und »Milyj Romik! dlja novych chvalenii novyj tomik« [Lieber Romik! Für neues Lob ein neuer kleiner Band] in dem kleinen Buch *Majakovskij dlja golosa* [Majakovskij hat das Wort], das im Juni 1923 in Berlin herauskam.

Roman Jakobson kam oft auf seine Erinnerungen an Majakovskij zu sprechen, und einmal sagte er mir: »Er liebte nicht, was die

Engländer *small talk* nennen, das schien ihm bloßes Geschwätz zu sein. Gewöhnlich spielte er entweder – oder schrieb Verse.« Dieser Gedanke gibt uns einen Schlüssel für die zutiefst »antialltägliche« Haltung seiner Werke. Er hatte eine Idiosynkrasie gegen die Banalität des Alltäglichen, gegen das verhaßte Klischee, das man im Russischen mit dem unübersetzbaren Wort *byt* ausdrückt.

Im Oktober 1977 wurde in der Pariser Zeitschrift *Change* erstmals ein Text veröffentlicht, den Boris Arvatov, ein Mitarbeiter des *Lef* [Linke Front] kurz nach Majakovskijs Tod geschrieben hatte. Arvatov versucht, die Persönlichkeit des toten Dichters in psychoanalytischen Begriffen zu beschreiben; in den Grundzügen deckt sich Roman Jakobsons Einschätzung mit diesen Formulierungen. Den Zeitgenossen waren Majakovskijs Charaktereigenschaften weitgehend unbekannt. Noch heute übergehen die Literaturkritiker die eigentümlichen Merkmale der Dichtung Majakovskijs, wie sie Jakobson in einem Artikel von 1930 herausstellte. Zwei der grundlegenden Arbeiten, die er Majakovskij widmete, entwickeln in jeweils spezifischer Akzentuierung den Gedanken, daß sich im Werk des Dichters lyrische Zyklen mit Wellen einer »politischen« Prosa abwechselten; Majakovskij glaubte damit einer tiefempfundenen Pflicht zu genügen: »Ich habe mich gebändigt, ich habe mein eigenes Lied erstickt.«

Erstaunlicherweise war Roman Jakobson der einzige, der nach dem Tode des Dichters auf den tragischen und bewegenden Aspekt dieser Lyrik hingewiesen hat, die um den Mythos des Dichters als Märtyrer kreist, der dazu verdammt ist, freiwillig in den Tod zu gehen. Majakovskijs Prophezeiung entging seinen Zeitgenossen, »sie glaubten nicht daran und hielten sie für Phantasterei« – wie Boris Pasternak in seinen Versen über den Tod des Dichters schrieb. In seinem Nachruf von 1930, *O pokolenii, rastrativšem svoich poètov* läßt Jakobson zum ersten Mal die machtvolle Gestalt des Dichters in ganzer Größe erstehen: eines Dichters, der während seines kurzen Lebens kühn an den lähmenden Fesseln von Raum und Zeit zerrte, der den Tod besiegen und für die ganze Menschheit der Zukunft Unsterblichkeit zu erlangen suchte. Roman Jakobson hat uns in diesem Artikel die wahre Statur Majakovskijs und des russischen *budetljanstvo*[90] insgesamt mit seiner prometheischen Utopie eines Ausbruchs aus dem All und eines Sieges über die kosmischen Kräfte sichtbar gemacht.

Dieser ergreifende Nachruf – über den Petr Grigor'evič Bogatyrev, Roman Jakobsons Freund und Mitstreiter, gesagt hat, es sei der eindringlichste Text, den dieser je geschrieben habe oder habe schreiben können –, enthält viele lebendige Erinnerungen an Majakovskij. Die charakteristischste sei hier angeführt: »Im Frühling 1920 kehrte ich in das von der Blockade dicht verriegelte Moskau zurück. Ich brachte neue europäische Bücher und Informationen über die wissenschaftliche Arbeit im Westen mit. Majakovskij ließ mich meinen verworrenen Bericht über die Allgemeine Relativitätstheorie und über die sich damals um sie herum entwickelnde Diskussion einige Male wiederholen. Die Befreiung der Energie, die Problematik der Zeit, die Idee, ob eine Geschwindigkeit, die das Licht überholt, eine umgekehrte Bewegung in der Zeit darstellt – das alles hat Majakovskij hingerissen. Selten habe ich ihn so aufmerksam und begeistert gesehen. ›Meinst du nicht‹, fragte er plötzlich, ›daß auf diese Weise die Unsterblichkeit errungen wird?‹ Ich sah ihn überrascht an und murmelte etwas Mißtrauisches. Dann, mit einer hypnotisierenden Beharrlichkeit, die wahrscheinlich allen, die ihn kannten, vertraut ist, schob er zwischen seine Backenknochen: ›Und ich bin völlig überzeugt, daß es keinen Tod geben wird. Man wird die Toten auferwecken. Ich werde einen Physiker finden, der mir Einsteins Buch Punkt für Punkt auseinanderpflückt. Es kann doch nicht sein, daß ich es nicht verstehen werde. Ich werde diesem Physiker eine akademische Verpflegungsration zahlen.‹«[91] Besser ließe sich kaum beschreiben, mit welcher Überschwenglichkeit die damaligen Forschungen aufgenommen wurden und welche Interessen jene Generation und jenes Milieu verfolgte, in dem Roman Jakobson aufwuchs und in dem er lebte.

Von einer anderen markanten Gestalt, Aleksej Eliseevič Kručenych (1886-1971), dem Dichter des »Hyperbewußten«, war in unseren Dialogen schon die Rede. Roman Jakobson lernte ihn, ebenso wie Chlebnikov, noch vor seinem Eintritt in die Universität kennen, besuchte ihn häufig und führte mit ihm einen ständigen Briefwechsel. Der junge Student der Sprachwissenschaft blieb ein glühender Futurist und schrieb selbst unter dem Pseudonym R. Aljagrov »hyperbewußte« Verse. Mit dem Namen Aljagrov ist auch ein Brief von 1914 an Kručenych gezeichnet, in dem der damals siebzehnjährige Autor die letzten Neuigkeiten aus Moskau berichtet: ». . . die Zeitungen, die Zeitschriften, die Auslagen der Geschäfte sind voller Artikel über den Futurismus, und manche neigen sogar dazu, ihn ernstzunehmen.« Nach einer Aufzählung der Vorträge über den Futurismus folgt dann eine Einschätzung der neuen Dichtung der *budetljane*, die den futuristischen Manifesten in Stil und Haltung ja sehr nahe kommt. In dieser Würdigung gibt sich die charakteristische Emphase der jüngsten und rührigsten Vertreter einer Kunstrichtung zu erkennen: »Denn bis heute ist die Poesie nur eine Sammlung von Hinterglasbildern gewesen, und wie das Sonnenlicht durch diese Scheiben dringt, so tauchte sie der Dämonismus der Romantiker in ein beschauliches Licht. Aber siehe da, der Sieg über die Sonne [eine Anspielung auf ein gleichnamiges Stück von Kručenych, das 1913 in Petersburg uraufgeführt wurde] und der F-Strahl Ihrer Schriften haben das Glas zerspringen lassen, und *aus den Scherben schaffen wir Arabesken im Namen der Befreiung*. Vom Dämonismus, vom Nullpunkt ausgehend erfinden wir etwas Beliebiges, und dessen Intensität und Kraft ist das Unterpfand für ein aristokratisches Verhalten in der Poesie.«

Dieser Brief, der einer Gedächtnisstütze für theoretische Überlegungen gleicht, drückt zum einen die futuristische Theorie des »sich selbst genügenden Wortes« *[samovitoe slovo]* aus, andererseits den originellen Gedanken eines Aufbaus des Ganzen »aus den Scherben« und »etwas Beliebigem«, »vom Nullpunkt ausgehend«. Mit dieser Idee antwortet Jakobson auf Chlebnikovs Vorstellungen über die »Konstruktionseinheiten«, aus denen sich die neue Gattung der »Hyper-Erzählung« aufbauen sollte. In seiner Einleitung zu dem dramatischen Poem *Zangezi* von 1922 schrieb Chlebnikov, daß sich im Unterschied zu einer gewöhnlichen Erzählung, die aus Wörtern besteht, »die Hyper- oder Meta-Erzählung *[zapovest']* aus selbständigen Abschnitten zusammensetzt, deren jeder seinen eigenen Gott, seinen eigenen Glauben und sein eigenes Gesetz hat ... Diese Konstruktionseinheit, der Baustein der Hyper-Erzählung, ist eine Erzählung der ersten Ebene; sie ähnelt einer Statue aus polychromen Blöcken verschiedener Art ... Sie ist in polychrome Wortblöcke aus verschiedenen Materialien gemeißelt.«

Wie Roman Jakobson berichtet, sind manche der Überlegungen, die Chlebnikov in späteren Jahren angestellt hat, »Reflexe unserer Gespräche über die Rolle des Wortes in der Dichtung«. Als Jakobson erstmals 1912 Chlebnikovs Gedichte las, sah er in ihm gleich den größten Dichter unserer Zeit – eine Einschätzung, an der sich bis heute nichts geändert hat. Angelo Maria Ripellino (1922-1979), ein Literaturkritiker mit feinsinnigem Urteil, schloß sich dieser Bewertung in seinem Buch über Chlebnikov an[92]. »Jakobson hat eine Studie über mich veröffentlicht«, berichtet Chlebnikov 1922 in einem Brief an seine Mutter, dem letzten, den er ihr schrieb.

Die Briefe Roman Jakobsons an Chlebnikov sind zum Teil in den Archiven N. I. Chardžievs, eines großen Kenners der russischen und europäischen Avantgarde, aufbewahrt worden. Einen dieser Briefe, der sowohl zeitlich (aus dem Jahre 1914) als auch inhaltlich mit dem Brief an Kručenych verwandt ist, wollen wir hier aus dem Werk von Chardžiev[93] zitieren: »Sie erinnern sich, Viktor Vladimirovič, daß Sie mir einmal gesagt haben, unser Alphabet sei viel zu arm für die Poesie, darum sei es auch kein Wunder, daß wir mit unseren literarischen Versen in Sackgassen gerieten. Ich bin immer fester davon überzeugt, daß Sie sich irren. Ich habe kürzlich etwas Merkwürdiges entdeckt, das ich Ihnen sogleich mitteilen will: Buchstabennetze – in gewisser Analogie zu musikalischen Akkorden. Man nimmt zwei oder mehr Buchstaben gleichzeitig und erhält so eine Vielzahl graphischer Kombinationen, aus denen sich verschiedene Buchstabenfolgen aufbauen lassen. Diese Idee bereichert den Vers und öffnet neue Wege ... Als ich Sie fragte, wo Sie angelangt sind, antworteten Sie mir: bei der Zahl. Wissen Sie, Viktor Vladimirovič, Gedichte aus Zahlen scheinen mir durchaus realisierbar. Die Zahl ist eine zweischneidige Waffe – sie ist äußerst konkret und äußerst abstrakt zugleich, willkürlich und doch schlechthin präzise, logisch und absurd, begrenzt und unendlich ... Sie kennen die Zahlen, und selbst wenn Sie meinen, eine Poesie der Zahl sei ein unstatthaftes, wenn auch geistreiches Paradoxon – ich bitte Sie, versuchen Sie doch einmal, ein kleines Beispiel für diese Versgattung zu liefern.« Chardžiev bemerkt dazu, daß »der Brief Jakobsons selbst Beispiele seiner unaussprechlichen ›Buchstabenverse‹ enthält«.

In dem bereits zitierten Brief Roman Jakobsons an Kručenych geht Aljagrov einer ähnlichen Erfahrung nach und erwähnt Verse aus Vokalen und andere Formen »graphischer« Poesie: »Sie fragen mich«, schreibt er, »ob ich je Verse nur aus Vokalen gesehen hätte. Die magischen Formeln der Gnostiker sind ein interessantes Beispiel dafür. Sie erinnern sich, Sie sagten, daß jede Buchstabenkategorie in direkter oder umgekehrter Reihenfolge Poesie darstellt, und Sie hatten das eine dämonische oder hinterlistige Betrachtungsweise genannt.«

Wie man sieht, bestand zwischen Malevič und dem jungen Jakobson volle gedankliche Übereinstimmung. Im Verlauf unserer Unterhaltungen war von einem Brief Malevičs an Matjušin aus dem Jahre 1916 die Rede, in welchem eine Analogie zwischen der abstrakten, insbesondere der suprematistischen Malerei einerseits und der »hyperbewußten« Dichtung andererseits hergestellt wird. Über diesen Gedanken, der sich aus ihren damaligen Gesprächen herausgebildet hatte, herrschte zwischen ihnen – wie Jakobson berichtet – weitgehende Übereinstimmung. Wir zitieren aus diesem Brief die charakteristischsten Gedankengänge Malevičs: »Ausgehend von der Idee des Tons/Lautes konnten wir die Noten/Buchstaben als Ausdruck der phonischen Massen begreifen. Möglicherweise gibt es damit neue Wege, diese Lautmassen (die ehemaligen ›Wörter‹) zu komponieren. So reißen wir den Buchstaben aus seiner Zeile, seiner Eindimensionalität, und geben ihm die Möglichkeit, sich frei zu bewegen. (Zeilenlinien passen eher zu engstirnigen Beamten und Privatbriefen.) Folglich kommen wir . . . zu einer räumlichen Verteilung der Buchstaben/Töne, ganz wie in der suprematistischen Malerei. Diese Massen werden im Raume ausgestreut und machen es dem Bewußtsein möglich, sich immer höher von der Erde zu erheben.«

Selbst im Stil ähnelt Malevičs Brief denen des jungen Jakobson. Es sind alles spontane Aufzeichnungen von Gedanken zur Kunst; schon ihre Form macht das deutlich: der lange Text gliedert sich in Passagen, die nicht durch Absätze, sondern Sternchen voneinander getrennt werden. Roman Jakobson sagte, die in den Briefen an Kručenych und Malevič formulierten Gedanken habe er fortlaufend niedergeschrieben, als Frucht seiner langen Spaziergänge, die er abends nach der Schule in der Umgebung des moskauer Polytechnischen Museums unternahm. Bei diesen Promenaden gingen ihm Gedanken über die Poesie und die poetische Sprache durch den Kopf. Wieder zu Hause, schrieb er diese Ideen dann in kleine schwarze Hefte. Diese Art der Korrespondenz, die einem echten intellektuellen Austausch diente, ist für jene Zeit und besonders für die Männer der russischen Avantgarde charakteristisch.

Der Brief an Kručenych enthält einen Teil, in dem Jakobson

seine eigene Dichtung beschreibt: »Ich komme Ihrer dringlichen Aufforderung nach, Aleksej Eliseevič, und sende Ihnen ein Gedicht, das ich vor drei Wochen geschrieben habe und das sozusagen nur aus Wörtern besteht. Das Wort genügt darin aber nicht sich selbst, es stirbt in seinem Bemühen um Lakonismus und Arrythmie mit gebrochenem Herzen. Alle Wörter darin sind männlich, ganz wie Sie es von mir verlangt haben. Bei mir ist das Wort nicht selbstgenügsam, denn das Wort, das sich selbst genug ist, unterstellt eine gewisse, ohnehin nur unzureichend realisierbare Statik des Autors – eine simple Erkenntnis.« Wie man sieht, bemüht sich der junge Futurist, mit seinen kühnen Experimenten in Theorie und Praxis selbst Kručenych noch zu übertreffen.

Einige Texte, die ihm Roman Jakobson 1914 geschickt hatte – »hyperbewußte« Poesie, die möglichst ungewöhnliche Konsonantenverbindungen herzustellen suchte –, wurden 1916 von Kručenych in einer Sammlung mit dem Titel *Zaumnaja gniga* veröffentlicht[94]; *gniga* ist dabei eine provokante Zusammenziehung aus *kniga* [Buch] und *gnida* [Nisse]. Das Buch, von dem heute nur noch wenige Exemplare übriggeblieben sind, enthielt Verse von Kručenych und Aljagrov sowie farbige Gravuren der Malerin Ol'ga Rozanova. Ein Teil der experimentellen Texte, die Aljagrov damals schrieb, erschien 1922 in der Broschüre *Zaumniki* [Die Hyperbewußten] von Kručenych.

Sehr viel später traf Roman Jakobson Kručenych wieder, als er zu verschiedenen internationalen wissenschaftlichen Kongressen nach Moskau reiste, zum ersten Mal 1956. Kručenych lebte damals in einer Gemeinschaftswohnung gegenüber dem Hotel zur Post. Es war unmöglich, in sein Zimmerchen einzutreten – es war von oben bis unten mit äußerst wertvollen Büchern und Manuskripten vollgestopft, das Ganze in einer Wolke von Staub. Der Hausherr empfing seine Gäste in der Küche oder in einem Zimmer, das ihm seine Nachbarn überließen. Aleksej Eliseevič freute sich über jeden Besuch seines alten Freundes und Mitstreiters, bot den Gästen den Wein an, den sie ihm mitgebracht hatten, während er selbst seinen Wein mit kochendem Wasser verdünnte. Während eines Besuches schenkte er Roman Jakobson ein sehr seltenes Buch: das letzte Heft *Neizdannyj Chlebnikov* [Unveröffentlichte Texte von Chlebnikov]. Kručenych erschien in einem sonderbaren Hausrock und einem noch merkwürdigeren weißen Schal, den er um den Hals geschlungen trug, die nackten Füße in ausgetretenen Pantoffeln. Er war noch sehr rege und hatte den Kopf voller futuristischer Ideen. Im Laufe dieser ernsthaften, doch sehr angeregten Unterhaltungen stellte er uns literarische Scherzfragen und beantwortete sie natürlich selbst. Ich erinnere mich noch an zwei davon. Die erste: Welchen Beruf hatte die *Neznakomka* [Die Unbekannte] von Blok? Antwort: Mannequin. Die zweite: Wovon handelt Gogols *Vij*? Antwort: Von einem Turnier unter Hyperbewußten. Aleksej Eliseevič hatte einen »Sprachfehler«, eine dem futuristischen Prinzip entsprechend »gebremste« Sprache *[zatrudnennaja reč']* – er lispelte stark. Übrigens verschwand dieser »Sprachfehler«, sobald Kručenych Verse vortrug. Und er deklamierte wunderbar. Er dramatisierte sein Gedicht *Vesna s dvumja priglašenijami* [Ein zweimal gebetener Frühling] mit verschiedenen Geräuscheffekten: Er stampfte mit dem Fuß oder schlug Rhythmen mit einem Stuhl, an dem er sich während der ganzen Deklamation festhielt. Die Stuhllehne diente ihm abwechselnd als Tribünengeländer, als Instrument für seine Geräuscheffekte, bald als Schutz vor dem Publikum ... Das letzte Mal, vor nunmehr zwölf Jahren, deklamierte er mit einer schon weniger kräftigen, aber immer noch festen und ungewöhnlich klangvollen Stimme: »Der Lüster! ist auf den Kahlkopf des Alten gefallen ...!« Das erste Wort stieß er, die Hand vor dem Mund zum Trichter geformt, zur Decke empor, wo wirklich ein Kronleuchter hing, der mitschwingen und erzittern sollte. Niemals war zwischen den beiden alten Freunden von der »Vergangenheit« oder ihren Erinnerungen die Rede. Man hätte meinen können, sie hätten sich erst am Tage zuvor getroffen. Sie sprachen von aktuellen Themen, vor allem von Büchern, von Poesie. Im Grunde war es Kručenych, der sprach oder seine Verse deklamierte.

Sogleich nach seiner Ankunft in der Tschechoslowakei (1920) trat Roman Jakobson vorwiegend mit Dichtern und Künstlern in Verbindung. Seine Moskauer Jugenderfahrung wiederholte sich oder setzte sich, besser gesagt, einfach fort. Der erste tschechische Dichter, dem er begegnete und mit dem er sich befreundete, war Stanislav Kostka Neumann (1875-1974). Dieser veröffentlichte in seinen beiden militanten Zeitschriften den tschechischen Text der Arbeit über den Realismus in der Kunst, die Jakobson gerade fertiggestellt hatte[95]; in der anderen Zeitschrift erschien die tschechische Übersetzung des Einleitungskapitels seiner Untersuchung über Chlebnikov[96]. Noch mehr Berührungspunkte fand Roman

Jakobson jedoch mit der jüngsten Generation der Prager Maler und Schriftsteller, und er trat insbesondere mit den Dichtern Vítězlav Nezval (1900-1958) und Jaroslav Seifert (geboren 1901), mit dem Prosaschriftsteller Vladislav Vančura (1891-1942) und dem Literaturtheoretiker Karel Teige (1900-1951) in Verbindung. Diese hatten eine Gruppe mit dem Namen *Devětsil* gegründet, der Roman Jakobson bald beitrat.

Nie habe ich jemanden so ausdrucksvoll tschechische Poesie rezitieren hören wie Roman Jakobson, wenn er Gedichte von Nezval vortrug. Auch heute noch zählt er das Werk Nezvals und Seiferts zu den größten literarischen Leistungen unseres Jahrhunderts. In seinen 1959 erschienenen Memoiren zitiert Nezval aus seinen damaligen Aufzeichnungen: »In Roman Jakobson habe ich einen Freund für immer gefunden; wir haben uns in Fragen der Poesie ausgezeichnet verstanden. Er war ein Gefährte Majakovskijs, Pasternaks, der russischen Futuristen, und seine Erfahrungen interessierten uns sehr. Er hat uns gegen die Reaktionäre in der Kunst verteidigt, und in seinen Disputen mit uns hat er manchen Schlag ausgeteilt: ein Polemiker ohnegleichen ist das! Er besaß die außerordentliche Gabe, Leute an einen Tisch zu setzen, die kein anderer auch nur unter dasselbe Dach gebracht hätte . . . Vladislav Vančura mochte ihn, weil er die Tätigkeit des Schriftstellers als Arbeit am Wort auffaßt und diesem eine entscheidende Rolle beimißt.« Roman Jakobson schätzte Vančura als Menschen und als Schriftsteller sehr und hat stets die Originalität seiner Prosa bewundert.

Die Witwe Vladislav Vančuras, der während der deutschen Besatzung als Held gestorben ist, widmet dieser Freundschaft ein Kapitel ihrer bewegenden und sehr geistreichen Erinnerungen[97]. »Unter den Freunden Vančuras bildeten die Mitglieder des Linguistenkreises, vor allem Jakobson, Mukařovský, Havránek und Bogatyrev eine besondere Gruppe. Ihre Freundschaft gründete auf lebhaften gemeinsamen Interessen, auf gegenseitiger Bewunderung und Achtung. Diese Freundschaft, namentlich die zu Jakobson und Mukařovský, vertiefte sich und bezog auch die Familien mit ein. Roman Jakobson, gebürtiger Russe, war einer der begabtesten Slavisten und Bohemisten, in seinem Äußeren wie in seinem Wesen ein außergewöhnlicher Mann. Er war von kräftiger Gestalt, mit einem eher großen Kopf, dichtem blonden Haar und den Gesichtszügen eines römischen Gottes. Er schielte auf einem Auge, doch er gehörte nicht zu denen, die ein solcher Fehler in Verlegenheit gebracht hätte. Er war von überfließender Vitalität, sprach leidenschaftlich und gestikulierte wild . . . Vladislav war glücklich unter solchen Freunden; er fühlte sich von dem Eifer und Elan Jakobsons angezogen, doch er liebte auch die Debatten mit Mukařovský, den freilich nie sein akademischer Ernst verließ.«

Von den Slovaken waren es zwei hervorragende Vertreter der kulturellen Avantgarde, der Dichter Ladislas Novomeský (1904-1976) und der Publizist Vladimír Clementis (1903-1952), die sich Roman Jakobson besonders anschlossen. Zu Jakobsons siebzigstem Geburtstag veröffentlichte Novomeský in der Zeitschrift *Slovenská literatura* [Slavische Literatur] einen Artikel mit dem Titel *S avangardom i v avangarde* [Mit der Avantgarde und in der Avantgarde]: »Ob man will oder nicht, Roman Jakobson ist als Russe unter Tschechen und Slovaken zu einem unveräußerlichen Teil unserer künstlerischen und wissenschaftlichen Avantgarde geworden; er nimmt einen verdienstvollen Platz in der Geschichte unserer Kultur ein. Sein Name darf und kann darin nicht fehlen . . . Er ist mit den Problemen unserer Wissenschaft und unserer Kunst so gründlich vertraut, daß wir oft kaum entscheiden können, ob er ein russischer Gelehrter ist, der seine Jugendjahre in der Tschechoslovakei verbracht hat, oder ein tschechoslovakischer Gelehrter, den der Wirbelsturm des Nazismus weit von uns fortgetragen hat, an die Harvard-Universität.«

Von dieser Zeit in der Tschechoslovakei ist ein eindrucksvolles Dokument geblieben, eine Broschüre »für Roman Jakobson in Verehrung und Dankbarkeit«[98]. Sie wurde von den Studenten der Universität Brno herausgegeben, als Roman Jakobson 1939, auf Druck von Berlin hin, seinen Lehrstuhl aufgeben mußte. Auch dieses Werk macht anschaulich, wie Jakobsons Stellung zwischen Wissenschaft und Dichtung »Rückkopplungseffekte« bewirkte. Arne Novák (1880-1939), der damalige Rektor der Universität Brno, ein berühmter Experte und Historiker der tschechischen Literatur, widmete seinem engen Freund Roman Jakobson einen Artikel, der die Überschrift *Ein geistreicher Kenner der alttschechischen Poesie* trägt und folgendermaßen schließt: »Wenn Gott will, werden wir Jakobson schon in naher Zukunft wiedersehen, als Professor dort, wo seine wahre Heimat ist. Denn Wissenschaft und Kultur könnten nicht überleben, wenn Unberufene auf Dauer über die Auserwählten zu entscheiden hätten.« Das kleine Buch wird von einem Vers von Nezval eröffnet – »Besser als jeder andere, Roman, weißt du meine geheimen Hebel zu bedienen« – und endet mit einem Brief des Dichters an Roman Jakobson sowie einem letzten Vers: »Roman, Dank für alles!« Die vorangehenden Zeilen sprechen aus, worauf sich dieser Dank bezieht: »Setzt die Dokumente in Verse, macht die Welt zum Reim, so wie der Reiche sie zu Rente macht!« So hatte Jakobson den Dichtern zugerufen, und in dieser Bewegung verband sich für die Avantgarde Poesie und Wissenschaft.

Als er 1941 in New York ankam, begegnete Roman Jakobson dort einer Gruppe polnischer Dichter, die aus dem besetzten Warschau geflohen waren – Julian Tuwim, Józef Witlin und Kazimierz Wierzyński. Schon in Prag war Roman Jakobson mit Tuwim (1894-1953) befreundet gewesen; er bewunderte seine Übersetzungen russischer Gedichte und hatte mit ihm persönlich und brieflich Probleme der Übersetzung von Poesie diskutiert. Ihre anregenden Gespräche setzten sich in New York fort und entwickelten sich zu einer Diskussion über verschiedene Fragen der polnischen und russischen Literatur, über das Gedicht *Polnische Blumen*, an dem Tuwim damals gerade arbeitete, und über die Theorie der Übersetzung; Anlaß dazu war die neue, von Tuwim in polnische Verse übertragene Fassung von *Slovo o polku Igoreve* [Das Igor-Lied][99]. In den sechziger Jahren wurde Roman Jakobson zu einem engen Freund Wierzyńskis (1894-1969); er schätzte dessen Gedichte sehr und analysierte sie. Er beruft sich dabei übrigens immer auf den berühmten polnischen Linguisten K. Nitsch, demzufolge in den Gedichten Wierzyńskis der Geist der Erneuerung und die polnische Tradition kulminieren. Oft diskutierte der Dichter mit dem Gelehrten über Poesie und Sprache, verfolgte dessen Artikel und schrieb mir einmal ein wenig scherzhaft: »Ich muß mir mit seinen Aufsätzen die Nächte um die Ohren schlagen, sonst werde ich von seiner überspannten Linguistik noch völlig überholt! Er glaubt bei mir in dieser Hinsicht gewisse Fortschritte zu bemerken . . .«

Unter den Studien, die Roman Jakobson zusammen mit nichtslavischen Dichtern über Probleme der Literatur geschrieben hat, ist vor allem der interessante Versuch einer direkten Zusammenarbeit mit dem großen mexikanischen Dichter Octavio Paz zu nennen, bei der es um eine grammatische und lautliche Analyse von dessen Gedichten geht. Ebenso war Roman Jakobson mit dem hervorragenden brasilianischen Dichter und Kritiker Haroldo de Campos bekannt, einem Meister in der Übertragung von Poesie. Beide standen in einem regen Austausch ihrer Beobachtungen und Schlußfolgerungen. Diese Erfahrung schlägt sich in dem offenen Brief an Haroldo de Campos über die poetische Struktur bei Martin Codax nieder. Schließlich wollen wir noch daran erinnern, daß der Linguist Jakobson in enger Beziehung mit Louis Aragon, dem Autor des linguistischen Romans *Blanche oder Das Vergessen*[100], stand.

Dieses System von Rückkopplungen, das – wie man gesehen hat – den Sprachwissenschaftler mit den Dichtern der Avantgarde der ganzen Welt verbindet, beschränkt sich keineswegs auf den bloßen Austausch von Gedanken und Anregungen; es ist subtiler und wurzelt letztlich in der Dichtkunst und ihrer wissenschaftlichen Behandlungsweise selbst. Über seine Zusammenarbeit mit Chlebnikov im Jahre 1919 zur Vorbereitung einer Veröffentlichung von dessen Gedichten bemerkt Jakobson, »daß sich kaum ein Dichter hätte finden lassen, bei dem in Theorie und Praxis seines Schaffens lautliche Struktur und semantische Ebene enger miteinander verkoppelt gewesen wären. So kam ich dazu, in die Lautanalyse der poetischen Texte Chlebnikovs linguistische Tatsachen einzubeziehen. Andererseits erlaubte das einmalige Werk dieses Dichters eine neue Betrachtungsweise der Laute, so daß ich wohl oder übel die traditionelle Auffassung des lautlichen Materials in der Linguistik umstoßen und einer grundlegenden Revision unterziehen mußte.«[101]

*Mutatis mutandis* gilt dies für alle Berührungspunkte zwischen dem Linguisten und der Poesie. Zum ersten Mal verwirklichte Roman Jakobson diesen Gedanken 1923, als er an seinem Buch über den tschechischen Vers arbeitete; er unternahm darin eine konkrete Analyse poetischen Materials aus mehreren Sprachen und konnte dabei zwei Kategorien lautlicher Erscheinungen in der Sprache klar voneinander scheiden: die phonologischen, bedeutungstragenden Phänomene und im Gegensatz dazu die nicht mit Sinn beladenen Erscheinungen. Ihre Plausibilität gewann diese Unterscheidung daraus, daß nur die Lautelemente der ersten Kategorie für den Vers relevant sind. Die Poesie spielte also bei der Herausbildung der phonologischen Theorie eine konstitutive Rolle, und Jakobson verknüpfte sie unmittelbar mit der Linguistik als Wissenschaft. In ähnlicher Weise stieß Jakobson, als er in Prag die Puškin-Übersetzungen ins Tschechische durchsah, auf die Frage der grammatischen Kategorien, ihren obligaten Charakter und ihre Unübersetzbarkeit; eine ganz ähnliche Behandlung erfuhr dieses Problem später in den Schriften von Edward Sapir. Dank seiner langjährigen Kenntnis der Experimente, die die Dichter der Avantgarde im Bereich von Phonologie, Morphologie und Syntax unternommen hatten, besaß Jakobson ein besonderes Gespür für Fragen der Semantik, was jener Neigung seines Geistes zweifellos zugute kam.

Von Anfang an folgte Roman Jakobson unerschütterlich dem Prinzip, die an bestimmtem Material gewonnenen Forschungsergebnisse anhand von anderem Material zu überprüfen. Zu jeder konstatierten Erscheinung suchte er nach einem entsprechenden Phänomen in einem anderen Bereich der Kunst. So kam er von der Dialektologie und Folklore zur Malerei, zum Kino und zum Journalismus. In der Tschechoslovakei arbeitete er an einem Film und beschäftigte sich auch mit anderen Formen der Montage, vor allem mit der literarischen, an der sich seinerzeit viele Gelehrte der Avantgarde interessiert zeigten. So haben Roman Jakobsons Freunde im OPOJAZ vieles zu diesen Fragen geschrieben. Auch Jakobson selbst publizierte in der tschechischen Presse der dreißiger Jahre literarische Montage-Versuche – etwa sein *Perpetuum mobile kyvadla*[102], worin Auszüge aus dem Buch von Herzen über die Ereignisse von 1848 zusammengestellt und auf die internationale Lage im Jahre 1934 übertragen werden. Vier Jahre später ließ er *Ruské výpravy do budoucna* drucken[103], eine Sammlung fragmentarischer Mutmaßungen über die Revolution, die er aus der klassischen Prosa und Poesie zusammengetragen hatte, »von Radiščev bis zu Dostoevskij, Tolstoj und den Futuristen, die für das ersehnte Ereignis sogar ein Datum angegeben hatten . . .« Die Studie von O. Savič und I. Ehrenburg über Zeugnisse und Urteile über Frankreich und die Franzosen in der russischen Literatur[104], komprimierte und montierte Jakobson zu einem Text über den Frankreich-Mythos bei den Russen, der im selben Jahr in der *Slavischen Rundschau* erschien[105].

Doch selbst bei derartigen Zwischenspielen schimmert durch, wo der Hauptakzent der Arbeit Roman Jakobsons liegt: seine leidenschaftliche Suche nach Invarianten hinter den zahllosen Variationen. Diese Invarianten können innerhalb eines bestimmten Sprachsystems liegen, treten möglicherweise aber auch erst im interdisziplinären Vergleich hervor oder stellen gar universelle Konstanten dar. Alle diese Untersuchungen stehen unter der Hypothese Heraklits, nach der Veränderlichkeit eine universelle Invariante ist.

In seinem Beitrag zu dem umfangreichen Band, der zum achtzigsten Geburtstag Roman Jakobsons veröffentlicht wurde[106], zieht der russische Linguist Igor' Mel'čuk eine Bilanz des Beitrages, den Roman Jakobson weltweit für die Wissenschaft geleistet hat. Insbesondere über die Invarianten, die Jakobson im Verlauf seiner interdisziplinären Studien entdeckt hat und auf die er seine Aufmerksamkeit zunehmend konzentrierte, schrieb Mel'čuk: »Es ließe sich kaum ein Linguist finden, der in unserer Zeit die Beziehungen zwischen der Sprachwissenschaft und den anderen Wissenschaften mit ähnlicher Sorgfalt und Gründlichkeit erforscht hätte. Linguistik und Poetik, Linguistik und Musikwissenschaft, Linguistik und Anthropologie, Linguistik und Informatik, Linguistik und Theorie der Übersetzung, Linguistik und Mathematik, Linguistik und Psychologie, Linguistik und Semiologie – die Liste will nicht enden. Diesen Beziehungen galt Roman Jakobsons stetiges, aufmerksames Interesse.«

Eine unerschrockene Forschung, die sich abseits der gewohnten Wege hält und sich von der Ablehnung mancher Zeitgenossen nicht beirren läßt – das wäre vielleicht die beste Charakterisierung des Werks von Roman Jakobson.

# Anmerkungen des deutschen Übersetzers

Bei der Wiedergabe russischer Eigennamen folgen wir der deutschen Bibliotheks-Transliteration. Wir schreiben also:

Bernštejn statt Bernstein
Blok statt Block
Dostoevskij statt Dostojewski
Ejchenbaum statt Eichenbaum
Ejzenstein statt Eisenstein
Lunačarskij statt Lunatscharski
Majakovskij statt Majakowski
Malevič statt Malewitsch
Puškin statt Puschkin
Savickij statt Sawitzki
Ščerba statt Schtscherba
Šklovskij statt Schklowski
Tolstoj statt Tolstoi
Tomaševskij statt Tomaschewski
Trubeckoj statt Trubetzkoy.

1 R. Jakobson, Retrospect, in: *Selected Writings*, Bd. 1, Phonological Studies, 's-Gravenhage 1962, S. 629 ff.
2 N. S. Trubetskoy's *Letters and Notes*, The Hague 1975.
3 *K istorn russkoge avangarda*, Stockholm 1976.
4 Dt.: R. Jakobson, Die neueste russische Poesie, in: W. D. Stempel (Hg.), *Texte der russischen Formalisten*, Bd. 2, München 1972, S. 19 ff.
5 Dt.: R. Jakobson, Linguistik und Poetik, in: ders., *Poetik.* Ausgewählte Aufsätze 1921-1971, Frankfurt/M. 1979, S. 83 ff.
6 Dt.: R. Jakobson, Beitrag zur allgemeinen Kasuslehre (Gesamtbedeutung der russischen Kasus), in: ders., *Form und Sinn.* Sprachwissenschaftliche Betrachtungen, München 1974, S. 77 ff.
7 A. Kručenych (Hg.) *Zaumnaja gniga*, Moskau 1916; enthält (unter dem Pseudonym Aljagrov) zwei Gedichte von Roman Jakobson aus dem Jahre 1914.
8 Dt.: R. Jakobson/P. Bogatyrev, Die Folklore als eine besondere Art des Schaffens, in: R. Jakobson, *Poetik*, a.a.O., S. 140 ff.
9 V. Propp, *Morphologie des Märchens*, München 1972.
10 A. S. Puschkin, Eugen Onegin, *Gesammelte Werke* Bd. 3. Frankfurt/M. 1973.
11 Dt.: R. Jakobson, Über den tschechischen Vers. Unter besonderer

Berücksichtigung des russischen Verses, in: *Postilla Bohemica.* Zeitschrift der Konstanzer Hus-Gesellschaft, 8-10, 1974, S. 1 ff.

12 J. Baudouin de Courtenay, *Anthology*, ed. E. Stankiewicz, Bloomington, Indiana/London 1972.

13 R. Jakobson, Remarques sur l'évolution phonologique du russe comparée à celle des autres langues slaves, in: *Travaux du Cercle Linguistique de Prague*, II, 1929; inzwischen in: *Selected Writings*, Bd. 1, a.a.O., S. 7 ff.

14 N. S. Trubetzkoy, *Grundzüge der Phonologie*, Göttingen [5]1971.

15 R. Jakobson, Observations sur le classement phonologique des consonnes, *Proceedings of the Third International Congress of Phonetic Sciences*, Ghent 1938, S. 34 ff.; inzwischen in: *Selected Writings*, Bd. 1, a.a.O., S. 272 ff.

16 R. Jakobson, *Kindersprache, Aphasie und allgemeine Lautgesetze*, Frankfurt/M. 1969. Heute ist der Text unter anderem ins Englische, Französische und Japanische übersetzt.

17 R. Jakobson, Le développement phonologique du langage enfantin et les cohérences correspondantes dans les langues du monde, *Cinqième Congrès International des Linguistes, Bruxelles 1939*, Bruges 1939, S. 27 f.

18 B. Malmberg, *Signes et symboles*, Paris 1977.

19 R. Jakobson/J. Lotz, *Axiomatik eines Verssystems, am mordwinischen Volkslied dargelegt.* Thesen zu einem Vortrag im Ungarischen Institut, Stockholm 1941.

20 R. Jakobson, *Six leçons sur le son et le sens*, Paris 1976.

21 Dt.: F. de Saussure, *Grundfragen der allgemeinen Sprachwissenschaft*, Berlin [2]1967.

21a A. F. Losev, *Muzyka kak predmet logiki* [Die Musik als Gegenstand der Logik], Moskau 1927.

22 J. Baudouin de Courtenay, *Anthology*, a.a.O.; H. Sweet, *A Handbook of Phonetics*, 1877; J. Winteler, *Die kerenzer Mundart des Kantons Glarus*, 1876.

23 R. Jakobson/C. G. M. Fant/M. Halle, *Preliminaries to Speech Analysis*, Acoustics Laboratory, Massachusetts Institute of Technology, Technological Report, XIII, Cambridge/Mass. 1952.

24 OPOJAZ: *Obščestvo po izučeniju poètičeskogo jazyka*, Gesellschaft zur Erforschung der poetischen Sprache, Petersburg. (Anm. d. Orig.).

25 Dt.: M. Bachtin, *Literatur und Karneval.* Zur Romantheorie und Lachkultur, München 1969.

26 Dt.: R. Jakobson, Linguistik und Poetik, in: ders., *Poetik*, a.a.O., S. 83 ff.

27 Dt.: R. Jakobson, Sprachliche Kommunikation, in: *Kommunikation*, Frankfurt/M. 1972, S. 59 ff.

28 R. Jakobson, Futurizm, in: *Iskusstvo*, Moskau, 2. August 1919; inzwischen in: ders., *Questions de poétique*, T. Todorov éd., Paris 1973, S. 25 ff.

29 Dt.: J. Tynjanov, Über die literarische Evolution, in: J. Striedter (Hg.), *Texte der russischen Formalisten*, Bd. 1, München 1969, S. 433 ff.

30 Dt.: R. Jakobson/J. Tynjanov, Probleme der Literatur- und Sprachforschung, in: R. Jakobson, *Poetik*, a.a.O., S. 63 ff.

31 R. Jakobson, Quelles sont les méthodes les mieux appropriées à un exposé complet et pratique de la phonologie d'une langue quelconque?, in: *Premier Congrès International des Linguistes*, Propositions, Nijmwegen 1928, S. 36 ff.; inzwischen in: *Selected Writings*, Bd. 1, a.a.O., S. 3 ff.

32 R. Jakobson/J. Tynjanov, Probleme der Literatur- und Sprachforschung, a.a.O., S. 64.

33 R. Jakobson/P. Bogatyrev, K probleme razmeževanija fol'kloristiki i literaturovedenija, in: *Lud Słowiański*, II B, 1931, S. 230 ff.

34 Dt.: W. Majakowski, Wie macht man Verse?, in: *Werke*, Bd. 5, Berlin-Frankfurt/M. 1973, S. 166 ff., hier S. 188 f.

35 Vgl. die deutsche Wiedergabe als »Verschieber« in: R. Jakobson, Verschieber, Verbkategorien und das russische Verb, in: ders., *Form und Sinn*, a.a.O., S. 35 ff.

36 R. Jakobson, *K charakteristike evrazijskogo jazykovogo sojuza*, Paris 1931.

37 R. Jakobson, Über die phonologischen Sprachbünde, in: *Travaux du Cercle linguistique de Prague*, IV, 1931, S. 234 ff.

38 Im Original deutsch.

39 R. Jakobson, *Selected Writings*, Bd. 2, Word and Language, The Hague 1971.

40 J. de Maistre, *Les soirées de Saint-Pétersbourg*, 1821.

41 Die Schule der sogenannten Eurasier wurde in den zwanziger Jahren in Sofia (Bulgarien) gegründet und versammelte russische Gelehrte im Exil, die es sich zum Prinzip gemacht hatten, Rußland als einen besonderen Weltteil (Eurasien) zu betrachten, der sich in mehrfacher Hinsicht von Europa und Asien unterscheide. (Anm. d. Orig.).

42 P. Verrier, *Essai sur les principes de la métrique anglaise*, 1909/10.

43 R. Jakobson, Remarques sur l'évolution phonologique du russe comparée à celle des autres langues slaves, in: *Selected Writings*, Bd. 1, a.a.O., S. 7.

44 Dt.: R. Jakobson, Zur Struktur des russischen Verbums, in: ders., *Form und Sinn*, a.a.O., S. 55 ff.

45 L. Tesnière, *Éléments de syntaxe structurale*, Paris [2]1966.

46 Dt.: R. Jakobson, Der grammatische Parallelismus und seine russische Spielart, in: ders., *Poetik*, a.a.O., S. 264 ff., hier S. 265.

47 J. Fox, *The Comparative Study of Parallelism.*
48 G. M. Hopkins, *Journals and Papers*, London 1959.
49 W. Steinitz, *Der Parallelismus in der finnisch-karelischen Volksdichtung*, Helsinki 1934.
50 Dt. in J. Starobinski, *Wörter unter Wörtern.* Die Anagramme von Ferdinand de Saussure, Frankfurt/M.-Berlin-Wien 1980.
51 Dt.: R. Jakobson, Linguistische Aspekte der Übersetzung, in: ders., *Form und Sinn*, a.a.O., S. 154 ff.
52 Dt.: R. Jakobson, Poesie der Grammatik und Grammatik der Poesie, in: H. Kreuzer (Hg.), *Mathematik und Dichtung*, München 1965; Erstfassung dieses Artikels dt. in R. Jakobson, *Poetik*, a.a.O. S. 233 ff.; eine dritte Fassung dt. in R. Jakobson, *Aufsätze zur Linguistik und Poetik*, München 1974, Nachdruck Frankfurt/M.-Berlin-Wien 1979, S. 247 ff.
53 Dt.: R. Jakobson, Linguistik und Poetik, in: ders., *Poetik*, a.a.O., S. 83 ff.
54 R. Jakobson/L. Jones, *Shakespeare's Verbal Art in 'Th'Expense of Spirit*, The Hague-Paris 1970.
55 J. Culler, *Structuralist Poetics: Structuralism, Linguistics and the Study of Language*, London 1975.
56 Dt.: R. Jakobson, Das letzte ›Spleen‹-Gedicht aus ›Les Fleurs du Mal‹, in: ders., *Aufsätze zur Linguistik und Poetik*, a.a.O., S. 261 ff.
57 Dt.: A. S. Puschkin, Ich liebte Sie, in: *Gesammelte Werke*, Bd. 1, Frankfurt/M. 1973, S. 317.
58 Dt.: B. Pasternak, *Meine Schwester, das Leben*, Luzern 1976.
59 R. Jakobson, Futurizm, in: ders., *Questions de poétique*, a.a.O., S. 25 ff.
60 Dt.: R. Jakobson, Verfall des Films?, *Sprache im technischen Zeitalter*, XXIX, 1968, S. 185 ff.
61 Dt.: R. Jakobson, Randbemerkungen zur Prosa des Dichters Pasternak, in: ders., *Poetik*, a.a.O., S. 192 ff.
62 Dt.: R. Jakobson, Zwei Seiten der Sprache und zwei Typen aphatischer Störungen, in: ders., *Aufsätze zur Linguistik und Poetik*, a.a.O., S. 117 ff.
63 Dt.: R. Jakobson, Linguistik und Poetik, in: ders., *Poetik*, a.a.O., S. 83 ff.
64 Dt.: R. Jakobson, Über den Realismus in der Kunst, in: J. Striedter (Hg.), *Texte der russischen Formalisten*, Bd. 1, a.a.O., S. 372 ff., sowie in: R. Jakobson, *Poetik*, a.a.O., S. 129 ff., hier S. 136.
65 Dt.: R. Jakobson, Randbemerkungen zur Prosa des Dichters Pasternak, in: ders., *Poetik*, a.a.O., S. 202 f.
66 R. Jakobson/G. Lübbe-Grothues, Ein Blick auf ›Die Aussicht‹ von Hölderlin, in: R. Jakobson, *Hölderlin Klee Brecht*, Frankfurt/M. 1976, S. 27 ff.

67 Dt.: R. Jakobson, Von einer Generation, die ihre Dichter vergeudet hat, in: ders., *Poetik*, a.a.O., S. 158 ff.

68 R. Jakobson, Socha v symolice Puškinove, *Slovo a slovesnost*, III, 1937, S. 2 ff.; inzwischen engl. als R. Jakobson, *Puškin and His Sculptural Myth*, The Hague 1975, und frz. in R. Jakobson, *Questions de poétique*, a.a.O., S. 152 ff.

69 Dt.: W. Majakowski, Hundertfünfzig Millionen. Ein Poem, in: *Werke* Bd. 2, Berlin-Frankfurt/M. 1969, S. 113 ff.

70 A.a.O., S. 154. Wenn Jakobson richtig zitiert, muß die erste Zeile freilich folgendermaßen beginnen: »Nicht Trockij und Lenin besing ich . . .« (Die angeführte Majakovskij-Ausgabe ist eine gemeinsame Edition der Verlage Volk und Welt, Berlin, und Insel, Frankfurt/M.).

71 Vgl. a.a.O., S. 444.

72 Dt.: W. Majakovski, Wladimir Iljitsch Lenin, in: *Werke* Bd. 2, a.a.O., S. 248.

73 Dt.: W. Majakowski, Das Schwitzbad. Ein Drama in sechs Aufzügen mit Zirkus und Feuerwerk, in: *Werke* Bd. 3, a.a.O., 175 ff., hier S. 178.

74 Dt.: B. Pasternak, *Geleitbrief*. Entwurf zu einem Selbstbildnis, Köln-Berlin 1958.

75 O. Jansen (= R. Jakobson), Sobaka Kalin car', in: *Slavia*, XVII, 1939, S. 82 ff.

76 R. Jakobson/M. Szeftel, The Vseslav Epos, in: R. Jakobson/E. J. Simmons (Hg.), *Russian Epic Studies*, Memoirs of the American Folklore Society, XLII), Philadelphia 1949, S. 13 ff.

77 H. Grégoire/R. Jakobson/M. Szeftel (Hg.), *La Geste du Prince Igor'*, Annuaire de l'Institut de Philologie et d'Histoire Orientales et Slaves, Université Libre de Bruxelles, VIII, New York 1948, S. 5 ff.

78 R. Jakobson/G. Ružičič, *The Serbian Zmaj Ognjeni Vuk and the Russian Vseslav Epos*, Annuaire de l'Institut de Philologie et d'Histoire Orientales et Slaves, X, Brussels 1951, S. 343 ff.

79 R. Jakobson, Voprosy sravnitel'noj indoevropejskoj mifologii v svete slavjanskich pokazanij, *American Contributions to the Sixth International Congress of Slavists, Prague, 1968, Aug. 7-13*, The Hague-Paris 1968, S. 125 ff.

80 Dt.: R. Jakobson, Die Sprache in ihrem Verhältnis zu anderen Kommunikationssystemen, in: ders., *Form und Sinn*, a.a.O., S. 162 ff.

81 Dt.: R. Jakobson, Die Linguistik und ihr Verhältnis zu anderen Wissenschaften, in: ders., *Aufsätze zur Linguistik und Poetik*, a.a.O., S. 150 ff.

82 R. Jakobson, *Coup d'œil sur le développement de la sémiotique*, Bloomington/Indiana 1975.

83 Vgl. J. Mukařovský, *Studien zur strukturalistischen Ästhetik und Poetik*, München 1974.

84 V. V. Ivanov, Sovremennaja nauka i teatr [Die zeitgenössische Wissenschaft und das Theater], in: *Teatr*, 8, 1977.

85 R. Jakobson, Retrospect, in: *Selected Writings*, Bd. 1, a.a.O., S. 631 f.

86 R. Jakobson, Dada, in: *Vestnik teatra*, Nr. 82, Moskau, 8. Februar 1921.

87 R. Jakobson, Futurizm, frz. in: ders., *Questions de poétique*, a.a.O., S. 25 ff.

88 Dt.: W. Majakowski, Wolke in Hosen, in: *Werke* Bd. 2, S. 5 ff. – Roman Jakobson gab seiner Übersetzung dieses Gedichts ins Französische den Titel *Le nuage culotté*. (Anm. d. Orig.).

89 Dt.: W. Majakowski, Genosse Nette – Dampfer und Mensch, in: *Werke* Bd. 1, a.a.O., S. 237 ff.

90 *Budetljanstvo:* der Futurismus; *budetljane:* die Futuristen. Der Ausdruck stammt von Chlebnikov, der damit den russischen Futurismus vom italienischen abgrenzen wollte. Man beachte die Endsilbe *-jane*, die im Russischen für die Namen von Stämmen und Völkern benutzt wird. (Anm. d. Orig.).

91 R. Jakobson, Von einer Generation, die ihre Dichter vergeudet hat, in: ders., *Poetik*, a.a.O., S. 173 f.

92 A. M. Ripellino, *Poesie de Chlébnikov*, Turin 1968.

93 N. Chardžiev, Poèzija i živopiš', in: *K istorii russkogo avangarda* [Dichtung und Malerei, in: *Für eine Geschichte der russischen Avantgarde*], Stockholm 1976.

94 A. Kručenych (Hg.), *Zaumnaja gniga*, Moskau 1916.

95 Dt.: R. Jakobson, Über den Realismus in der Kunst, in: ders., *Poetik*, a.a.O., S. 129 ff.

96 Dt.: R. Jakobson, Die neueste russische Poesie, in: W. D. Stempel (Hg.), *Texte der russischen Formalisten*, Bd. 2, a.a.O., S. 19 ff.

97 Prag 1967.

98 *Romanu Jakobsonavi – Pozdrav a díkůvzdání, Spolek Posluchačů Filosofie*, Brno 1939.

99 H. Grégoire/R. Jakobson/M. Szeftel (Hg.), *La Geste du Prince Igor'*, a.a.O.

100 Dt.: L. Aragon, *Blanche oder das Vergessen*, Berlin 1972.

101 In diesem Band S. 24.

102 R. Jakobson, Perpetuum mobile kyvadla [Das perpetuum mobile des Pendels], in: *Listy pro umení a kritiku*, II, Prag 1934, S. 73 ff.

103 R. Jakobson, Ruské výpravy du budoucna, in: *Lidové noviny*, 1. Januar 1938.

104 O. Savič/I. Ehrenburg, *My i oni* [Wir und sie], 1931.

105 R. Jakobson, Der russische Frankreich-Mythus, in: *Slavische Rundschau*, III, 1931, S. 636 ff.

106 D. Armstrong/C. H. v. Schooneveld (Hg.), *Roman Jakobson – Echoes of His Scholarship*, Lisse 1977.

# Verzeichnis der Veröffentlichungen Roman Jakobsons in deutscher Sprache 1921-1982

*Zusammengestellt von*
*Elmar Holenstein und Dieter Münch*

## *Übersicht*



## *1. Veröffentlichungen in deutscher Sprache*

chronologisch nach dem Jahresdatum
der Originalpublikationen geordnet

### 1921

1. »Die neueste russische Poesie. Erster Entwurf. Viktor Chlebnikov«, *Texte der russischen Formalisten* II, 1972, 18-135 [TRF II].
Bilinguale Ausgabe: Russisches Original und deutsche Übersetzung. Übersetzung von *Novejšaja russkaja poezija*, Prag, 1921, 68 S.

2. »Über den Realismus in der Kunst«, *Texte der russischen Formalisten* I, 1969, 374-391 [TRF I].
Übersetzung von »O realismu v umění, *Červen* 4, Prag, 1921, 300-304. Russische Fassung: »O xudožestvennom realizme«, *Selected Writings* III, 1981.

2.1 Wiederabdruck: *Alternative*, Heft 65, 1969, 75-81 [SB 3].

2.2 Wiederabdruck: *Russischer Formalismus*, 1971, 374-391 [TRF I].

2.3 Wiederabdruck: »[Die Rolle der subjektiven Einstellung:] Über den Realismus in der Kunst«, *Poetik*, 1979, 129-139 [SB 9].

1923

3. »Über den tschechischen Vers. Unter besonderer Berücksichtigung des russischen Verses«, *Postilla Bohemica*, Heft 8-10, 1974, 5-203 [SB 5].
Übersetzung von *O češskom stiche preimuščestvenno v sopostavlenii s russkim*, Berlin/Moskau, 1923 (Reprint: Providence: Brown University Press, 1969) unter Berücksichtigung der umgearbeiteten tschechischen Fassung *Základy českého verse*, Prag, 1926.

1925

4. »Ein neuer Beitrag zur slavischen Verslehre«, [Rezension von *Die altslavischen Verstexte von Kiew und Freising*, hg. von Eduard Sievers, Leipzig 1925], *Prager Presse*, 5. Juli 1925.

1926

5. »Nikolaj Durnovo«, *Prager Presse*, 4. November 1926.

1928

6. [Mitautor: Jurij Tynjanov] »Probleme der Literatur- und Sprachforschung«, *Texte der russischen Formalisten* II, 1972, 386-391 [TRF II].
Bilinguale Ausgabe: Russisches Original und deutsche Übersetzung.
Übersetzung von »Problemy izučenija literatury i jazyka«, *Novyi Lef*, Nr. 12, 1928, 36-37.
Englische Übersetzung: »Problems in the Study of Literature and Language«, *Selected Writings* III, 1981.

6.1 Wiederabdruck: *Kursbuch* 5, 1966, 74-76.
6.2 Wiederabdruck: *Methodendiskussion* 1, Jürgen Hauff [et al.], Frankfurt: Athenäum, 1971, 157-159.
6.3 Wiederabdruck: »Probleme der Literatur- und Sprachforschung [Strukturalistisches Manifest]«, *Poetik*, 1979, 63-66 [SB 9].
7. »Wandlungen in der Sprachwissenschaft: Vom I. Internationalen Linguistenkongreß im Haag«, *Prager Presse*, 25. April 1928.

1929

8. [Mitautor: Petr Bogatyrev:] »Die Folklore als eine besondere Form des Schaffens«, *Donum Natalicium Schrijnen*, Nijmegen-Utrecht, 1929, 900-913.
8.1 Wiederabdruck: *Selected Writings* IV, 1966, 1-15.
8.2 Wiederabdruck: *Strukturalismus in der Literaturwissenschaft*, hg. von Hans Blumensath, *Neue Wissenschaftliche Bibliothek* 43, Köln: Kiepenheuer & Witsch, 1972, 13-24.
8.3 Wiederabdruck: *Poetik*, 1979, 140-157 [SB 9].
9. »Zur vergleichenden Forschung über die slavischen Zehnsilbler«, *Slavistische Studien* 5: *Franz Spina zum sechzigsten Geburtstag*, Reichenberg/Tschechoslovakei, 1929, 7-20.
9.1 Wiederabdruck: *Selected Writings* IV, 1966, 19-37.
10. »Über die heutigen Voraussetzungen der russischen Slavistik«, *Slavische Rundschau* 1, 1929, 629-646.
10.1 Wiederabdruck: *Semiotik* (in Vorbereitung) [SB 13].
11. Mladenov, Stefan: *Geschichte der bulgarischen Sprache* [Rezension], *Slavische Rundschau* 1, 682-684.
12. »Jan Baudouin de Courtenay [1845-1929]«, *Slavische Rundschau* 1, 1929, 809-812.
12.1 Wiederabdruck: *Portraits of Linguists* I, ed. by Thomas A. Sebeok, Bloomington, Ind.: Indiana University Press, 1966, 533-537.
12.2 Wiederabdruck: *Selected Writings* II, 1971, 389-393.
13. »Dem Gedächtnis Jan Wiktor Porzezińskis«, *Prager Presse*, 17. März 1929.

14. Teilübersetzung (Einleitung des Begriffs ›Strukturalismus‹) von »Romantické všeslovanství – nová slavistica« [Titel der Redaktion; Bericht über den I. Kongreß der slavischen Philologen], *Čin,* Prager Wochenzeitung, 31. Oktober 1929, als Einleitung zu »Die Linguistik und ihr Verhältnis zu anderen Wissenschaften«, *Aufsätze zur Linguistik und Poetik*, 194/1979, 150 f. [SB 7].
Englische Übersetzung: *Selected Writings* II, 1971, 711-712.

14a [Anonym; Mitautoren: Jan Mukařovský und Nikolaj Trubetzkoy] »Methodische Probleme, die aus der Konzeption der Sprache als System erwachsen, und die Wichtigkeit dieser Konzeption für die slawischen Sprachen«, *Der moderne Strukturbegriff*, hg. von Hans Naumann, Darmstadt: Wissenschaftliche Buchgesellschaft 1973, 16-45.
Übersetzung von »Theses [proposées au Premier congrès des philologues slaves]«, Travaux du Cercle *Linguistique de Prague* 1, 7-29.

## 1930

15. »Von einer Generation, die ihre Dichter vergeudet hat«, *Slavische Rundschau* 2, 1930, 481-495.
Teilübersetzung von »O pokolenii rastrativšem svoich poètov« (1931), *Selected Writings* V, 1979, 355-381.

15.1 Neuübersetzung der Originalfassung: »[Dichtung und Biographie/Geschichte] Von einer Generation, die ihre Dichter vergeudet hat [Zum Freitod Majakovskijs]«, *Poetik*, 1979, 158-191, [SB 9].

16. [Mitautor: Friedrich Slotty] »Die Sprachwissenschaft auf dem ersten Slavistenkongreß in Prag vom 6.-13. Oktober 1929«, *Indogermanisches Jahrbuch* 14, 384-391.

## 1931

17. »Die Betonung und ihre Rolle in der Wort- und Syntagmaphonologie«, *Travaux du Cercle Linguistique de Prague* IV, 1931, 164-183.

17.1 Wiederabdruck: *Selected Writings* I, 1962/1971, 117-136.

18. »Über die phonologischen Sprachbünde«, *Travaux du Cercle Linguistique de Prague* IV, 1931, 234-240.

18.1 Wiederabdruck: *Selected Writings* I, 1962/1971, 137-143.

18.2 Wiederabdruck: *Beiträge zur genetischen und arealen Sprachklassifikation*, hg. von Thomas Büttner, Darmstadt: Wissenschaftliche Buchgesellschaft (in Vorbereitung).

18.3 Wiederabdruck: *Semiotik* (in Vorbereitung) [SB 13].

19. »Prinzipien der historischen Phonologie«, *Travaux du Cercle Linguistique de Prague* IV, 1931, 247-267.

19.1 Wiederabdruck unter Anpassung an die französische Fassung »Principes de phonologie historique« (1949), *Selected Writings* I, 1962/1971, 202-220: *Sprachwandel: Reader zur diachronischen Sprachwissenschaft*, hg. von Dieter Cherubim, Berlin: de Gruyter, 1975, 78-98.

20. »Neue tschechoslovakische Arbeiten über die poetische Form (1929-1930)«, *Slavische Rundschau* 3, 1931, 450-454.

21. »Neue Arbeiten zur Vergangenheit Karpathorusslands«, *Slavische Rundschau* 3, 1931, 512-515.

22. »Der russische Frankreich-Mythus«, *Slavische Rundschau* 3, 1931, 636-642.

22.1 Wiederabdruck: *Semiotik* (in Vorbereitung) [SB 13].

23. »Der Genfer Linguistenkongreß«, *Prager Presse*, 13. September 1931.

24. »Prof. Dr. Friedrich Slotty« [zum 50. Geburtstag], *Prager Presse*, 18. Oktober 1931.

25. »Tolstoj über Masaryk. Aus den Papieren des Arztes Dušan Makovický, *Prager Presse*, 28. Oktober 1931.

26. »Zur Struktur des russischen Verbums«, *Charisteria Gvilelmo Mathesio oblata*, Prag 1932, 74-84.

26.1 Wiederabdruck: *A Prague School Reader in Linguistics*, ed. by Josef Vachek, Bloomington, Ind.: Indiana University Press, 1964, 347-359.

26.2 Wiederabdruck: *Readings in Linguistics* II, ed. by E. P. Hamp *et al.*, Chicago: Chicago University Press, 1966, 22-30.

26.3 Wiederabdruck: *Selected Writings* II, 1971, 3-15.

26.4 Wiederabdruck: *Form und Sinn*, 1974, 55-67 [SB 6].

27. »Neue Arbeiten über die südslavische dichterische Form«, *Slavische Rundschau* 4, 1932, 275-279.

28. »Arbeiten über die tschechische dichterische Form«, *Slavische Rundschau* 4, 1932, 506-510.

29. »Neue Arbeiten N. van Wijks über das Altkirchenslavische«, *Prager Presse*, 14. April 1932.

30. »Die Lautwissenschaft«, *Prager Presse*, 24. Juli 1932, 9.

31. »Prof. Vilém Mathesius: Zu seinem 50. Geburtstag«, *Prager Presse*, 3. August 1932, 6.

32. »Die entschwindende Welt: Ein Film sterbender Folklore – Prof. Dr. Úlehla als Filmregisseur«, *Prager Presse*, 11. September 1932, 5 f.

32.1 Wiederabdruck: *Semiotik* (in Vorbereitung) [SB 13].

33. »Musikwissenschaft und Linguistik«, *Prager Presse*, 7. Dezember 1932.

33.1 Wiederabdruck: *Selected Writings* II, 1971, 551-553.

33.2 Wiederabdruck: *Semiotik* (in Vorbereitung) [SB 13].

## 1933

34. »Über den Versbau der serbokroatischen Volksepen«, *Proceedings of The First International Congress of Phonetic Science, Amsterdam July 3-8, 1932: Archives Néerlandaises de Phonétique Expérimentale* VII-IX, 1933, 44-53.

34.1 Wiederabdruck: *Selected Writings* IV, 1966, 51-60.

35. »Verfall des Films?«, *Sprache im technischen Zeitalter* Nr. 29, 1968, 185-191.
Übersetzung von »Úpadek filmu?«, *Listy pro umění a kritiku* 1, Prag 1933, 94-101.

35.1 Wiederabdruck: *Semiotik* (in Vorbereitung) [SB 13].

36. »Aleksandr Matvejevič Peškovskij (geb. 1878)«, *Prager Presse*, 11. April 1933.

37. »Aus der deutschen Russistik« [Rezensionen von Dissertationen von Louise Wanstrat und A. Paschen], *Prager Presse*, 21. Juli 1933, 6.

38. »Die Slavistik auf dem Linguistenkongreß in Rom«, *Prager Presse*, 12. Oktober 1933, 6 f.

## 1934

39. »Was ist Poesie? (Ein Referat)«, *Poesie und Sprachstruktur*, Zürich, 1970, 7-27 [SB 4].
Übersetzung von »Co je poesie?«, *Volné směry*, Prag, 1933/1934, 229-239.
Englische Übersetzung: »What is Poetry?«, *Selected Writings* III, 1981.

39.1 Revidierte Übersetzung: »Was ist Poesie?«, *Texte der Russischen Formalisten* II, 1972, 392-417 [TRF II].
Bilinguale Ausgabe: Tschechisches Original und deutsche Übersetzung.

39.2 Wiederabdruck: *Poetik*, 1979, 67-82 [SB 9].

40. »Slavische Sprachfragen in der Sovjetunion«, *Slavische Rundschau* 6, 1934, 324-343.

## 1935

41. »Nikolaj Jakovlevič Marr [1864-1934]«, *Slavische Rundschau* 7, 1935, 135-136.

42. »Randbemerkungen zur Prosa des Dichters Pasternak«, *Slavische Rundschau* 7, 1935, 357-374.
Erweiterte Fassung von »Kontury Glejtu«, Boris Pasternak, *Glejt*, Prag, 1935, 149-162.

42.1 Wiederabdruck: *Selected Writings* V, 1979, 416-432.

42.2 Wiederabdruck: »[Metapher und Metonymie:] Randbemerkungen zur Prosa des Dichters Pasternak«, *Poetik*, 1979, 192-211 [SB 9].

43. »Zur Geschichte der tschechisch-polnischen Beziehungen«, *Prager Rundschau* 5, 1935, 50-54.
Teilübersetzung von »Slezsko-polská cantilena inhonesta ze zácátku XV stoleti«, *Národopisný věstník ceskoslovanský* 27-28, 1935, 56-84.

44. »Die Dominante«, *Poetik*, 1979, 212-219 [SB 9].
Auszug aus einer nichtpublizierten Vorlesung über den russischen Formalismus an der Masaryk-Universität in Brünn 1935;

Übersetzung nach der autorisierten englischen Fassung »The Dominant«, *Selected Writings* III, 1981.

45. »Gemeinsame Kultursprache«, *Prager Presse*, 6. Juni 1935.
Deutsche Fassung von »Společná řeč kultury«, *Země Sovětů*, Prag, Juli 1935, 109-111.

45.1 Wiederabdruck: *Semiotik* (in Vorbereitung) [SB 13].

46. [Mitautor: Petr Bogatyrev] »Aufzeichnungen über Tolstoj. Aus unveröffentlichten Papieren von Albert Škarvan«, *Prager Presse*, 17. November 1935.

47. [Mitautor: Petr Bogatyrev] »Unbekanntes über und von Tolstoj«, *Prager Presse*, 20. November 1935.

48. [Mitautor: Petr Bogatyrev] »Tolstojs Wildheit und Sanftmut«, *Prager Presse*, 24. November 1935.

## 1936

49. »Beitrag zur allgemeinen Kasuslehre«, *Travaux du Cercle Linguistique de Prague* VI, 1936, 240-288.

49.1 Wiederabdruck: *Readings in Linguistics* II, ed. by E. P. Hamp *et al.*, Chicago: Chicago University Press, 1966, 51-89.

49.2 Wiederabdruck: *Selected Writings* II, 1971, 23-71.

49.3 Wiederabdruck: *Form und Sinn*, 1974, 77-124 [SB 6].

50. »Die Arbeit der sogenannten ›Prager Schule‹«, *Bulletin du Cercle Linguistique de Copenhague* 1, 1936, 6-8.

50.1 Wiederabdruck: *Selected Writings* II, 1971, 547-550.

50.2 Wiederabdruck: *Form und Sinn*, 1974, 31-34 [SB 6].

51. »Dichtung und Gesellschaft [am Beispiel der Hussitendichtung]«, *Poetik*, 1979, 220-232 [SB 9].
Teilübersetzung von »Úvahy o básnictví doby husitské« [Betrachtungen über die Dichtung der Hussitenzeit], *Slovo a slovesnost* 2, 1936, 1-21.

52. »Um den russischen Wortschatz«, *Slavische Rundschau* 8, 1936, 80-90.

52.1 Wiederabdruck: *Semiotik* (in Vorbereitung) [SB 13].

53. »Neues zur Geschichte der altrussischen Literatur« [Rezension], *Slavische Rundschau* 8, 1936, 255-262.

54. »Ein Grundwerk zur tschechoslovakischen Sprachge-

schichte«, [Rezension von František Trávníček, *Historická meuvnice československá*, Praha: Melantrich.] *Prager Presse*, 5. Januar 1936.

55. »Aktuelle Aufgaben der Bylinenforschung« [Rezension], *Prager Presse*, 26. April 1936.

55.1 Wiederabdruck: *Selected Writings* IV, 1966, 61-63.

56. »Der Internationale Linguistenkongreß in Kopenhagen«, *Prager Presse*, 12. September 1936.

## 1937

57. »Über die Beschaffenheit der prosodischen Gegensätze«, *Mélanges de linguistique et de philologie offerts á J. van Ginneken*, Paris, 1937, 25-33.

57.1 Wiederabdruck: *Selected Writings* I, 1962/1971, 254-261.

58. »Antoine Meillet zum Gedächtnis«, *Slavische Rundschau* 9, 1937, 24-26.

58.1 Wiederabdruck: *Selected Writings* II, 1971, 497-500.

59. »Russische Klagen« [Rezension von *Russkije plači*, redigiert von G. Vinogradov, L. 1937], *Slavische Rundschau* 9, 1937, 404-405.

60. »Die russische Totenklage« [Rezension von Elsa Mahler, *Die russische Totenklage*, Leipzig, 1936], *Slavische Rundschau* 9, 1937, 247-249.

61. »Frank Wollmans Ideen zur slavischen Literaturgeschichte«, *Prager Presse*, 29. Mai 1937.

62. »Olaf Broch – 70 Jahre«, *Prager Presse*, 4. August 1937.

63. »Brief an Jiři Voskovec und Jan Werich über Noetik und Semantik von Jux«, *Interscena* 3, Nr. 1-11, Prag, 1969, 23-25.
Übersetzung von »Dopis Jiřímu Voskovcovi a Janu Werichovi o noetice a semantice švandy«, (1937), *Selected Writings* III, 1981.

63.1 Wiederabdruck: *Semiotik* (in Vorbereitung) [SB 13].

## 1938

64. »Franz Spina«, *Slavische Rundschau* 10, 1938, 1-5.
65. »Die Reimwörter Čech-Lech«, *Slavische Rundschau* 10, 10-15.
65.1 Wiederabdruck: *Selected Writings* II, 1971, 605-610.
66. »Professor František Trávníček 50 Jahre«, *Prager Presse*, 17. August 1938, 8.

## 1939

67. »Nikolaj Sergejevič Trubetzkoy (16. April 1890-25. Juni 1938)«, *Acta Linguistica* 1, 1939, 64-76.
67.1 Wiederabdruck: »Nikolaj Sergejevič Trubetzkoy (16. April 1890-25. Juni 1938)«, *Selected Writings* II, 1971, 501-516.
68. »Zur Struktur des Phonems« [Text zweier in Kopenhagen 1939 gehaltener Vorträge], *Selected Writings* I, 1962/1971, 280-310.
68.1 Wiederabdruck: *Semiotik* (in Vorbereitung) [SB 13].
69. »Das Nullzeichen«, *Aufsätze zur Linguistik und Poetik*, 1974/1979, 44-53 [SB 7].
Übersetzung von »Signe zéro« (1939), *Selected Writings* II, 1971, 211-219.

## 1940

70. »Das Nullzeichen«, *Bulletin du Cercle Linguistique de Copenhague* 4, 1940, 12-14.
Zusammenfassung und Fortsetzung von Nr. 69.
70.1 Wiederabdruck: *Selected Writings* II, 1971, 220-222.
70.2 Wiederabdruck: *Form und Sinn*, 1974, 132-134 [SB 6].
70.3 Wiederabdruck: *Semiotik* (in Vorbereitung) [SB 13].

## 1941

71. »Kindersprache, Aphasie und allgemeine Lautgesetze«, *Språkvetenskapliga Sällskapets Förhandlingar*, 1940-42: Uppsala Uiniversitets Årsskrift, 1942: 9.

71.1 Sonderdruck: *Kindersprache, Aphasie und allgemeine Lautgesetze*, Uppsala 1941, 83 S. [SB 1].

71.2 Wiederabdruck: *Selected Writings* I, 1962/1971, 328-396.

71.3 Wiederabdruck als Taschenbuch: *Kindersprache, Aphasie und allgemeine Lautgesetze*, Frankfurt: Suhrkamp (es 330), 1969, 4. Auflage, 1978, 143 S. [SB 1].

72. [Mitautor: J. Lotz] *Axiomatik eines Verssystems am mordwinischen Volkslied dargelegt: Thesen zu einem Vortrag im Ungarischen Institut*, Stockholm, 1941, 7 S.
Revidierte englische Fassung: »Axioms of a Versification System Exemplified by the Mordvinian Folksong« (1952), *Selected Writings* V, 1979, 160-166.

72.1. Übersetzung der revidierten Fassung: *Literaturwissenschaft und Linguistik* III, hg. von Jens Ihwe, Frankfurt: Athenäum, 1971, 78-85.

73. »Tatarische Nachklänge in der russischen Volksepik«, *Det Norske Videnskaps-Akademi i Oslo, Arbok 1940*, Oslo 1941, 4-5.

74. Zitat aus einem Brief an Ernst Emsheimer über zwei giljakische Ausdrücke für die Maultrommel: Ernst Emsheimer, »Über das Vorkommen und die Anwendungsart der Maultrommel in Sibirien und Zentralasien«, *Ethnos* 5, published by the Ethnographical Museum of Sweden, Stockholm, Nos. 3-4, 1941, 119, n. 9.

## 1944

75. Zitat aus einem Brief an Ernst Emsheimer über den giljakischen Ausdruck für die Schamanentrommel: Ernst Emsheimer, »Zur Ideologie der lappischen Zaubertrommel«, *Ethnos* 9, published by the Ethnographical Museum of Sweden, Stockholm, Nos. 3-4, 1944, 145.

## 1945

76. »Russische Märchen«, *Aufsätze zur Linguistik und Poetik*, 1974/1979, 225-246 [SB 7].
Übersetzung von »On Russian Fairy Tales« (1945), *Selected Writings* IV, 1966, 82-100.

77. »Die Anfänge der nationalen Selbstbestimmung in Europa«, *Semiotik* (in Vorbereitung) [SB 13].
Übersetzung von »The Beginnings of National Self-Determination in Europe« (1945), *Readings in the Sociology of Language*, ed. by Joshua A. Fishman, The Hague: Mouton, 1971, 580-592.

78. Zitat aus einem Brief an Jaques Hadamard über die ›innere Rede‹: Roman Jakobson, »Einstein und die Wissenschaft der Sprache«, Elmar Holenstein, *Von der Hintergehbarkeit der Sprache*, 1980, 161 [SB 10].
Übersetzung aus Jaques Hadamard, *The Psychology of Invention in the Mathematical Field*, Princeton: Princeton University Press, 1945, 96-97.

1948

79. »Das Ineinandergreifen des phonologischen und grammatischen Aspekts in der Sprache«, *Form und Sinn*, 1974, 140-153 [SB 6].
Übersetzung von »The Phonemic and Grammatical Aspects of Language in Their Interrelations« (1948), *Selected Writings* II, 1971, 103-114.

1949

80. »Autobiographische Notizen von N. S. Trubetzkoy«, Nikolaj S. Trubetzkoy, *Grundzüge der Phonologie*, Göttingen: Vandenhoeck & Ruprecht, 1. Auflage 1958; 6. Auflage 1977, 273-288.
Übersetzung von »Notes autobiographiques de N. S. Troubetzkoy«, N. S. Troubetzkoy, *Principes de Phonologie*, traduits par J. Cantineau, Paris 1949, XV-XXIX.

1950

81. »Verschieber, Verbkategorien und das russische Verb«, *Form und Sinn*, 1974, 35-53 (39-41) [SB 6].
Übersetzung von »Les catégories verbales«, *Cahiers Ferdinand de Saussure* 9, 1950, 6, nach der erweiterten englischen Fassung

»Shifters, Verbal Categories, and the Russian Verb« (1957), *Selected Writings* II, 1971, 130-147, vgl. Nr. 85.

82. [Mitautor: Morris Halle], »Phonologie und Phonetik«, *Grundlagen der Sprache* [SB 2].
Übersetzung von »Phonology and Phonetics« (1956), *Selected Writings* I, 1962/1971, 464-504.

82.1 Revidierte Übersetzung unter Integration von »The Revised Version of the List of Inherent Features« (1968), *Selected Writings* I, 1971, 738-742: *Aufsätze zur Linguistik und Poetik*, 1974/1979, 54-106 [SB 7].

83. »Zwei Seiten der Sprache und zwei Typen aphasischer Störungen«, *Grundlagen der Sprache*, 1960, 49-70 [SB 2].
Übersetzung von »Two Aspects of Language and Two Types of Aphasic Disturbances« (1956), *Selected Writings* II, 1971, 239-259.

83.1 Teilwiederabdruck: »Die Polarität zwischen Metaphorik und Metonymie«, *Literaturwissenschaft und Linguistik* I, hg. von Jens Ihwe, Frankfurt: Athenäum, 1971, 323-333.

83.2 Revidierte Übersetzung: *Aufsätze zur Linguistik und Poetik*, 1974/1979, 117-141 [SB 7].

84. »Die Verteilung der stimmhaften und stimmlosen Geräuschlaute im Russischen«, *Festschrift für Max Vasmer*, zusammengestellt von Margarete Woltner & Herbert Bräuner, Wiesbaden: Harrassowitz, 1956, 199-202.

84.1 Wiederabdruck: *Selected Writings* I, 1962/1971, 505-509.

## 1957

85. »Verschieber, Verbkategorien und das russische Verb«, *Form und Sinn*, 1974, 35-53 [SB 6].
Übersetzung von »Shifters, Verbal Categories, and the Russian Verb« (1957), *Selected Writings* II, 1971, 130-147, vgl. Nr. 81.

## 1958

86. »Morphologische Untersuchung der Deklination im Slavischen«, *Form und Sinn*, 1974, 125-128 [SB 6].
Übersetzung von »Summary: Morphological Inquiry into Slavic Declension (Structure of Russian Case Forms)« (1958), *Selected Writings* II, 1971, 179-181.

Zusammenfassung von »Morfologičeskie nabljudenija nad slavjanskim skloneniem« (1958), *Selected Writings* II, 1971, 154-179.

87. »Über das Neutrum im Rumänischen«, *Form und Sinn*, 1974, 129-131 [SB 6].
Übersetzung von »On the Rumanian Neuter« (1958/1962), *Selected Writings* II, 1971, 187-189.

88. »Mittelalterliches Spottmysterium«, *Semiotik* (in Vorbereitung) [SB 13].
Übersetzung von »Medieval Mock Mystery« *Studia philologica et litteraria in honorem L. Spitzer*, Bern: Francke, 1958, 245-265.

## 1959

89. »Linguistische Aspekte der Übersetzung«, *Form und Sinn*, 1974, 154-161 [SB 6].
Übersetzung von »On Linguistic Aspects of Translation« (1959), *Selected Writings* II, 1971, 260-266.

89.1 Wiederabdruck: *Semiotik* (in Vorbereitung) [SB 13].

90. »Linguistische Randbemerkungen zu Goldsteins ›Wortbegriff‹«, *Form und Sinn*, 1974, 135-139 [SB 6].
Übersetzung von »Linguistic Glosses to Goldstein's ›Wortbegriff‹« (1959), *Selected Writings* II, 1971, 267-271.

91. »Der Begriff der grammatischen Bedeutung bei Boas«, *Form und Sinn*, 1974, 68-76 [SB 6].
Übersetzung von »Boas' view of grammatical meaning« (1959), *Selected Writings* II, 1971, 489-496.

## 1960

92. [Mitautor: Morris Halle] *Grundlagen der Sprache*. Autorisierte Übersetzung und wissenschaftliche Bearbeitung von Georg Friedrich Meier, *Schriften zur Phonetik, Sprachwissenschaft und Kommunikationsforschung* I, hg. von Fritz Hintze *et al.*, Berlin: Akademie, 1960, VII + 74 S. [SB 2].

93. »Linguistik und Poetik«, *Literaturwissenschaft und Linguistik* II/1, hg. von Jens Ihwe, Frankfurt: Athenäum, 1971, 142-178.
Übersetzung von »Linguistics and Poetics«, (1960), *Selected Writings* III, 1981.

93.1 Wiederabdruck: *Literaturwissenschaft und Linguistik* 1, hg. von Jens Ihwe, Frankfurt: Athenäum, 1972, 99-135.

93.2 Wiederabdruck: *Strukturalismus in der Literaturwissenschaft*, hg. von Heinz Blumensath: *Neue Wissenschaftliche Bibliothek* 43, Köln: Kiepenheuer & Witsch, 1972, 118-147.
Neuübersetzung: *Poetik*, 1979, 83-121 [SB 9].

94. »Warum ›Mama‹ und ›Papa‹?«, *Aufsätze zur Linguistik und Poetik*, 1974/1979, 107-116 [SB 7].
Übersetzung von »Why ›Mama‹ and ›Papa‹?« (1960), *Selected Writings* I, 1962/1971, 538-545.

## 1961

95. »Poesie der Grammatik und Grammatik der Poesie«, *Poetik*, 1979, 233-263 [SB 9].
Übersetzung von »Poèzija grammatiki i grammatika poèzii«, *Poetics, Poetyka, Potika,* Warszawa: Polska adademia nauk, 1961, 397-417.
Vgl. »Iz puškinskoj liriki na isxode dvadcatyx godov«, *Selected Writings* III, 1981.
Übersetzung der umgearbeiteten englischen Kurzfassung siehe Nr. 106 (1965).

96. »Einführung zum Symposium über die Struktur der Sprache und ihre mathematischen Aspekte«, *Semiotik* (in Vorbereitung) [SB 13].
Übersetzung von »Introduction to the Symposium on the Structure of Language and its Mathematical Aspects« (1961), *Selected Writings* II, 1971, 568-569.

## 1962

97. [Mitautor: Claude Lévi-Strauss] »›Les Chats‹ von Charles Baudelaire«, *Sprache im technischen Zeitalter*, Nr. 29, 1969, 2-19.
Übersetzung von »›Les Chats‹ de Charles Baudelaire« (1962), *Selected Writings* III, 1981.

97.1 Wiederabdruck: *Interpretationen französischer Gedichte*, hg. von Kurt Wais, Darmstadt: Wissenschaftliche Buchgesellschaft, 1970, 211-231.

97.2 Wiederabdruck: *Strukturalismus in der Literaturwissenschaft*, hg. von Hans Blumensath, *Neue Wissenschaftliche Bibliothek* 43, Köln: Kiepenheuer & Witsch, 1972, 184-201.

97.3 Wiederabdruck: *Semiotik* (in Vorbereitung) [SB 13].

98. Diskussionsbeitrag, *Zeichen und Systeme der Sprache* II: *Schriften zur Phonetik, Sprachwissenschaft und Kommunikationsforschung* IV, hg. von Fritz Hintze *et al.*, Berlin: Akademie-Verlag, 1962, 50-56 (vgl. auch 28).

98.1 Wiederabdruck: »Zeichen und System der Sprache«, *Selected Writings* II, 1971, 272-279.

98.2 Wiederabdruck: *Form und Sinn*, 1974, 7-13 [SB 6].

98.3 Wiederabdruck: *Semiotik* (in Vorbereitung) [SB 13].

## 1963

99. »Implikationen der sprachlichen Universalien für die Linguistik«, *Semiotik* (in Vorbereitung) [SB 13].
Übersetzung von »Implications of Language Universals for Linguistics« (1963), *Selected Writings* II, 580-592.

100. »Teil und Ganzes in der Sprache«, *Aufsätze zur Linguistik und Poetik*, 1974/1979, 38-43 [SB 7].
Übersetzung von »Parts and Wholes in Language« (1963), *Selected Writings* II, 1971, 280-284.

101. Anhang zu »Unterbewußte sprachliche Gestaltung in der Dichtung [mit einem zusätzlichen Beispiel aus der Guslaren-Dichtung ...]«, *Poetik*, 1979, 325-327 [SB 9].
Teilübersetzung von »On the so-called vowel alliteration in Germanic verse« (1963), *Selected Writings* V, 1979, 189-197 (195 f.).

102. »Bestrebungen für ein Mittel-Ziele-Modell der Sprache in der europäischen Linguistik der Zwischenkriegszeit«, *Semiotik* (in Vorbereitung) [SB 13].
Übersetzung von »Efforts Towards a Means-Ends Model in Interwar Continental Linguistics« (1963), *Selected Writings* II, 1971, 522-526.

## 1964

103. »Nachruf auf N. S. Trubetzkoy«, *Wiener Slavistisches Jahrbuch* 11, 1964, 216-220.

104. »Visuelle und auditive Zeichen«, *Semiotik* (in Vorbereitung) [SB 13].
Übersetzung von »Visual and Auditory Signs« (1964) [und »On the Relations between Visual and Auditory Signs« (1967)], *Selected Writings* II, 1971, 334-337. Vgl. Nr. 117.

## 1965

105. »Der grammatische Bau des Gedichts von B. Brecht ›Wir sind sie‹«, *Beiträge zur Sprachwissenschaft, Volkskunde und Literaturforschung: Wolfgang Steinitz zum 60. Geburtstag dargebracht*, hg. von A. V. Isačenko *et al.*, Berlin: Akademie, 1965, 176-189.

105.1 Wiederabdruck: *alternative*, Heft 65, 1969, 62-74 [SB 3].

105.2 Wiederabdruck: *Strukturalismus als interpretatives Verfahren*, hg. von Helga Gallas, Neuwied: Luchterhand, 1972, 35-56.

105.3 Wiederabdruck: *Strukturalismus in der Literaturwissenschaft*, hg. von Hans Blumensath, *Neue Wissenschaftliche Bibliothek* 43, Köln: Kiepenheuer & Witsch, 1972, 169-183.

105.4 Wiederabdruck: *Hölderlin – Klee – Brecht*, 1976, 107-128 [SB 8].

105.5 Wiederabdruck: *Selected Writings* III, 1981.

106. »Poesie der Grammatik und Grammatik der Poesie«, *Mathematik und Dichtung*, hg. von Helmut Kreuzer & Rul Gunzenhäuser, München: Nymphenburger Verlagshandlung, 1965; 2. Auflage 1967, 21-31.
Übersetzung der (nachträglich) umgearbeiteten englischen Kurzfassung »Poetry of Grammar and Grammar of Poetry« (1968), *Selected Writings* III, 1981.

106.1 Wiederabdruck: *alternative*, Heft 65, 1969, 53-61 [SB 3].

106.2 Revidierter Wiederabdruck: *Aufsätze zur Linguistik und Poetik*, 1974/1979, 247-260 [SB 7].
Übersetzung der russischen Originalfassung siehe Nr. 95 (1961).

107. »Rückblick auf den Beginn der Wissenschaft der Dichtkunst«, *Poetik*, 1979, 122-126 [SB 9].

Übersetzung von »Vers une science de l'art poétique«, *Selected Writings* V, 1979, 541-544.

108. »Information und Redundanz in der prosodischen Struktur des Gemeinslavischen«, *Aufsätze zur Linguistik und Poetik*, 1974/1979, 142-149 [SB 7].
Übersetzung von »Information and Redundancy in the Common Slavic Prosodic Pattern« (1965), *Selected Writings* I, 1971, 693-699.

109. »Die Suche nach dem Wesen der Sprache«, *Form und Sinn*, 1974, 14-30 [SB 6].
Übersetzung von »Quest for the Essence of Language« (1965), *Selected Writings* II, 1971, 345-359.

109.1 Wiederabdruck: *Semiotik* (in Vorbereitung) [SB 13].

## 1966

110. »Der grammatische Parallelismus und seine russische Spielart«, *Poetik*, 1979, 264-310 [SB 9].
Übersetzung von »Grammatical Parallelism and Its Russian Facet« (1966), *Selected Writings* III, 1981.

111. »Fragen an Roman Jakobson [Interview von Jean Pierre Faye, 1966]«, *alternative*, Heft 65, 1969, 45-52 [SB 3].
Übersetzung von »Questionner Jakobson«, *Les lettres francaises*, Novembre 30, 1966.

112. »Poesie des Sprichwortes«, *Semiotik* (in Vorbereitung) [SB 13].
Teilübersetzung von »Retrospect«, *Selected Writings* IV, 1966, 637-638.

113. »Glossolalie«, *Semiotik* (in Vorbereitung) [SB 13].
Teilübersetzung von »Retrospect«, *Selected Writings* IV, 1966, 638-644.

## 1967

114. »Das letzte ›Spleen‹-Gedicht aus ›Les Fleurs du Mal‹ unter dem Mikroskop«, *Aufsätze zur Linguistik und Poetik*, 1974/1979, 261-278 [SB 7].
Übersetzung von »Une microscopie du dernier Spleen dans les Fleurs du Mal« (1967), *Selected Writings* III, 1981.

115. »Die urslavischen Silben ūr-, ūl-«, *Zeitschrift für Phone-*

*tik, Sprachwissenschaft und Kommunikationsforschung* 20, 1967, 239-241.

115.1 Wiederabdruck: *Selected Writings* I, 1971, 546-549.

116. »Gespräch über den Film«, *Semiotik* (in Vorbereitung) [SB 13].
Übersetzung von »Conversazione sol cinema con Roman Jakobson«, *Cinema e Film* 2, 1967, 157-162.

117. »Visuelle und auditive Zeichen«, *Semiotik* (in Vorbereitung) [SB 13].
Übersetzung von [»Visual and Auditory Signs« (1963) und] »On the Relations between Visual and Auditory Signs« (1967), *Selected Writings* II, 1971, 338-344. Vgl. Nr. 104.

1968

118. »Sprache und Einbildungskraft (Ein Interview)«, *Poesie und Sprachstruktur*, 1970, 29-39 [SB 4].
Übersetzung von »La langue est le moteur de l'imagination« – Entretien [avec Michel Tréguer et François Chatelet], *La quinzaine littéraire*, Nr. 51, Mai 15-31, 1968, 18-20.

119. »Leben und Sprechen« [Diskussion zwischen François Jacob, Roman Jakobson, Claude Lévi-Strauss und Philippe L'Héritier, Leitung: Michel Tréguer], *Antwort der Strukturalisten*, hg. von Adelbert Reif, Hamburg: Hoffmann & Campe, 1973, 45-70.
Übersetzung von »Vivre et parler« [Un débat entre . . .], *Les lettres françaises*, Février 14 et 21, No. 1221, 3-7; No. 1222, 4-5.

119.1 Teilwiederabdruck: *Semiotik* (in Vorbereitung) [SB 13].

1969

120. »Die Linguistik und ihr Verhältnis zu anderen Wissenschaften«, *Aufsätze zur Linguistik und Poetik*, 1974/1979, 150-224 [SB 7].
Übersetzung von »Linguistics in Relation to Other Sciences« (1969), nach der erweiterten Fassung in *Selected Writings* II, 1971, 655-696, 711-722 (»Retrospect«); revidierter Separatdruck: *Main Trends in the Science of Language*, New York: Harper & Row, 1974.

## 1970

121. *Poesie und Sprachstruktur*, hg. und kommentiert von Felix Philipp Ingold, Zürich: Arche, 1970, 47 S. [SB 4].

122. »Die Sprache in ihrem Verhältnis zu anderen Kommunikationssystemen«, *Form und Sinn,* 1974, 162-175 [SB 5].
Übersetzung von »Language in Relation to Other Communication Systems« (1970), *Selected Writings* II, 1971, 697-708.

123. »Der Maler Paul Klee als Dichter«, *Hölderlin – Klee – Brecht*, 1976, 97-105 [SB 8].
Teilübersetzung von »On the Verbal Art of William Blake and Other Poet-Painters« (1970), *Selected Writings* III, 1981.

124. »Henri Rousseaus Gedichtzusatz zu seinem letzten Bild«, *Semiotik* (in Vorbereitung) [SB 13].
Teilübersetzung von »On the Verbal Art of William Blake and other Poet-Painters« (1970), *Selected Writings* III, 1981.

125. »Unterbewußte sprachliche Gestaltung in der Dichtung«, *LiLi: Zeitschrift für Literaturwissenschaft und Linguistik* 1, Heft 1/2, 1971, 101-112.
Erweiterte Übersetzung von »Subliminal Verbal Patterning in Poetry« (1970), *Selected Writings* III, 1981.

125.1 Wiederabdruck: »Unterbewußte sprachliche Gestaltung in der Dichtung [mit einem zusätzlichen Beispiel aus der Guslaren-Dichtung als Anhang]«, *Poetik*, 1979, 311-327 [SB 9].

## 1971

126. »Die Linguistik und ihr Verhältnis zu anderen Wissenschaften«, *Aufsätze zur Linguistik und Poetik,* 1974/1979, 150-224 (150-167) [SB 7].
Übersetzung des »Retrospect«, *Selected Writings* II, 1971, 711-722, im Rahmen der erweiterten Fassung von »Linguistics in Relation to Other Sciences« (1972), resp. *Main Trends in the Science of Language* (1974).

126.1 Teilwiederabdruck: »Die Biologie als Kommunikationswissenschaft« und »Der genetische Kode«, *Semiotik* (in Vorbereitung) [SB 13].

## 1972

127. »Sprachliche Kommunikation«, *Kommunikation* [ohne Hg.], Frankfurt: Umschau Verlag, 1972, 59-72.
Nichtautorisierte Übersetzung von »Verbal Communication«, *Scientific American* 227/3, 1972, 73-80.

## 1974

128. *Form und Sinn: Sprachwissenschaftliche Betrachtungen: Internationale Bibliothek für allgemeine Linguistik* 13, hg. von Eugenio Coseriu, München: Fink, 1974 [SB 6].
128a. »Nachwort«, *Form und Sinn*, 1974, 176-177 [SB 6].
129. *Aufsätze zur Linguistik und Poetik*, hg. [und eingeleitet] von Wolfgang Raible: *sammlung dialog* 71, München: Nymphenburger Verlagshandlung, 1974, [SB 7].
129.1 Taschenbuchausgabe: Frankfurt: Ullstein (Ullstein Buch Nr. 35005), 1979, [SB 7].
130. »Zur Notwendigkeit einer sachlichen und terminologischen Unterscheidung«, *Aufsätze zur Linguistik und Poetik*, 1974/1979, 279-280 [SB 7].

## 1975

131. »Geleitwort«, Wolfgang Steinitz, *Ostjakologische Arbeiten* I, Den Haag: Mouton, 1975, IX-XIV.
132. »Ein Blick auf die Entwicklung der Semiotik«, *Semiotik* (in Vorbereitung) [SB 13].
Übersetzung von *Coup d'œil sur le développement de la sémiotique*, Bloomington, Ind.: Indiana University Publications, 1975.

## 1976

133. *Hölderlin – Klee – Brecht: Zur Wortkunst dreier Gedichte*, eingeleitet und hg. von Elmar Holenstein, Frankfurt: Suhrkamp (stw 162), 1976 [SB 8].

134. [Mitautor: Grete Lübbe-Grothues:] »Ein Blick auf *Die Aussicht* von Hölderlin«, *Hölderlin – Klee – Brecht*, 1976, 27-96 [SB 8].
134.1 Wiederabdruck: *Selected Writings* III, 1981.
135. »Strukturalismus und Teleologie«, *Semiotik* (in Vorbereitung) [SB 13].
Übersetzung von »Structuralisme et téléologie«, *L'Arc* 60: *Roman Jakobson*, 1975, 50-54.
136. »Diskussion von Roman Jakobson mit Professoren und Studenten der Universität Köln – 27. Mai 1975«, *Arbeitspapier* Nr. 32, Institut für Sprachwissenschaft, Universität Köln, Dezember 1976, 18 S.

## 1977

137. »Der grammatische Aufbau der Kindersprache«, *Vorträge* [an der Rheinisch-Westfälischen Akademie der Wissenschaften G 218], Opladen: Westdeutscher Verlag, 1977, 13 S.
137.1 Wiederabdruck (mit gekürzter Diskussion): Elmar Holenstein, *Von der Hintergehbarkeit der Sprache*, 1980, 171-186 [SB 10].
138. »Einige Bemerkungen über Peirce, Wegbereiter in der Sprachwissenschaft, *Semiotik* (in Vorbereitung) [SB 13].
Übersetzung von »A Few Remarks on Peirce, Pathfinder in the Science of Language (1977), *The Framework of Language*, Ann Arbor, 1980, 31-38.

## 1979

139. *Poetik: Ausgewählte Aufsätze 1921-1971*, hg. [und eingeleitet] von Elmar Holenstein und Tarcisius Schelbert, Frankfurt: Suhrkamp (stw 262), 1979 [SB 9].
140. [Mitautor Linda R. Waugh] *Die Lautgestalt der Sprache* [?], Berlin: de Gruyter, in Vorbereitung [SB 12].
Übersetzung von *The Sound Shape of Language*, Bloomington, Ind.: Indiana University Press, 1979.
140.1 Wiederabdruck von Auszügen vorgesehen in *Semiotik* (in Vorbereitung) [SB 13].

141. »Über den linguistischen Zugang zum Problem des Bewußtseins und des Unbewußten«, *Semiotik* (in Vorbereitung) [SB 13].
Übersetzung von »On the Linguistic Approach to the Problem of Consciousness and the Unconscious« (1979), *The Framework of Language*, Ann Arbor, 1980, 113-132. Russisches Original: »K jazykovedčeskoj problematike soznanija i bessoznatel'nosti«, *The Unconscious*, Tbilisi, 1979.

## 1980

143. »Gehirn und Sprache«, *Sprache und Gehirn: Roman Jakobson zu Ehren*, hg. von Helmut Schnelle, Frankfurt: Suhrkamp (stw 343), 1981 [F 5].
Übersetzung von *Brain and Language: Cerebral Hemispheres and Linguistic Structure in Mutual Light: New York University Slavic Papers* IV, Columbus, Ohio: Slavica, 1980, 48 S.

144. »Einstein und die Wissenschaft der Sprache«, Elmar Holenstein, *Von der Hintergehbarkeit der Sprache*, 1980, 159-170 [SB 10].
Übersetzung von »Einstein and the Science of Language«, *Einstein and Humanism*, New York: Aspen Institute for Humanistic Studies, 1980, 129-144.

145. »Die Anwesenheit Diotimas. Ein Briefwechsel: Michael Franz/Roman Jakobson«, *Le pauvre Holterling: Blätter zur Frankfurter Ausgabe* (Frankfurt: Roter Stern), Nr. 4/5, 1980, 15-18.

145.1 Wiederabdruck: *Semiotik* (in Vorbereitung) [SB 13].

## 1981

146. »Nachwort«, *Sprache und Gehirn, Roman Jakobson zu Ehren*, hg. von Helmut Schnelle, Frankfurt: Suhrkamp (stw 343), 1981. Siehe Nr. 128 [F 5].

147. [Mitautor: Krystyna Pomorska] *Poesie und Grammatik.* Dialoge, Frankfurt: Suhrkamp (stw 386), 1982 [SB 11]. Übersetzung von: *Dialogues,* Paris: Flammarion, 1980.

## 2. *Sammelbände und Monographien in deutscher Sprache*

SB 1 *Kindersprache, Aphasie und allgemeine Lautgesetze,* Uppsala, 1941, 83 S.
Taschenbuchausgabe: Frankfurt: Suhrkamp (es 330), 1. Auflage 1969, 4. Auflage 1978, 143 S.
[Siehe oben die Nrn. 71.1, 71.3].

SB 2 *Grundlagen der Sprache.* Autorisierte Übersetzung und wissenschaftliche Bearbeitung von Georg Friedrich Meier: *Schriften zur Phonetik, Sprachwissenschaft und Kommunikationsforschung* I, hg. von Fritz Hintze *et al.*, Berlin: Akademie, 1960, VIII + 74 S.
[Enthält die Nrn. 82. 83].

SB 3 *Sprachwissenschaft und Literatur: alternative: Zeitschrift für Literatur und Diskussion* (Berlin: alternative Verlag) 12, Heft 65, 1969, 45-83.
[Enthält die Nrn. 2.1, 105.1, 106.1, 111].

SB 4 *Poesie und Sprachstruktur,* hg. und kommentiert von Felix Philipp Ingold, Zürich: Arche, 1970, 47 S.
[Enthält die Nrn. 39, 118].

SB 5 *Über den tschechischen Vers: Unter besonderer Berücksichtigung des russischen Verses: Postilla Bohemica: Vierteljahreszeitschrift der Konstanzer Hus-Gesellschaft* 3: Heft 8-10, 1974, 5-203.
[Siehe oben Nr. 3].

SB 6 *Form und Sinn: Sprachwissenschaftliche Betrachtungen: Internationale Bibliothek für allgemeine Linguistik* 13, hg. von Eugenio Coseriu, München: Fink, 1974, 177 S.
[Enthält die Nrn. 26.4, 49.3, 50.2, 70.2, 79, 81, 85, 86, 87, 89, 90, 91, 98.2, 109].

SB 7 *Aufsätze zur Linguistik und Poetik,* hg. [und eingeleitet] von Wolfgang Raible: *sammlung dialog* 71, München: Nymphenburger Verlagshandlung, 1974, 290 S.

Taschenbuchausgabe: Frankfurt: Ullstein (Ullstein Buch Nr. 35005), 1979, 290 S.
[Enthält die Nrn. 14, 69, 76, 82.1, 83.1, 94, 100, 106.2, 108, 114, 120, 126, 130].

SB 8 *Hölderlin – Klee – Brecht: Zur Wortkunst dreier Gedichte*, eingeleitet und hg. von Elmar Holenstein, Frankfurt: Suhrkamp (stw 12), 1976, 128 S.
[Enthält die Nrn. 105.3, 123, 134].

SB 9 *Poetik: Ausgewählte Aufsätze 1921-1971*, hg. [und eingeleitet] von Elmar Holenstein & Tarcisius Schelbert, Frankfurt: Suhrkamp (stw 262), 1979, 327 S.
[Enthält die Nrn. 2.3, 6.2, 8.2, 15.1, 39.2, 42.2, 44, 51, 93.1, 95, 101, 107, 110, 125].

SB 10 »Zwei Vorträge von Roman Jakobson«, Anhang zu: Elmar Holenstein, *Von der Hintergehbarkeit der Sprache: Kognitive Unterlagen der Sprache* (stw 316), Frankfurt: Suhrkamp, 1980, 157-186.
[Enthält die Nrn. 78, 137.1, 144].

SB 11 [Mitautor: Krystyna Pomorska] *Poesie und Grammatik.* Dialoge, Frankfurt: Suhrkamp (stw 386), 1982.
[Siehe oben Nr. 142].

SB 12 [Mitautor: Linda R. Waugh] *Die Lautgestalt der Sprache* [?], Berlin: de Gruyter, in Vorbereitung.
[Siehe oben Nr. 140].

SB 13 *Semiotik: Ausgewählte Texte*, hg. von Elmar Holenstein und Dieter Münch, Frankfurt: Suhrkamp (stw), in Vorbereitung.
[Enthält die Nrn. 10.1, 18.3, 22.1, 32.1, 33.2, 35.1, 45.1, 52.1, 63.1, 68.1, 70.3, 77, 88, 89.1, 96, 97.3, 98.3, 99, 102, 104, 109.1, 112, 113, 116, 117, 119.1, 124, 126.1, 132, 135, 138, 140.1, 141, 145].

TRF I *Texte der russischen Formalisten* I: *Texte zur allgemeinen Literaturtheorie und zur Theorie der Prosa*, hg. [und eingeleitet] von Jurij Striedter, München: Fink, 1969, LXXXIII + 500 S.
Bilinguale Ausgabe: Russisches Original und deutsche Übersetzung.
Taschenbuchausgabe der deutschen Teile: *Russischer Formalismus: Texte zur allgemeinen Literaturtheorie und Prosa*, hg. [und eingeleitet] von Jurij Striedter, München: Fink (UTB 40), 1971, LXXXIII + 500 S.
[Enthält u. a. die Nr. 2].

TRF II *Texte der russischen Formalisten* II: *Texte zur Theorie des Verses und der poetischen Sprache*, hg. [und eingeleitet] von Wolf-Dieter Stempel, München: Fink, 1972, LIII + 450 S.
Bilinguale Ausgabe: Russisches bzw. tschechisches Original und deutsche Übersetzung.
[Enthält u. a. die Nrn. 1, 2.2, 6, 39.1].

## 3. *Selected Writings*

(Schriften in deutscher, englischer, französischer, italienischer, russischer und tschechischer Sprache)

SW I *Selected Writings* I: *Phonological Studies*, The Hague: Mouton, 1962, X + 678 pp.; Second, expanded edition, 1971, X + 775 pp.
[Enthält in deutscher Sprache die Nrn. 17.1, 18.1, 57.1, 68, 71.2, 84.1, 115.1].

SW II *Selected Writings* II: *Word and Language*, The Hague: Mouton, 1971, XII + 752 pp.
[Enthält in deutscher Sprache die Nrn. 12.2, 26.3, 33.1, 49.2, 50.1, 58.1, 65.1, 67.1, 70.1, 98.1].

SW III *Selected Writings* III: Poetry of Grammar and Grammar of Poetry, edited by Stephen Rudy, The Hague: Mouton, 1981.
[Enthält in deutscher Sprache die Nrn. 105.4, 134.1].

SW IV *Selected Writings* IV: *Slavic Epic Studies*, The Hague: Mouton, 1966, XII + 751 pp.
[Enthält in deutscher Sprache die Nrn. 8.1, 9.1, 34.1, 55.1].

SW V *Selected Writings* V: *On Verse, Its Masters and Explorers*, prepared for publication by Stephen Rudy and Martha Taylor, The Hague: Mouton, 1979, VIII + 623 pp.
[Enthält in deutscher Sprache die Nr. 42.1].

SW VI *Selected Writings* VI: *Early Slavic Ways and Crossroads*, in preparation.

## 4. *Bibliographien*

B 1 »A Bibliography of the Publications of Roman Jakobson«, *To Honor Roman Jakobson: Essays on the Occasion*

*of His Seventieth Birthday*, The Hague: Mouton, 1967, XI-XXXIII. (374 + 101 Items).
B 2 *Roman Jakobson: A Bibliography of His Writings*, with a foreword by C. H. Van Schooneveld, The Hague: Mouton, 1971. (484 + 124 Items).
B 3 *Roman Jakobson: A Bibliography of His Writings* [?], ed. by Stephen Rudy, The Hague: Mouton, 1981.

## 5. *Jakobson in deutscher Sprache gewidmete Sammelbände und Monographien*

F 1 *Zur strukturalistischen Interpretation von Gedichten: Sprache im technischen Zeitalter*, Heft 29, 1969, 1-58.
F 2 Beat Jung, *Saussure-Jakobson: Eine vergleichende Untersuchung über Grundbegriffe der strukturellen Linguistik* [Mémoire zur Erlangung des Lizenziatsgrades], Université Catholique de Louvain: Institut Supérieur de Philosophie, 1973, III + 102 S.
F 3 Elmar Holenstein, *Roman Jakobsons phänomenologischer Strukturalismus*, Frankfurt: Suhrkamp (stw 116), 1975, 214 S.
Dazu: Jan Patocka, »Roman Jakobsons phänomenologischer Strukturalismus«, *Tijdschrift voor Filosofie* 38, 1976, 129-135.
F 4 Elmar Holenstein, *Linguistik, Semiotik, Hermeneutik* [Roman Jakobson zum 80. Geburtstag], Frankfurt: Suhrkamp, 1976, 229 S.
F 5 *Sprache und Gehirn: Roman Jakobson zu Ehren*, hg. von Helmut Schnelle, Frankfurt: Suhrkamp (stw 343), 1981. [Enthält die Nrn. 143, 146].

## 6. *Register der Mitautoren*
(inkl. Gesprächs- und Briefpartner)

## *7. Namenregister*

# *Alphabetisches Verzeichnis der suhrkamp taschenbücher wissenschaft*